böhlauWien

Reinhard Pohanka

Eine kurze Geschichte der Stadt Wien

böhlauWien Köln Weimar

Die Deutsche Bibliothek – CIP-Einheitsaufnahme
Pohanka, Reinhard: Eine kurze Geschichte der Stadt Wien /
Reinhard Pohanka. – Wien ; Köln ; Weimar : Böhlau, 1998
ISBN 3-205-98919-8

Das Werk ist urheberrechtlich geschützt. Die dadurch begründeten Rechte, insbesondere die der Übersetzung, des Nachdruckes, der Entnahme von Abbildungen, der Funksendung, der Wiedergabe auf photomechanischem oder ähnlichem Wege und der Speicherung in Datenverarbeitungsanlagen, bleiben, auch bei nur auszugsweiser Verwertung, vorbehalten.

Umschlaggestaltung: Bernhard Kollmann
Umschlagabbildung: Rundansicht der Stadt Wien zur Zeit der
1. Türkenbelagerung 1529, colorierter Holzschnitt von Niklas Meldemann, Nürnberg 1530 (Historisches Museum der Stadt Wien)

© 1998 by Böhlau Verlag Ges.m.b.H und Co. KG, Wien · Köln · Weimar

Gedruckt auf umweltfreundlichem, chlor- und säurefreiem Papier

Druck: Pustet, Regensburg

Inhaltsverzeichnis

Vorwort 9

1. Geologie und Urgeschichte – Mammuts und frühe
Menschen (70 Millionen v. Chr.–400 v. Chr.) 13

2. Die Kelten – Stolze Fürsten und Händler
(400 v. Chr.–15 v. Chr.) 17

3. Die Römer – Soldaten und Philosophen
an der Donau (15. v. Chr.–400 n. Chr.) 23

4. Die Völkerwanderung –
Ein kleines Dorf an der Donau (400–800) 40

5. Wien im Frühmittelalter –
Eine Stadt in Ostarrichi (800–1156) 45

6. Wien im Hochmittelalter –
»Der wonnigliche Hof zu Wienn« (1156–1439) 51

7. Wien im Spätmittelalter – Stagnation
und Neubeginn (1439–1519) 62

8. Das Kommen der Renaissance –
Das Ende der freien Stadt Wien (1519–1529) 67

9. Die erste Türkenbelagerung –
Sultan Suleiman vor den Toren Wiens (1529) 73

10. Reformation und Gegenreformation –
Der Kampf um die wahre Religion (1530–1618) 79

11. Der Dreißigjährige Krieg –
Der Sieg des Katholizismus (1618–1648) 93

12. Absolutismus und Türkenkriege –
Erster Glanz des Barock (1648–1683) 99

13. Die zweite Türkenbelagerung –
Entsatz in letzter Minute (1683) 107

14. Das barocke Wien –
Eine Stadt wird umgebaut (1683–1740) 115

15. Glanz des Rokoko – Wien unter dem
»Weiberregiment« Maria Theresias (1740–1780) 127

16. Josephinisches Zeitalter –
Die Revolution von oben (1780–1790) 140

17. Die Napoleonischen Kriege –
Wien wird Kaiserstadt (1790–1815) 146

18. Biedermeier und Vormärz –
Vom Bürgersinn zum Aufbegehren (1815–1848) 154

19. Die Revolution – Hoffnungen und
blutiges Ende einer Idee (1848) 168

20. Gründerzeit – »Es ist mein Wille ...« (1848–1858) 173

21. Ringstraßenzeit – Soziales Elend
neben dem Bürgerpalais (1858–1890) 177

22. Luegerzeit – Das kommunale Wien
des »schönen Karl« (1895–1910) 185

23. Der Erste Weltkrieg – Von der Kaiserstadt
    zum »Wasserkopf« (1914–1918) 193

24. Zwischenkriegszeit –
    Der Tanz auf dem Vulkan (1918–1938) 196

25. Wien unter den Nationalsozialisten –
    Die zerbrochene Perle (1938–1945) 204

26. Wiederaufbau und Moderne –
    Auferstanden aus Ruinen (1945–heute) 210

Zeittafel 216
Geschichte der Wiener Bezirke 233
Historische Bauwerke in Wien.......................... 244
Die Landesherren von Wien (976–1918) 252
Ortsregister... 256
Personenregister 265

Vorwort

Ein Werbeslogan der Wiener Stadtverwaltung in den letzten Jahren versucht dem Besucher und Bewohner Wiens klarzumachen, »Wien ist anders«. Aber was, wie und worin ist diese Stadt anders? Und im Vergleich zu wem? Ist sie es in der Vermarktung ihrer Klischees wie der Walzerseligkeit, dem Fiaker, dem Kaffeehaus und dem Hotel Sacher, sind es ihre reichen Kunstschätze, ihre architektonische Vielfalt, ihr Hang zur Musik und zum Theater? Ist sie anders, weil sie sich stets dem Neuen und Modernen zunächst nur langsam nähert, es prüft und, wenn für gut befunden, sich ihm dann leichtfertig und unkritisch hingibt?

Oder ist mit »anders« gemeint der offene Geist der Wiener, entstanden an einer jahrhundertealten Nahtstelle zwischen West und Ost, zwischen den Welten des bunten Balkans, der angeblich in Wien am Rennweg beginnt, und der Frömmigkeit des alpenländischen katholischen »Klösterreich«? Ist Wien anders, weil hier aus einer Geschichte von Antisemitismus und Fremdenfeindlichkeit eine Stadt geworden ist, in der heute gegen eine politische Aktion zur Vertreibung der »Fremden« Hunderttausende Menschen mit Lichtern in den Händen auf die Straßen gehen.

Wo Wien anders ist – ich kann es nicht sagen. Hier geboren und aufgewachsen, liebe ich diese Stadt, wenn man aus fremden Landen zurückkehrt, wirkt alles so sauber, geordnet und überschaubar, man ist sicher eingebettet in ein Netz aus Vorschriften, weiß um seine Stellung und seinen Platz. Andererseits gerate ich dann leicht in Verzweiflung über die Enge Wiens, die traditionell charmante Unhöflichkeit und Grobheit, die Orientierung an den Bedürfnissen des Gebenden und nicht des Nehmenden. Liebt man die lächelnde Freundlichkeit des Orients oder die Zuvorkommenheit der Neuen Welt, so trifft man in Wien auf eine typische Art der Reserviertheit und den »Was brauch i des«-Gedanken, der nur noch übertroffen wird von Sätzen wie »Das gibt's nicht, das geht nicht, das hamma immer so gemacht«, die aber auch wieder ehrlich sind und einen wissen lassen, woran man ist.

Andererseits funktioniert aber das Leben in Wien, auch wenn etwas eigentlich nicht geht, etwas geht immer, eine Mischung aus deutscher Effizienz, gemildert mit ein bißchen Wiener Großzügigkeit, und balkanesker Schlamperei gibt jedem etwas –, keiner bekommt alles, aber alle bekommen genug.

Vielen Menschen ist es so gegangen wie mir, Liebe und Haß zu dieser Stadt liegen eng beieinander, lassen einen verzweifeln, aber auch nicht los oder kalt. In einem Reich, das angeblich 1000 Jahre dauern sollte und dessen ungeliebter Bestandteil Wien für sieben Jahre war, hat einer der Schlächter gesagt, die Wiener sind »... ein Pack aus einer Mischung aus Polen, Tschechen, Juden und Deutschen«, heute fast das Lob auf eine multikulturelle Gesellschaft, die in wirklichen 2000 Jahren Menschen aller Rassen, Herkunft und Religionen aufgenommen, integriert und zu Wienern gemacht hat. Alle waren sie da: aus dem Süden kamen die Römer, aus dem Westen Kelten, Bajuwaren und Händler aller deutschen Handelsstädte, aus dem Norden kamen Polen, Ruthenen und Tschechen, um in der k. k. Residenzstadt ihr Glück zu suchen (auch mein Urgroßvater war dabei), aus dem Osten kamen seit der Völkerwanderungszeit die Awaren, Slawen und Ungarn und die Türken, als Eroberer und Gastarbeiter. Sie alle haben sich hier getroffen, vermischt, miteinander geredet und gehandelt, gestritten und sich vertragen, Ideen ausgetauscht und ihre Religionen verglichen.

Geht man nun zurück zu den Klischees, so merkt man bald, daß auch sie aus fremden Landen stammen; die Hofreitschule kommt aus Spanien, das Kaffeehaus wurde von einem Griechen gegründet, Mozart war aus Salzburg, Beethoven aus Bonn. Aber erst im Schmelztiegel Wien konnten sie sich entfalten, konnten ihre Fähigkeiten ausspielen und zum Allgemeingut der Menschheit werden, konnten beitragen zu dem, was man heute unter Wiener Kultur, Wiener Charme und Wiener Geist versteht.

Wir haben also gesehen, daß Wien wirklich anders ist; seine Geschichte ist keine gerade Linie durch 2000 Jahre, sondern ein Weg voller Windungen, Ecken und Kanten, die Wiener sind eigentlich keine echten Wiener, sondern die Nachfahren von Menschen aus aller Herren Länder, die Klischees sind importiert und heimisch gemacht. Wo also ist das eigentliche und vielbesungene Ur-Wienertum? Im Grunde gibt es dieses nicht im speziellen, es ist eine Mischung aus allen Eigenschaften, fremden und hausgemachten. Wien ist eben anders; während man in der ganzen Welt kurz einen Kaffee bestellt, sucht man in Wien unter dreißig Kaffeesorten meist diejenige aus, die Wien vielleicht am besten charakterisiert, die Mischung, die Melange.

In diesem Buch habe ich versucht, die Geschichte dieser Stadt in aller Kürze nachzuzeichnen, manchmal aus der Sicht der traditionellen Geschichtsschreibung mit Herrschern, Belagerungen und Schlachten, weil diese Stadt als Zentrum eines Reiches Sitz der Babenberger und Habsburger war, manchmal aber auch aus Sicht der einfachen Bürger, mit ihren Problemen und ihrem Hang zum Vergnügen. In der Geschichte ist Wien wenig anders als andere Städte, Siege und Niederlagen, Aufstieg und Verfall liegen hier dicht nebeneinander; mühsam das Wachstum einer Stadt, die bis vor wenigen Jahren immer eine Stadt an einer Grenze, zumindest einer Kulturgrenze war. Aber interessant als Geschichte einer Stadt, die sich immer durchgeschlagen und behauptet hat wie ihre Bewohner. Denn die Geschichte Wiens ist nicht die Geschichte von Mauern, Häusern oder Straßen, sie besteht aus dem Leben der Menschen, die diese gefüllt haben, die hier gelebt haben und gestorben sind, die geliebt, gelacht und gelitten haben an und in der Stadt Wien.

Wien, im Mai 1998
Reinhard Pohanka

1. Geologie und Urgeschichte – Mammuts und frühe Menschen
70 Millionen v. Chr.–400 v. Chr.

Wien liegt am äußersten nördlichen Ende des Alpenbogens, der sich quer durch Europa vom Mittelmeer bei Nizza bis nach Wien an der Donau erstreckt. Gleichzeitig liegt es am Nordende des sogenannten Wiener Beckens und im Tal der Donau.

Entstanden ist die Landschaft Wiens bereits vor rund 70 Millionen Jahren, als die im Urmeer Thetys abgelagerten Sedimentmassen sich zu den Alpen auffalteten. Im Miozän vor etwa zehn Millionen Jahren brach ein Teil dieser Auffaltung ein, bildete ein Becken, das bis Südrußland reichte, das sogenannte »Sarmatische Binnenmeer«, und füllte sich mit Meerwasser. Mit der Zeit vom Meer abgeschnitten und durch die Flüsse aus den Alpen mit Süßwasser aufgefüllt, lagerten sich in diesem Brackwassersee vermehrt Sedimente ab und füllten es auf; das Wiener Becken ist das Ergebnis dieses geologischen Vorgangs. Am Beginn des Quartär vor etwa einer Million Jahren bildete sich das Urstromtal der Donau, Ablagerung von Lehm, Löß und Schotter und Abtragung durch die Donau wechselten sich in der Folge ab. Am Ende der vier Eiszeiten (Günz, Mindel, Riss, Würm), die vor etwa zwei Millionen Jahren begannen und, unterbrochen von Warmzeiten, vor 10.000 Jahren endeten, und das Wiener Becken selbst eisfrei blieb, wurden über die Donau gewaltige Schottermassen aus den Alpen herangeführt, so daß im Raum von Wien jene charakteristische Terrassenlandschaft entstand, die sich von den Hängen des Wienerwaldes über Wiener- und Laaerberg bis nach Simmering und an die Donau hinzieht.

In diesen Zeiten dehnte sich im Wiener Becken eine spärlich bewaldete Steppenlandschaft aus, in der Mammut, Wisent, Ur und Wollnashorn lebten, an den Hängen des Wienerwaldes waren Säbelzahntiger und Höhlenbären zu Hause. Vor etwa 10.000 Jahren sind wahrscheinlich die ersten Menschen in den Wiener Raum eingewandert.

Was sie vorfanden, war eine zur Besiedelung durch den Menschen ideal geeignete Landschaft. Der Kamm des Wienerwaldes gab Schutz vor den Westwinden des Donautales, der Wald bot Nahrung und Brennmaterial, die vom Wienerwald zur Donau laufenden Bäche Frischwasser, die abgestufte Terrassenlandschaft Platz und Sicherheit vor Überschwemmungen. In den Donauauen fanden sich Wild und Fische, und die Weitläufigkeit des Donautales ermöglichte an dieser Stelle einen leichten Übergang über den Strom.

Vermutlich kamen hier zuerst kleine Gruppen von eiszeitlichen Jägern und Sammlern vorbei und errichteten ihre Zelte aus Rentierhaut; ihre Werkzeuge, mehrere bearbeitete Steinklingen, wurden in Hietzing gefunden. Nach einiger Zeit zogen sie wohl wieder weiter, erst ab der Jungsteinzeit, etwa 5000 v. Chr., können wir mit einer ständigen Anwesenheit von Menschen im Raum des heutigen Wien rechnen. Träger dieser jungsteinzeitlichen »donauländischen« Kultur waren wohl Einwanderer aus Vorderasien.

In der Jungsteinzeit entstanden auf den Donauterrassen erste gerodete Felder und dorfähnliche Anlagen von lehmbeworfenen Holz- und Flechtwerkhütten, man domestizierte Rinder, Schafe und Ziegen als Haustiere, ab dem 3. Jahrtausend v. Chr. hatte man auch das Pferd als Arbeits- und Reittier zur Verfügung. Angebaut wurden Weizen- und Gerstenarten sowie Roggen, Hirse und Hülsenfrüchte, Jagd und Fischfang vervollständigten den Speisezettel. Der in dieser Zeit typische lockere Eichenmischwald versorgte die Menschen mit Beeren, Pilzen und Früchten.

Um 4500 v. Chr. verwendet man die ersten geformten Tongefäße in den Siedlungen, die man auf Grund ihrer Dekoration der »bemaltkeramischen« oder »Lengyelkultur« zurechnet; allerdings finden sich im Wiener Raum auch Gefäße der anderen großen europäischen Kultur jener Zeit, der Linearkeramiker. Reste dieser Linearkeramik finden sich in Wien in Hietzing, Ober St. Veit, Döbling, Aspern und Leopoldau, die Lengyelkultur ist nachweisbar in Hietzing am Küniglberg, in Schönbrunn, Leopoldau, Stadlau, Hirschstetten, Aspern, Eßling und am Bisamberg.

Ein wichtiger Ort für den jungsteinzeitlichen Menschen scheint ein Hornsteinbergwerk, gefunden im Steinbruch Antonshöhe in Wien-

Mauer, gewesen zu sein. Der hier gewonnene Hornstein wurde zu Steinklingen und Geräten verarbeitet. In der Nähe dieses Steinbruchs liegt die am besten erforschte Siedlung jener Zeit am Gemeindeberg in Ober St. Veit, die bisher den Archäologen das reichste Material geliefert hat. Darunter befinden sich neben Steinbeilen auch Webstuhlgewichte und Spinnwirtel, die auf eine reiche dörfliche Kultur hinweisen.

Um 3000 v. Chr. wandern von Norden her Indogermanen in den Wiener Raum ein und vermischen sich mit der ansässigen Bevölkerung. Diese nach ihrem Hauptfundort benannte »Badener Kultur« verwendet fein geschliffene und bearbeitete Steinwerkzeuge und Gefäße mit Ritzverzierungen im Fischgrätmuster; in dieser Zeit erfolgt auch der langsame Übergang von Stein- zu Kupferwerkzeugen, wobei beide Arten für lange Zeit nebeneinander bestanden haben.

Am Ende der Jungsteinzeit, etwa von 2000–1800 v. Chr., siedeln in Wien Angehörige der »linearbandkeramischen« Kultur, auch Reste der nicht-indogermanischen iberischen »Glockenbecherkultur« lassen sich nachweisen, deren Siedler haben sich aber wohl schnell mit den Trägern der »Badener Kultur« vermischt.

Um diese Zeit verbreitet sich der Gebrauch von Kupfergeräten; auch wurden in den Siedlungen die ersten Bronzegeräte verwendet, bestehend aus einer Mischung von 90% Kupfer und 10% Zinn, wobei das Zinn über Handelsrouten aus Böhmen, Spanien oder Italien gebracht werden mußte. Eine längere Periode günstiger klimatischer Verhältnisse scheint wohl zu einer dichteren Besiedlung der Stadtterrassen im Wiener Raum geführt zu haben; vermutlich sind erste größere Dörfer mit Rechteckhäusern in dieser Zeit auf der untersten Terrasse nahe der Donau, der Stadtterrasse, entstanden.

Nach den verschiedenen Arten der Bestattungsformen lassen sich drei bronzezeitliche Kulturen in Wien unterscheiden: von 1800–1500 v. Chr. herrschte die »Hockergräber- oder Aunjetitzer Kultur« vor, gefolgt 1500–1200 v. Chr. von der »Hügelgräberkultur« und von der »Urnenfelder- oder Lausitzer Kultur« 1200–800 v. Chr. Der Hauptteil der Funde dieser Zeit stammt aus dem Bereich der Inneren Stadt, aber auch in Kagran, Leopoldau und Aspern gab es Siedlungen. Die Gesellschaft jener Zeit ist geprägt durch entstehende soziale Unterschiede, die Ausbildung eines Stammestums, das von einer Herrscherschichte geführt wurde, und besonders durch weit ausgreifende Handelsbeziehungen, wobei vermutlich bereits eine erste von der Nordsee zur Adria laufende Bernsteinstraße entstanden ist, die sich im Wiener Raum mit der Donau kreuzte.

Um 1200 v. Chr. wandern die Illyrer von Norden her in den Wiener Raum ein, die sich mit der ansässigen Bevölkerung vermischen. Diese nach ihrem Hauptort benannte »Hallstattkultur« verwendet reich dekorierte Gefäße und Schmuckstücke und besonders den neuen Werkstoff Eisen. Organisiert in Sippen, Stämme und Gaue mit Häuptlingen und Fürsten an der Spitze entwickelt sich eine europaweite, hochstehende Kultur, die vermutlich bereits die Höhe des Leopoldsberges mit einem Fürstensitz besiedelte. Die Fürsten wurden in Totenhäusern unter Grabhügeln beigesetzt, einer dieser sogenannten »Leberberge« lag einst in der Nähe des St. Marxer Friedhofes. Hauptfundorte der Hallstattkultur im Wiener Raum sind der Leopoldsberg, Leopoldau und die nun wieder besiedelten Höhen des Gemeindeberges in Ober St. Veit sowie südlich von Wien der Kalenderberg in Mödling.

Um 400 v. Chr. wird die Hallstattkultur von den Kelten, die von Westen her einwandern, überlagert.

2. Die Kelten –
Stolze Fürsten und Händler
400 V. CHR.–15. V. CHR.

Die erste als städtisch zu bezeichnende Siedlung im Wiener Raum, von deren Existenz wir wissen, ist vermutlich am Leopoldsberg gestanden. Wie diese Siedlung ausgesehen hat, wissen wir kaum, die archäologisch ergrabenen Teile, die bisher sicher nachgewiesen werden konnten, sind die Wälle, die das Plateau, auf dem sich die spätere Babenbergerburg befand und auf der heute die Leopoldskirche steht, nach Westen abgeschlossen haben und die heute noch im Gelände sichtbar sind.

Die Wahl des Platzes läßt darauf schließen, daß der Leopoldsberg der Sitz eines einheimischen keltischen Fürsten gewesen ist, der den Handel an der wichtigen Kreuzung von Bernsteinstraße und Donau kontrollierte und der einen früheren illyrischen oder hallstattzeitlichen Fürstensitz an dieser Stelle ausgebaut hat. Dieses »Oppidum« ist wahrscheinlich eine Siedlung von Händlern gewesen, die hier in geschützter Lage ihre Waren lagern und anbieten konnten. Vielleicht gab es auf der anderen Seite der Donau, am Bisamberg, eine ähnliche Siedlung dieser Art, wie ein dort gefundener keltischer Töpferofen annehmen läßt.

Vermutlich war die Siedlung am Leopoldsberg von Holz-Erde-Mauern von der Art des sogenannten »murus gallicus« umwehrt, im Inneren standen niedrige Holzhäuser, und es gab ein Steingebäude als Sitz des Fürsten. Haupthandelsgüter waren Salz, Eisen, Gold und Pferde aus den Alpen, Bernstein von der Ostsee, Wein vom Schwarzen Meer sowie Gefäße und Luxuswaren aus Griechenland und Italien.

Die archäologischen Funde aus Bronze und Eisen setzen einen bescheidenen Reichtum in der Siedlung voraus, wir können annehmen, daß hier das Zentrum der keltischen Besiedelung im Wiener Raum gelegen ist. Die bei einer archäologischen Grabung 1994 geborgenen Reste von Metallschlacken, Bronze- und Eisenfragmenten lassen aber auch darauf schließen, daß in dieser Siedlung eine reiche und eigenständige handwerkliche Produktion bestand.

Aus römischen Beschreibungen wissen wir vom Leben, das in diesen keltischen Städten herrschte: Oft wird von der Putzsucht der Kelten berichtet, die Frauen rasierten sich die Augenbrauen und behängten sich mit Schmuck, mit Kalkwasser wurden hohe Turmfrisuren gebaut. Die Männer trugen Hosen, lange Haare und Schnurrbärte und bemalten ihre Körper zu bestimmten kultischen und kriegerischen Anlässen.

Ob auf den zur Donau abfallenden Terrassen oder in der Ebene darunter, auf der sich heute Wien erhebt, bereits keltische Siedlungen bestanden haben, wissen wir nicht; es kann aber angenommen werden, da die Landesnatur günstige Voraussetzungen zur Errichtung von landwirtschaftlichen Gütern bot. Eventuell entstand schon zu dieser Zeit für das Gebiet der Name »Vindobona«, der als keltischen Ursprungs gedeutet wird und »Gut des Vindo« bedeuten könnte. Keltische Reste haben sich in Nußdorf, Lainz und Aspern gefunden, ein Siedlungszentrum scheint an der Simmeringer Hauptstraße bestanden zu haben, wo sich 1880 ein großer keltischer Münzschatz fand.

Die Phase der Höhensiedlung am Leopoldsberg und die Streusiedlungen im heutigen Stadtgebiet sind Teil der im 5. Jahrhundert entstandenen »La-Tène-Kultur«, benannt nach ihrem Hauptfundort. Sie zeichnet sich einerseits durch ihre hochwertigen, oft reich ornamentierten künstlerischen Erzeugnisse aus Bronze, Zinn oder Eisen aus, zum anderen durch die Entwicklung einer hochstehenden Technik im Bergbau und der Metallverarbeitung.

Die Herkunft der Kelten ist seit langem Gegenstand der Diskussion unter den Historikern. Einige sehen in ihnen Einwanderer aus dem indogermanischen Kernland nördlich von Indien, andere sehen in ihnen ein einheimisches Volk, welches sich um 800 v. Chr. aus der Urnenfelderkultur, zu der auch die Hallstattkultur gehört, entwickelt hat. Im 6. Jahrhundert v. Chr. breitet sich die keltische Kultur über große Teile Mitteleuropas aus und findet einen ersten Höhepunkt in einer streng aristokratisch organisierten Gesellschaft. Die keltischen Fürsten lebten in befestigten Höhensiedlungen und hatten Handelskontakte zur ganzen damals bekannten und zivilisierten Welt, ihre

Gräber enthielten Gefäße aus Griechenland, Schmuckstücke der Skythen von der unteren Donau und etruskische Spiegel aus Italien. Der Reichtum dieser Gesellschaft beruhte auf dem Handel, der Gewinnung von Eisen, von Salz und der Goldwäsche in den Alpenflüssen.

Da die Kelten engen Handelskontakt zu den Stadtkulturen des Mittelmeers hatten, legten auch sie größere Städte an und begannen mit einer eigenen Münzprägung; die Toten wurden in Holzsärgen, die Adeligen auf kunstvoll zusammengesetzten Wagen mit reichen Beigaben unter Grabhügeln bestattet.

Vermutlich hatten auch die Kelten vom Leopoldsberg gute Kontakte zu den Hochkulturen des Mittelmeers, besonders auf dem Weg über die Donau scheint man Beziehungen zu den griechischen Siedlungen am Schwarzen Meer hergestellt zu haben. Funde griechischer Keramik, besonders von Gefäßen zum Import von Wein, und auch die Funde von Weinkernen lassen vermuten, daß man mit griechischem Wein und auch mit Luxusgütern gehandelt hat.

Ob man auf dem Leopoldsberg auch den keltischen Göttern wie Lug und Teutates Opfer dargebracht hat – bei den Kelten waren dies oft Menschenopfer, wobei man die Leichen gefangener Feinde zerstückelte oder sie an die hölzernen Zäune der Heiligtümer nagelte –, ist unbekannt. Vielleicht lebten damals auf dem Leopoldsberg sogar Kannibalen, da die Opferriten der Kelten zeitweise den Verzehr von Menschenfleisch verlangten. Die kultischen Handlungen ihrer Religion, die an die Wiedergeburt und die Unzerstörbarkeit des Menschen und des Universums glaubte, wurden von einer eigenen Priesterkaste, den Druiden, vorgenommen, die Opferungen fanden in viereckig gebauten Tempeln statt, wobei man die Opfergaben in tiefe Schächte versenkte.

Schriftliche Zeugnisse haben die Kelten vom Leopoldsberg keine hinterlassen, was vielleicht auch dadurch erklärbar ist, daß die Verwendung der Schrift durch die Druiden, die glaubten, daß der Buchstabe die Welt entheilige, verboten wurde.

Im 4. Jahrhundert v. Chr. scheint es zu sozialen Umwälzungen in der keltischen Gesellschaft gekommen zu sein, die Tradition der Fürstensitze und der Prunkgräber bricht plötzlich ab, als Grabbeigaben der nun üblichen Brandbestattungen dienen nur noch der persönliche

Besitz des Toten und Gebrauchsgegenstände. Gleichzeitig kommt es zu einer Welle der Expansion unter den keltischen Stämmen, hervorgerufen vermutlich von einer Zeit begünstigter wirtschaftlicher Entwicklung, die zur Übervölkerung der keltischen Welt führte. Der erste Vorstoß keltischer Heere geht nach Süden über die Alpen, 387 v. Chr. werden die Römer besiegt und Rom wird belagert, die Stadt am Tiber kann sich nur gegen hohe Tributzahlungen freikaufen; die Kelten siedeln sich in der Folge in der Poebene und in Oberitalien an. Weitere Kriegszüge gehen bis nach Griechenland, wo 279 v. Chr. das Orakel von Delphi geplündert wird, 230 v. Chr. fallen sie in Vorderasien ein, wo sie allerdings bei Pergamon besiegt werden.

Im 2. und 1. Jahrhundert v. Chr. werden im keltischen Siedlungsgebiet in Europa wieder große Städte gebaut, in denen sich unter jährlich gewählten Adeligen, den »Vergobreten«, städtisches Leben entwickelt.

Ab dem 2. Jahrhundert v. Chr. wird das keltische Siedlungsgebiet in Mitteleuropa immer wieder mit Kriegen überzogen, zuerst, als die Römer von Mittelitalien aus weiter nach Norden ausgreifen und die Kelten der Poebene unterwerfen; im 1. Jahrhundert v. Chr. unterwirft Julius Caesar Gallien und unternimmt einen ersten Feldzug nach Britannien. Von Norden kommt die keltische Welt immer wieder in den Bereich der germanischen Expansion wie beim Einfall der Kimbern und Teutonen, die 113 v. Chr. ein verbündetes römisch-norisches Heer bei Noreia in Kärnten vernichten und erst 102 v. Chr. in der Schlacht von Sextiae entscheidend geschlagen werden können.

Im österreichischen Raum entsteht unter dem Stamm der Norer ab der Mitte des 2. Jahrhunderts v. Chr. ein geeintes keltisches Königreich Noricum, welches wirtschaftlich auf Eisenproduktion und -handel mit den Römern sowie auf Pferde-, Salz- und Bernsteinhandel beruht. Wirtschaftlicher Mittelpunkt des Reiches scheint die Siedlung auf dem heutigen Magdalensberg in Kärnten sowie eine Siedlung im Zollfeld, das spätere römische Virunum, gewesen zu sein, die Größe des Königreichs scheint etwa mit den heutigen Grenzen Österreichs übereinzustimmen.

Etwa zur selben Zeit wanderte entlang der Donau und im Wiener Becken der keltische Stamm der Boier ein. Handel und Goldfunde vertieften die wirtschaftlichen Beziehungen des Königreichs Noricum zu den Römern im 1. Jahrhundert v. Chr., während im Raum des Wiener Beckens und östlich daran anschließend ein Königreich der Boier unter König Kritasiros (ab etwa 70 v. Chr.) entstand, das sich nach Osten gegen den Stamm der Daker behaupten mußte, gleichzeitig aber nach Süden gegen Noricum drängte und um 60 v. Chr. auch die Hauptstadt Noricums, Noreia, belagerte. Vielleicht ist in der Mitte des 1. Jahrhunderts v. Chr. das keltische Oppidum vom Leopoldsberg nach einer Niederlage der Boier gegen die Daker zerstört worden und die Boier verlassen das Wiener Becken, diese »boische Wüste« wird in der Folge in das »Regnum Noricum« eingegliedert, die Siedlung auf dem Leopoldsberg besteht in verkleinerter Form bis zur römischen Okkupation weiter.

In der Zeit Octavians, des späteren Kaisers Augustus, etwa um 35–33 v. Chr., scheint der norisch-pannonische Raum für die Römer politisch und wirtschaftlich immer interessanter geworden zu sein. Zunächst wird der Stamm der Taurisker südlich der Karawanken der römischen Herrschaft unterworfen. 20 Jahre später folgt der nächste Schritt der Römer, die Ausdehnung ihrer Herrschaft bis an die Donau, vielleicht ist dies im Zusammenhang mit einem Raubzug von Norikern und Pannoniern gegen Istrien im Jahre 16 v. Chr. zu sehen. 15 v. Chr. dringen die römischen Truppen unter der Führung der Söhne des Augustus, Drusus und Tiberius, über die Alpen bis gegen die Donau vor, das keltische Königreich Noricum wird annektiert; und nachdem Südpannonien in schweren Kämpfen unterworfen wurde, scheint die Besetzung des Wiener Raumes eher friedlich vor sich gegangen zu sein. Vermutlich haben die keltischen Stämme die römische Okkupation akzeptiert, so daß eine Stationierung von Militär vorläufig nicht notwendig war; die keltische Bevölkerung kommt aber nun vermehrt mit römischen Händlern und der römischen Kultur in Berührung.

In dieser Zeit wird auch der Wiener Raum von den Römern übernommen. Das keltische Oppidum auf dem Leopoldsberg wird abgesiedelt und zerstört, da die Römer keine Siedlung in dieser strategisch überlegenen Lage dulden können; die norische Bevölkerung behält aber ihre Organisation und ihre Bräuche bei, die sie sich, auch wenn in den nächsten vier Jahrhunderten eine Romanisierung und eine ethnische Durchmischung mit den Römern stattfindet, über die Römerherrschaft hinaus erhalten kann. Vermutlich hat sich die keltische Bevölkerung vom Leopoldsberg in die Eingangstäler des Wienerwaldes zurückgezogen und dort ein von der römischen Okkupation weitgehend unbeeinflußtes Leben geführt.

Ein Teil der keltischen Bevölkerung scheint sich aber in der Ebene in der neu entstandenen römischen Zivilstadt von Vindobona angesiedelt zu haben, die vielleicht am Ort einer bereits bestehenden keltischen Siedlung entstanden ist, und sich hier im Laufe der Zeit mit den römischen Einwanderern vermischt zu haben; diese »romanische« Kultur besteht bis ans Ende der Antike; 488 ziehen diese »Romanen« in den Wirren der Völkerwanderung nach Italien ab.

3. Die Römer – Soldaten und Philosophen an der Donau
15.v. Chr. – 400 n. Chr.

Nördlich der Donau vollzogen sich um Christi Geburt schwerwiegende politische Veränderungen. Von Rhein und Main kommend, wanderte der Stamm der germanischen Markomannen in Böhmen ein, erreichte die Donau und stellte damit eine Bedrohung der römischen Position in den eben erst neu eroberten Gebieten dar. Die Römer antworteten darauf mit einem Feldzug des Tiberius über die Donau (6 v. Chr.) und der Stationierung der XV. Legion im Legionslager von Carnuntum zur Sicherung des Wiener Beckens und der Donaugrenze. Auch verwaltungsmäßig wurde das Gebiet neu organisiert, Carnuntum wurde Hauptstadt der neu eingerichteten Provinz Pannonien und das Gebiet bis zum Kamm des Wienerwaldes der Provinz zugeschlagen; damit kam der Wiener Raum ebenfalls zu Pannonien. Vermutlich entstanden im Zuge dieses Ausbaues auch die ersten römischen Straßen aus Italien in unser Gebiet über Aquileia – Emona (Laibach) – Celeia (Cilli) – Savaria (Steinamanger) nach Carnuntum (Petronell-Bad Deutsch Altenburg).

Ob zu dieser Zeit schon erste militärische Einrichtungen als Flankenschutz für das Legionslager Carnuntum im Wiener Raum entstanden, ist noch weitgehend unklar. Archäologische Grabungen in den letzten Jahren scheinen darauf hinzudeuten, daß bereits kurz nach Christi Geburt ein kleines Militärlager in Wien, etwa am Platz der heutigen Freyung, entstanden sein könnte; ob dies aber bereits vor einem Aufstand der pannonischen Legion 14 n. Chr. oder danach erfolgte, können wir nicht sagen. Jedenfalls muß in dieser Zeit auch die Limesstraße entlang der Donau entstanden sein, die Vindobona mit Carnuntum verband.

Über dieses erste römische Truppenlager im Wiener Raum sind wir nur sehr schlecht unterrichtet. Gelegen im Bereich der heutigen Kreuzung Herrengasse – Freyung war es vielleicht ein kleines Außenlager

1: Reste eines römischen Offiziershauses mit Fußbodenheizung aus dem 2. Jh. n. Chr., Wien 1, Hoher Markt

mit Erd- und Palisadenmauern, in welchem Soldaten der seit 14 n. Chr. in Carnuntum stationierten XV. Legion Dienst taten und das als Flankenschutz für das Legionslager in Carnuntum diente. Es können nicht viele Soldaten gewesen sein, die in dem kleinen Lager lebten, vielleicht war es eine Auxilliar-Kohorte von etwa 100 Mann, die den Donauübergang im Wiener Raum zu kontrollieren hatte. Die Nähe des Lagers zur Limesstraße (heute etwa der Verlauf der Herrengasse) legt nahe, daß das Lager in einem Zusammenhang mit dieser Straße stand. Vielleicht hat man sich die Soldaten eher als Baukolonne vorzustellen, die mit dem Bau der wichtigen Straße entlang der Donau beschäftigt war.

Im weiteren Verlauf des 1. Jahrhunderts n. Chr. scheinen die Römer keinen größeren Bedarf an Soldaten im Wiener Raum gehabt zu haben. Die Sicherung der Grenze erfolgte vor allem mit diplomatischen Mitteln. Bereits Kaiser Augustus (30. v. Chr.–14. n. Chr) hatte ein Vertragssystem mit den nördlich der Donau siedelnden Germanen geschaffen und sich deren Stämme als Verbündete gesichert. Die Römer hatten das Recht, gegen gewisse Gegenleistungen bei der Bestellung der Stammeskönige mitzureden, und unterstützten diese für ihre Treue gegenüber Rom mit Gold und Handelsgütern, manchmal griffen sie auch ein, wenn es Thronstreitigkeiten im Sinne Roms zu regeln galt. So ermöglichten sie nach dem Fall des Markomannenkönigs Marbod im Jahre 19 einem König Vannius, die Macht zu ergreifen, und auch mit dessen Nachbarn Catualdo und Sido unterhielten sie rege Beziehungen.

Das kleine Lager von Vindobona bestand vermutlich nur aus einigen Baracken, umgeben von einer Holzpalisade und einem Graben; Unter Kaiser Nero (54–68) und dessen Nachfolger Galba (68–69) scheint man den Zustand des Lagers verbessert zu haben, jedenfalls findet man aus dieser Zeit in Vindobona Ziegel mit den Namen dieser Kaiser aus einer Ziegelei von Aquileia, einer wichtigen römischen Handelsstadt an der nördlichen Adria. Daß man Ziegel, ein recht sperriges und schweres Gut, so weit herbeigeschafft hat, scheint dafür zu sprechen, daß der Wiener Raum um die Mitte des 1. Jahrhunderts n. Chr. wirtschaftlich kaum entwickelt war, da man sich sonst eher der Lehmgruben, die sich in der Umgebung Vindobonas in reichem Maße finden ließen, zur Ziegelherstellung bedient hätte.

Um 62 ziehen die Soldaten der XV. Legion aus Vindobona ab, und wie in Carnuntum werden bis 68 Soldaten der X. Legion hier stationiert. Als es 69 n. Chr. zu Thronstreitigkeiten im Römischen Reich kommt, erklären sich die Legionen Pannoniens zunächst für den Thronanwärter Otho, dann aber für den späteren Kaiser Vespasian (69–79) und gegen seinen Konkurrenten Vitellus, ehe sie von der Donaugrenze abziehen, um in den Bürgerkrieg in Italien einzugreifen. Zwar lagen nun die römischen Siedlungen an der Donau schutzlos vor den Germanen, die römische Diplomatie der vergangenen 30 Jahre trug aber Früchte, und trotz der gefährlichen Lage blieb die Situation an der Grenze ruhig.

Nach dem Sieg Vespasians und der Niederschlagung eines Aufstandes in Judäa kehrt 71 n. Chr. die XV. Legion nach Carnuntum zurück; vermutlich wird der Außenposten in Vindobona zu dieser Zeit wieder besetzt worden sein. Vespasian hatte aber nun ein neues Konzept für die Verteidigung der Donaugrenze entwickelt: die Truppen sollten dezentralisiert entlang der Grenze aufgestellt werden, verbunden durch gute Straßen, an denen in regelmäßigen Abständen kleine Hilfstruppenlager und Wachtürme angelegt wurden.

Ein zweites Lager, von dem wir für Wien wissen, scheint ein Lager für etwa 1000 Reiter gewesen zu sein, welches sich ursprünglich im heutigen 3. Bezirk im Bereich von Klimsch- und Hohlweggasse befand und später vielleicht in den Bereich Innere Stadt verlegt wurde. Die Besatzung dieses Lagers war die *ALA I Britannica Domitianae*, eine

Elitetruppe, gebildet aus zwei Alen (ALA = Reitertruppe von 500 Mann); sie bestand also aus 1000 Reitersoldaten, die vermutlich 43 n. Chr. und 68 n. Chr. in Britannien stationiert waren und nach dem Bürgerkrieg von 69 n. Chr. nach Wien kamen.

Später hieß die Truppe nur noch *Ala I Flavia Augusta milliaria civium Romanorum*, man hatte also den Namen des verhaßten Kaisers Domitian (81–96) durch das unverfängliche *Augustus* ersetzt. Wo sich im Bereich der heutigen Inneren Stadt dieses Lager befand, wissen wir nicht, sicher nicht auf dem Hochplateau um den Hohen Markt, dem Standort des späteren Legionslagers; angenommen wird eine Lage im Bereich der heutigen Stallburg.

2: Porträt des Kaisers Septimius Severus (193–211). Unter seiner Herrschaft bekam die Zivilstadt von Vindobona vermutlich den Rang einer Bürgerstadt (municipium)

Jedenfalls scheint die Truppe bald nach 96 aus Wien abgezogen zu sein, vielleicht um 98, als die XIII. Legion nach Wien zum Lagerbau abkommandiert wurde, sicher aber spätestens ab 101, als die Dakerkriege Kaiser Trajans (98–117) nach schnellen und beweglichen Elitetruppen verlangten.

Die XIII. Legion begann, ein Legionslager auf einem Hochplateau zwischen Donau, Ottakringerbach und Möhringbach anzulegen. Da wir keine genaueren Nachrichten über die Errichtungszeit des Legionslagers von Vindobona haben, müssen wir uns mit Vermutungen begnügen. Wir wissen von Kaiser Trajan, daß er der Donaugrenze besondere Aufmerksamkeit schenkte und entlang der Donau Legionskastelle bauen ließ, so um 100 das Lager von Brigetio (Komarom in Ungarn). Vermutlich um diese Zeit hat auch die XIII. Legion mit dem Bau von Vindobona begonnen, der sicher bis 114 n. Chr. dauerte, als die X. Legion das Lager bezog und fertigstellte und die seit 107 in Vindobona weilende XIV. Legion ablöste.

Die Römer suchten sich zunächst einen strategisch ausgezeichneten Punkt aus, nämlich ein Hochplateau, das auf fast allen Seiten von Wasserläufen umgeben war. Im Norden bildete ein Arm der Donau die Begrenzung, nach Westen floß durch den heutigen Tiefen Graben, der sich schon damals tief ins Gelände einschnitt, der Ottakringerbach, und an der Südfront und Ostseite floß ebenfalls ein Bach, im Mittelalter der Möhringbach genannt. Damit ergibt sich nach der heutigen Topographie eine Begrenzung des Lagers durch die Straßenzüge Salzgries – Tiefer Graben – Naglergasse – Graben – Stock-im-Eisenplatz – Kramergasse/Rotgasse – Rabensteig. Vergleicht man das Lager von Vindobona mit anderen Legionslagern, so fällt sofort die von einem Rechteck abweichende Form auf: der Nordteil des Lagers bildet fast ein Dreieck. Zu erklären ist dies vermutlich damit, daß sich das Lager dem Geländeabfall zum heutigen Salzgries anpassen mußte, dennoch aber an dieser Stelle wegen deren strategischer Vorteile errichtet wurde. Dazu kam vermutlich auch noch ein psychologischer Effekt: Da man die Nordfront auf einer 15 Meter hohen Geländestufe errichtet hatte und die Mauern etwa nochmals 10 Meter hoch waren, muß sich von Norden her, also vom germanischen Ufer, ein imposanter Eindruck ergeben haben.

3: Der römische Legionär, Träger von römischer Kultur und Zivilisation in den Donauprovinzen, Statuette im Historischen Museum der Stadt Wien

Insgesamt ergibt sich für das Lager eine Länge der Lagerfronten von 455 Meter x 500 Meter und ein Flächeninhalt von 18,5 Hektar.

Die Mauern waren bis zu drei Meter dick und bestanden aus fischgrätartig geschichteten Bruchsteinen, die nach außen hin von Buckelquadern verkleidet waren. Drei große Toranlagen mit Doppeltoren, die von je einem Torturm links und rechts geschützt waren, erlaubten den Zutritt zum Lager. Einer der Tortürme hat sich als sogenanntes Peilertor an der Ecke Tuchlauben – Bognergasse bis zum Jahre 1732 erhalten, ehe er als Verkehrshindernis abgetragen wurde.

An der Westseite befand sich der Eingang (Porta principalis sinistra) in der heutigen Wipplingerstraße etwa vor dem Haus Nr. 21, also an der Stelle, an der heute die Hohe Brücke über den Tiefen Graben führt. An der Südseite befand sich das Tor (Porta decumana) an der Einmündung der Tuchlauben in den Graben und an der Ostseite (Porta principalis dextra) in der Kreuzung der Kramergasse mit der Ertlgasse. An der Nordseite, also an der dem Feind zugewandten Seite, befand sich traditionellerweise kein Zugang, allerdings scheint es im Bereich der heutigen Kirche Maria am Gestade ein schmales Tor gegeben zu haben, durch welches man eine Schiffslände am Donauufer erreichen konnte.

An der West-, Nord- und Ostseite lassen sich nur wenige Türme nachweisen, gut geschützt hingegen war die Südseite; so liegen im Verlauf der Naglergasse gleich fünf rechteckige Türme, da dies die einzige Stelle war, die nicht durch tief eingeschnittene Bachläufe geschützt war. An der Innenseite der Mauer lief die Via sagularis, eine Straße, die es ermöglichte, Truppen schnell von einer Stelle der Mauer zu einer anderen zu verlegen. Unter ihr lief einer der Hauptsammelkanäle zur Entwässerung des Lagers zur Donau.

Vor der Mauer lief ein nur etwa 2 Fuß (ca. 60 cm) breiter Gehstreifen, dann fiel bereits eine Böschung steil zum ersten von insgesamt drei Spitzgräben ab, die bis zu 6,5 Meter tief in das Gelände eingeschnitten waren. Darauf folgte nach außen wieder ein Gehweg, der von einer Palisadenreihe gedeckt war. Vor der Palisade lief eine Straße rund um das Lager, und wieder davor lag eine etwa 18 Meter breite Zone mit 4,5 Meter tiefen Fallgruben, die unregelmäßig angelegt waren, um den Gegner zu verwirren. Die Breite dieser Verteidigungszone betrug insgesamt 55 bis 60 Meter, war also etwa so breit, wie weit man mit einem der Spannseilgeschütze, die auf den Türmen der Mauer aufgestellt waren, schießen konnte.

In seiner Inneneinteilung folgte das Legionslager von Vindobona dem traditionellen Schema. Vom Osttor zum Westtor lief eine Straße, welche das Lager in eine südliche größere (retentura) und eine nördliche kleinere (prätentura genannte) Hälfte teilte. Die Straße (Via principalis) entspricht in ihrem Verlauf etwa dem Straßenzug Wipplingerstraße – Hoher Markt – Lichtensteg, allerdings etwas nach Norden verschoben. Die Via principalis war wahrscheinlich etwa 13 Meter breit und von Laubenhallen begleitet, zu beiden Seiten der Straße liefen auch Kanäle, die mit Steinplatten überdeckt und mit Kanalgittern versehen waren.

In der Mitte des Lagers, an der Südseite der Via principalis, lag das wichtigste Gebäude des Lagers, die Principia, von der bis heute allerdings nur wenige Reste gefunden wurden, so daß wir auf Vermutungen analog zu anderen Lagern angewiesen sind. Sie war das Verwaltungszentrum des Lagers, hatte einen rechteckigen Grundriß von 70 x 90 Meter, und war in zwei Höfe gegliedert. Hier lagen die Kanzleien des Lagerkommandanten und seiner Verwaltung, das Tribunal, von welchem aus Recht gesprochen wurde, die Waffenkammern der Soldaten, die Versammlungsräume für soldatische Vereine und das Lagerheiligtum, in dem man die Standarten und Adler der Legion aufbewahrte. Im Keller der Principia war die Lagerkasse für den Sold der Soldaten untergebracht.

Unmittelbar hinter oder neben der Principia befand sich das Prätorium, der Wohnsitz des Lagerkommandanten. In Wien könnte es nordwestlich von der Principia im Bereich des heutigen Judenplatzes gelegen haben, da man hier bei Ausgrabungen Funde (Wandmalereien, Stuckreste) geborgen hat, die in ihrer Qualität eher zu einem repräsentativen Bauwerk gehören.

Jede Legion hatte sechs hohe Offiziere, welche die einzelnen Cohorten befehligten. Ihre Wohnquartiere lagen in der sogenannten Tribunenzeile (Scamnum tribunorum) an der Nordseite der Via principalis. Diese Tribunenhäuser mit den Maßen von 40 x 50 Meter gehören zu den besterforschten Teilen des Lagers von Vindobona, besonders seit 1949 am Hohen Markt Teile zweier Offiziershäuser freigelegt und zu einem Museum gestaltet werden konnten. Insgesamt konnten vier Bauperioden unterschieden werden, deren älteste bis auf das Jahr 100 zurückreicht, also in die Gründungszeit des Legionslagers. Die Häuser mit einem Atrium (Innenhof) wiesen teilweise Lehmfußböden, Ziegelböden oder teilweise Terrazzoböden mit Hypokaust-(Fußboden-)Heizungen auf und waren mit Wandmalereien geschmückt. Säulen und Kapitelle, auch aus Marmor, trugen die Deckenbalken. Im 2. Jahrhundert wurden die Häuser umgebaut, eine dicke Brandschicht aus dem Jahre 167 zeigt, daß diese Bauten durch Feuer zerstört wurden. Am Beginn des 3. Jahrhunderts erfolgte ein Neubau, wobei man die alten Grundrisse beibehielt und nur die Anordnung der Innenräume veränderte. Am Beginn des 5. Jahrhunderts wurden in die nun offenbar bereits von den Römern verlassenen und verfallenen Häuser neue Räume eingebaut.

Von der Südseite der Principia zum Südtor lief eine Straße (Via decumana), welche das Lager in eine Ost- und eine Westhälfte teilte und die heute, wenngleich auch verschoben, der Tuchlauben entspricht. Zu beiden Seiten dieser Straße erstreckten sich die Kasernenanlagen des Lagers, welche im Idealfall etwa 6400 Soldaten Platz bieten sollten, im Laufe der Geschichte sicher aber nur selten voll belegt waren.

Die Unterbringung der Soldaten in den einstöckigen, langen rechteckigen Kasernen war einfach. Jeweils acht bis zehn Mann teilten sich einen Schlafraum (Contubernium) in der Größe von etwa 10 m^2 und einen Vorraum. Jede Kaserne beherbergte ein Manipel zu zwei Centurien (je 100 Mann), also fanden in jeder Kaserne etwa 200 Mann Platz, der Centurio (Unteroffizier) hatte einen eigenen Raum am Ende jeder Kaserne. Drei solcher Manipel bildeten eine Kohorte, von denen es zehn in jeder Legion gab, wobei die erste Kohorte doppelt so stark wie die anderen war und eine Elitetruppe darstellte, die ihre Quartiere zu beiden Seiten der Principia hatte.

Fraglich für Vindobona ist die Lage der Nebenbauten, wie sie zu einem Legionslager dieser Größe gehören. Nach dem Fund eines Äskulapaltares in einer Mauer vor der Kirche Maria am Gestade und einer Abfallgrube, aus der medizinische Geräte geborgen wurden, schloß man, daß sich in der Nordwestecke des Lagers das Lagerspital

(Valetudinarium) befunden haben könnte. Nördlich des Hohen Marktes wurden bei Grabungen Reste gefunden, die sich am ehesten als Teile einer großen Badeanlage für die Soldaten erklären lassen. Der etwa 100 x 66 Meter messende Bau wies Kalt- und Warmwasserbecken auf, verfügte über ein Tepidarium (Schwitzbad) und einen in Form eines Atriums errichteten Hof. Unklar sind noch Reste, die im Bereich Wildpretmarkt–Wipplingerstraße gefunden wurden und die man lange Zeit einem »Legatenpalast« zuordnete; allerdings scheint es sich doch eher um die Reste von Kasernen zu handeln. Unklar sind auch noch die Existenz und die Lage der zu jedem Lager gehörenden Werkstätten und Magazine.

4: Feldflasche eines römischen Legionärs, 1. Jh. n. Chr., gefunden in Hütteldorf

Die Zeit bis zum Jahre 167 ist die Blütezeit von Vindobona. Die römische Politik ermöglicht die ungestörte Entwicklung der Region, rund um das Lager entsteht eine Lagervorstadt (Cannabae), in der die Frauen und Kinder der Soldaten leben und in der es wohl auch Geschäfte, Schenken und Bordelle gab.

Da es dem römischen Soldaten der Kaiserzeit verwehrt war, zu heiraten, man es ihm aber bei einer 25jährigen Dienstpflicht nicht gut verwehren konnte, sich eine Familie zu schaffen, bildete sich um jedes römische Militärlager sehr rasch eine Lagervorstadt (Cannabae). Diese befand sich außerhalb des Verteidigungsbereiches des Lagers und scheint, wie im Falle des Legionslagers Vindobona durchaus eine beachtliche Größe erreicht zu haben. Nimmt man eine durchschnittliche Belegung des Lagers in Friedenszeiten mit etwa 4000 Mann an (Sollstärke 6400 Mann) und rechnet man für jeden Soldaten mit im

Durchschnitt drei Angehörigen, so kommt man auf eine Zahl von 12.000 Personen, die in der Lagervorstadt lebten. Dazu kamen sicher noch Personen, die an der Versorgung des Lagers beteiligt waren, wie Händler, Handwerker, Kneipenwirte und Freudenmädchen, so daß man diese Zahl sicher weiter erhöhen und für Vindobona mit 15.000 bis 16.000 Personen rechnen kann; eine Zahl, die sich in Kriegszeiten, wenn die Legion auf voller Mannschaftsstärke war, oder wenn der Kaiser nach Vindobona zu Besuch kam, erhöht haben muß.

Rechtlich gesehen war die Cannabae Teil des Lagerterritoriums und konnte daher kein eigenes Stadtrecht besitzen.

Grabungen der vergangenen Jahre im Bereich Herrengasse, Minoritenplatz und besonders am Michaelerplatz haben gezeigt, daß man durchaus mit einigem Komfort in der Cannabae lebte. Am heutigen Michaelerplatz, an der Kreuzung der südlichen römischen Lagerstraße mit der Limesstraße, stand eine ganze Reihe gemauerter Häuser mit Laubengängen, direkt neben der Kreuzung scheint sich ein Sockel für ein größeres Denkmal zu befinden. Eines der Häuser wies im Innenraum weißen Verputz auf, der mit Wandmalerei, der Darstellung einer Weinranke, geziert war. Ob es sich bei diesem Haus um eine Schenke oder um ein Bordell gehandelt hat, ist unklar.

Wie im Legionslager bildet auch hier die Brandschicht der Markomannenkriege von 167 einen deutlichen Einschnitt. Die Cannabae wurde wahrscheinlich völlig niedergebrannt, allerdings muß sie bereits kurze Zeit später wieder neu entstanden sein, so daß die Unterbrechung der römischen Herrschaft in Vindobona nur kurz gedauert haben dürfte.

Nach 212 gibt es im Fundmaterial der Cannabae eine qualitative Verbesserung; dies könnte mit den Solderhöhungen und der Möglichkeit der Soldaten, seit der Regierung von Kaiser Septimius Severus (193–211) auch außerhalb der Kasernen zu leben, zusammenhängen. Nach dem Sarmateneinfall von 258/259 scheint die unbefestigte Cannabae aber zu unsicher geworden zu sein, und die Soldaten zogen sich wieder in die Festung zurück, wobei sie ihre Familien mitnahmen. Ab dieser Zeit finden sich nur noch wenige Reste einer Besiedelung der Lagervorstadt, ab dem 4. Jahrhundert scheint sie nicht mehr bewohnt gewesen zu sein und verfiel.

Etwa gleichzeitig mit der Lagervorstadt entstand im Bereich des heutigen 3. Bezirkes die Zivilstadt von Vindobona, der Platz der Händler, Bauern, Kaufleute und Handwerker und wohl auch der Veteranen.

Es ist schwer zu sagen, ob bereits in vorrömischer Zeit hier Menschen gesiedelt haben, da es nur wenige keltische Funde aus diesem Bereich gibt; allerdings scheint mit Beginn des 1. Jahrhunderts bereits eine Siedlung bestanden zu haben. Es wäre nun erklärbar, daß man die vom Leopoldsberg abgesiedelten Kelten wenigstens teilweise hier angesiedelt hat, wo sie sich bald mit römischen Einwanderern vermischten. Die keltischen Keramikfunde entsprechen vom Typ her den Gefäßen vom Leopoldsberg und könnten auf ein kurzzeitiges Weiterleben der Traditionen der Kelten hindeuten.

Rechtlich gesehen war die Zivilstadt von Vindobona vermutlich bis 212 ein »vicus«, ein zwar von Römern und Einheimischen bewohntes Stadtgebiet, die Einwohner waren aber »Peregrinen« und hatten kein römisches Bürgerrecht. Ohne den Rang als römische Stadt hatte sie auch kein eigenes Territorium, keine rechtliche Oberhoheit, keine eigene Rechtsprechung und Beamte, sondern sie wurde vom jeweiligen Militärkommandanten des Legionslagers mitverwaltet.

Ob die Zivilstadt von Vindobona jemals »municipium«, eine Stadt mit römischem Bürgerrecht, wurde, ist fraglich. Der einzige Hinweis darauf ist eine heute verschollene Inschrift, die einen Magistratsbeamten von Vindobona nennt, allerdings wurde der Stein nicht im 3. Bezirk gefunden, sondern 1555 beim Bau der Schottenbastei in Wien.

Der zweite mögliche Nachweis fehlt bis heute völlig – ein Tempel der kapitolinischen Trias, also der Götter Jupiter, Iuno und Minerva, weil diese Tempel nur in Städten mit römischen Bürgerrecht gebaut werden durften.

Allgemein wird angenommen, daß Vindobona im Jahre 212 unter Kaiser Caracalla (211–217) zum Municipium ernannt wurde, da das Bürgerrecht in diesem Jahr allen Bewohnern römischen Territoriums verliehen wurde.

Vermutlich kennen wir bis heute nur einem Teil der Zivilstadt, nämlich die westlichen Außenbezirke; das eigentliche Zentrum, in dem sich die öffentlichen Gebäude, der Tempel und der Marktplatz

5: Bronzestatuette des Jupiter Optimus Maximus, Hauptgott des römischen Pantheon, gefunden in Wien

(Forum) befunden haben könnten, ist noch nicht einmal annähernd bekannt.

Gefunden hat man bisher an zwei Stellen die Reste von Wohnbauten. Am Beginn des Rennweges, im Bereich des Botanischen Gartens, lagen direkt an der römischen Limesstraße große Wohnhäuser, an denen sich noch die verschiedenen Funktionen wie Wirtschafts- oder Wohntrakt unterscheiden ließen. Die Wohnräume wiesen gemörtelte Böden und verputzte Wände auf, in den Wirtschaftsräumen bestand der Boden aus festgestampftem Lehm. Sie sind wohl wie alle anderen Bauten in Vindobona in den Markomannenkriegen zerstört worden.

Ein zweiter großer Bau, nach einer Apsis und ausgedehnten Fußbodenheizungen zu schließen, vermutlich ein römisches Bad, fand sich in der Oberzellergasse.

An der Westseite der Zivilstadt fanden sich die Reste von 11 Töpferöfen, die belegen, daß hier offenbar ein Zentrum dieses Handwerks zu suchen ist.

Der materielle Wohlstand der Zivilstadt muß recht beachtlich gewesen sein, man importierte Luxuswaren wie Keramik vom Typ Terra sigillata aus verschiedenen Provinzen des Römischen Reiches, man setzte im Friedhof beim Arsenal den Verstorbenen aufwendige Grabdenkmäler und schmückte die Siedlung mit Statuen aus Marmor und Bronze.

Fraglich ist auch noch, wie viele Menschen in der Zivilstadt gelebt haben; eine Frage, die deshalb so schwer zu beantworten ist, da man auch nicht annähernd den Umfang der Siedlung kennt. Nach der Kapazität der Wasserleitung, die vom Wienerwald zur Zivilstadt führte, hat man die Einwohnerzahl mit etwa 15.000 berechnet; diese Zahl ist aber höchst hypothetisch, da wir nicht wissen können, wie viele Menschen sich mit Wasser aus Brunnen oder aus der Donau versorgt haben. Als das Leben in der Zivilstadt in der Spätantike immer unsicherer wurde, scheint man die Stadt mit einer Stadtmauer umgeben zu haben.

Mit dem Bau des Legionslagers entstanden rund um Wien Ziegeleien und Steinbrüche, und das Territorium der Stadt erweiterte sich gegen Süden, wobei besonders die Flußtäler der Wien und des Liesingbaches dichter besiedelt wurden. Wasserleitungen entstanden ebenso wie Tempel und Friedhöfe. Ermöglicht wurde dieser Wohlstand in der ersten Hälfte des 2. Jahrhunderts durch ein ausgeklügeltes Vertragssystem mit den Germanen und durch politische Ruhe im Inneren des Römischen Reiches unter den Kaisern Trajan, Hadrian (117–138) und Antoninus Pius (138–161). Die Gemeinden der einheimischen Bevölkerung erhielten Autonomie unter eigenen Präfekten. Es war ein ruhiges Leben in Vindobona zu dieser Zeit: Die römische Kultur blühte auf, die keltische Bevölkerung vermischte sich mit den eingewanderten Römern und bildete die Gruppe der Romanen, bestehend aus Römern der zweiten und dritten Generation, die Rom nie gesehen hatten, und aus Einheimischen, welche die Segnungen der römischen Zivilisation zu schätzen wußten.

6: Grabstein des Titus Flavius Draccus, gallischer Reitersoldat in der römischen Truppe der Ala Britannica, 1. Jh. n. Chr., gefunden in Wien 1, Habsburgergasse

Die Römer

167 sollte dieser Friede jäh gestört werden. Kaiser Marc Aurel (161–180) war seit seinem Regierungsantritt mit Aufständen im Römischen Reich und Grenzkriegen beschäftigt. Zwar gelang es ihm 166, die iranischen Parther im Osten entscheidend zu schlagen, seine zurückkehrenden Truppen brachten aber die Pest mit, die besonders in den Grenzprovinzen des Reiches fürchterlich gewütet haben muß und zu einer Dezimierung der Bevölkerung und der Soldaten in den Garnisonen führte. Dazu kam noch, daß das System der Verträge mit den Germanen seit einiger Zeit instabil zu werden drohte, da besonders die Stämme der nördlich der mittleren Donau siedelnden Markomannen und Quaden selbst dem Druck der von Osten herandrängenden Langobarden und Vandalen ausgesetzt waren. Zwar ersuchten sie die Römer um Schutz, diese konnten oder wollten in ihrer selbst so angespannten Situation nicht helfen. Daher scheinen sich ab 166 erste Stammesverbände der Markomannen und Quaden unter ihrem König Ballomarus selbständig gemacht zu haben, sie überschritten die Donau und drangen in die römische Provinz Pannonien ein. Zwar konnte dieser erste Angriff noch vom pannonischen Statthalter und seinen Truppen abgewehrt werden, bereits 169 erfolgte aber ein zweiter schwerer Einfall, der die Germanen bis nach Oberitalien führte, wo sie auch Aquileia belagerten. Bereits 167 oder im Zuge dieses Einfalls wurde das Legionslager von Vindobona zerstört, eine dicke Brandschicht überdeckte alle Bauten. Unklar ist, ob die Germanen das Lager erobert und zerstört haben oder ob den Römern ein geordneter Rückzug gelang und sie das Lager selbst niederbrannten, um es nicht in die Hände der Feinde fallen zu lassen. Auch die Cannabae und die Zivilstadt wurden zerstört; bei den archäologischen Ausgrabungen bildet die Brandschicht des Markomannenkrieges eine so deutliche Grenze, daß nicht zu übersehen ist, daß hier eine Epoche zu Ende gegangen ist. Nachdem man im Bereich der Zivilstadt innerhalb weniger hundert Meter auch drei vergrabene Münzschätze mit Gold- und Silbermünzen dieser Zeit geborgen hat, die offenbar von ihren Besitzern nicht mehr gehoben werden konnten, scheint dies darauf hinzudeuten, daß auch die Zivilbevölkerung schwer gelitten hat; es muß ein völliger Zusammenbruch der römischen Herrschaft im Wiener Raum gewesen sein, eine Katastrophe.

Die Römer erkannten nun den Ernst der Lage. Vielleicht ist es ihnen nun klargeworden, daß der geringste Abstand von einer Reichsgrenze nach Italien die Strecke von Vindobona nach Aquileia war, jedenfalls säuberte noch 170 der Schwiegersohn des Kaisers Marc Aurel, Claudius Pompeianus, die Provinzen Rätien und Noricum von den eingedrungenen Germanen, die 171 von Helvius Pertinax wieder völlig unterworfen wurden. Vermutlich 170 oder 171 kam Kaiser Marc Aurel zur Führung des Heeres auch selbst an die Donau und hielt sich in Carnuntum und Vindobona auf. 171 zwang er den Stamm der Quaden zum Friedensschluß, 173 eroberte er die Burg des Markomannenkönigs Ballomarus, der nach einem letzten verzweifelten Versuch des militärischen Widerstandes 174 mit den Römern Frieden schließen mußte. Zu dieser Zeit hatte der Wiederaufbau Vindobonas längst begonnen, und die Anwesenheit zahlreicher Truppen und deren Finanzkraft scheint zur raschen Erholung der Region und der Stadt beigetragen zu haben. Man beseitigte den Schutt und begann neue Bauten zu errichten. Zahlreiche Neusiedler strömten in die verwüsteten Gebiete.

Der harte Friedensschluß mit den Germanen führt 176–180 zum Zweiten Markomannenkrieg, der aber auf Vindobona keine Auswirkungen gehabt zu haben scheint. Allerdings gelingt es auch Marc Aurel nicht, die von ihm geplante Provinz Marcomannia einzurichten. Marc Aurel stirbt 180 an der Pest, der Überlieferung nach im Lager von Vindobona, von wo aus er die Feldzüge gegen die Markomannen geleitet hatte; vermutlich starb der erkrankte Kaiser aber erst auf seinem Weg nach Rom in Sirmium, dem heutigen Mitrovica an der Save.

Sein Sohn und Nachfolger Commodus (180–192) war nicht willens, den auch für die Römer verlustreichen Krieg weiterzuführen, und schloß noch 180 mit den Markomannen Frieden.

Eine zweite Blütezeit für Pannonien und damit für Vindobona begann im Jahre 192, als sich die pannonischen Legionen nach dem Tode von Kaiser Commodus (180–193) auf die Seite des nordafrikanischen Senators Septimius Severus (193–211) stellten und ihm 193 zur Macht verhalfen. Zum Dank für diese Unterstützung hat Septimius Severus in seiner Regierungszeit Pannonien besonders gefördert. Die

Soldaten erhielten das römische Bürgerrecht, durften heiraten und außerhalb des Lagers wohnen. Aus dem Berufsheer entstand ein Milizheer, gefestigt noch dadurch, daß sich diese Soldatenfamilien aus immer mehr Einheimischen zusammensetzten, die nun auch ein persönliches Interesse an der Verteidigung ihrer Heimat hatten. Zugleich wurden diese Soldaten auch finanziell gut versorgt, so daß sich entlang der Donaugrenze eine Vermehrung des materiellen Wohlstandes feststellen läßt. Der Bau von Steinhäusern, die Verbreitung lateinischer Inschriften und Namen und der Import von italischen Luxusgütern nehmen zu, so daß man für diese Zeit von einer durchgreifenden Romanisierung der Bevölkerung sprechen kann.

Diese Blütezeit hielt bis 258/260 an, als unter Kaiser Gallienus (260–268) die aus dem Osten kommenden Sarmaten verheerend in Pannonien einfielen. Ob sie auch Vindobona heimsuchten, kann nicht gesagt werden. Auswirkungen hatte dieser Einfall dahingehend, daß die Donaugrenze nun nicht mehr stabil und ein undurchdringlicher Wall gegen die »Barbaren« war, im Gegenteil, die nun in immer kürzeren Abständen herandrängenden Völker aus dem Osten mußten in Pannonien angesiedelt werden. In den nächsten hundert Jahre kann unter starken Kaisern wie Claudius (268–270), Aurelian (270–275), Probus (276–282), Diocletian (284–305), Konstantin (325–337) und Valentinian (364–375) die Grenze immer wieder stabilisiert werden, die Wirtschaft wird verbessert, Wälder werden gerodet, und der Weinbau wird gefördert. Unter den vielen Usurpatoren des römischen Kaiserthrones kommen aber immer wieder germanische Völkerstämme über die Grenzen, lassen sich Land innerhalb Pannoniens anweisen und leben offiziell unter römischer Herrschaft, in Wahrheit aber mehr oder weniger unter ihren eigenen Gesetzen und Stammesfürsten.

Die viele Jahre andauernde Unsicherheit trug damit zu einem langsamen wirtschaftlichen Abstieg der großen Städte an der Donau bei, das Kapital wurde in die sicheren Städte des Hinterlandes verlegt, das Geld für Sold und Ausrüstung der Soldaten floß spärlicher, und auch die Bevölkerungszahlen nahmen stetig ab. Die Städte verloren ihre Bedeutung als wirtschaftliche und kulturelle Zentren, ihre Funktionen gingen auf die großen befestigten Höfe im Hinterland der

Städte über. Die Orte am Donaulimes wurden gegen Ende des 4. Jahrhunderts als »deserta nunc et squalens« (verlassen und schmutzig) beschrieben.

Der letzte römische Kaiser, der Carnuntum und Vindobona besuchte, war Kaiser Valentinian (364–375). Nach seinem Tode verloren die Römer immer mehr die Kontrolle über ihre Provinz Pannonien, in der sich nach der schweren römischen Niederlage von 380 bei Adrianopel Goten, Alanen und Hunnen ansiedelten. Da sich diese Völker auch weiter nicht den römischen Gesetzen fügen wollten und auch keine militärische Macht mehr bestand, um diese Gesetze durchzusetzen, wanderten ab dem Beginn des 5. Jahrhunderts mehr und mehr Bewohner pannonischer Gemeinden zurück nach Italien. Mit den Jahren 400–405 findet sich eine durchgehende Brandschicht in Lager, Cannabae und Zivilstadt. Niemand kann sagen, ob nicht auch die Zerstörung Vindobonas durch die eigenen Bewohner erfolgte und die Bevölkerung nach Italien abgezogen ist. Vermutlich blieb nur eine kleine Restbevölkerung in den Ruinen des Legionslagers zurück.

4. Die Völkerwanderung – Ein kleines Dorf an der Donau
400–800

Die nächsten vier Jahrhunderte bis zur Eroberung des Wiener Raumes durch Kaiser Karl den Großen (742–814) und die Einrichtung der karantanischen, awarischen und pannonischen Mark um 800 sind die dunklen Jahrhunderte Wiens. Wir kennen zwar mit den Goten, Hunnen, Langobarden, Awaren und Slawen die Siedler in unserem Raum, diese haben aber außer ihren Gräbern kaum materielle Spuren hinterlassen. Anzunehmen ist, daß im Areal des ehemaligen römischen Legionslagers eine oder zwei kleine Restsiedlungen bestanden, die vermutlich eine Burg als Zentrum hatten, in welcher der jeweilige Herr über das Gebiet residierte. Wien muß aber so unbedeutend gewesen sein, daß für den Awarenfeldzug Karls des Großen 791 zwar Tulln, nicht aber eine Siedlung in Wien namentlich erwähnt wird.

Dennoch wurde Wien als Siedlungsplatz niemals völlig aufgegeben. Auch die neuen Herren, ob Goten, Hunnen oder Langobarden, brauchten Menschen, die die Felder bestellten oder das Vieh weideten, brauchten Handwerker, um ihre Habe zu erneuern oder in Ordnung zu halten. In dieser Zeit scheint sich im Bereich des alten römischen Lagers ein neuer Siedlungskern herausgebildet zu haben, der wohl seinen Ursprung in den Ruinen des römischen Lagerbades gehabt hat. Mittelpunkt der Siedlung war eine befestigte Burg, der Berghof. Dieser wird etwa im Bereich des Häuserblocks Marc-Aurel Straße – Hoher Markt – Judengasse vermutet und ist in der Anfangszeit vermutlich nicht mehr als ein befestigter Hof aus Stein gewesen, der dem jeweiligen Gebietsherrn zum Sitz diente und an den sich ein Platz anschloß, der etwa dem heutigen Hohen Markt entspricht und an dessen Rändern niedrige Holzhäuser und Hütten standen.

Die Existenz dieses Berghofes hatte aber eine wesentliche Konsequenz für den späteren Plan der Stadt Wien. Die römischen Lagermauern und wohl auch die Lagertore standen zu dieser Zeit noch, die

Innenbauten aber waren verfallen und überwachsen. Das Tor des Berghofes muß sich an der Ecke Marc-Aurel Straße – Hoher Markt befunden haben; also begannen die Menschen vom rechtwinkeligen römischen Straßenplan abzuweichen und direkt auf das Tor zuzugehen. Das ist der Grund, warum heute die Wipplingerstraße und die Tuchlauben gegenüber dem römischen Straßennetz leicht schief verzogen sind.

Nach der Zerstörung Vindobonas um 400–405 war das Land 433 den Hunnen in einem Föderatenvertrag zur Nutzung übergeben worden. Rechtlich gehörte damit das

7: Der hl. Severin († 482) predigt der Bevölkerung Ufernoricums im 5. Jh. n. Chr. Sein erstes Grab wurde lange Zeit in Heiligenstadt (Favianis) vermutet.

Wiener Becken zwar noch zum Römischen Reich, das aber seine Herrschaft hier nicht mehr durchsetzen konnte. 451 erleidet der hunnische König Attila auf den Katalaunischen Feldern im heutigen Burgund eine schwere Niederlage gegen den römischen Heermeister Aetius, nach seinem Tode 453 bricht die hunnische Herrschaft zusammen, und der Stamm der ostgotischen Rugier siedelt sich im Wiener Becken an. 476 bringt das Ende des Römischen Reiches, als der Skire Odoaker die Herrschaft in Rom übernimmt, 488 unterwirft er die Rugier an der Donau und im Tullner Feld. Er sieht aber auch, daß die Donaugrenze für ihn auf Dauer nicht zu halten ist, und zieht mit den bisher noch hier verbliebenen Romanen aus dem Wiener Becken und von der Donau nach Italien ab.

Die Völkerwanderung

8: Bildnismedaillon mit fiktiver Darstellung des Hunnenkönigs Attila († 453), der »Geißel Gottes«

In der Folge siedeln sich die Langobarden ab 489 nördlich der Donau an, besetzen 511 auch das Wiener Becken und ziehen 568 weiter nach Italien.

Ab dem 7. Jahrhundert erlebt der Wiener Raum einen neuen Bevölkerungsschub durch die Landnahme der Awaren und Slawen. Wo deren einfache Siedlungen aus Holzhäusern standen, ist archäologisch kaum mehr nachvollziehbar, Auskunft geben hier nur die awarischen Friedhöfe von Zwölfaxing, Schwechat, Simmering und Mödling sowie die slawischen Ortsnamen Döbling, Währing, Lainz, Rodaun und Liesing. Etwa zur selben Zeit beginnt auch die christliche Missionierung des Gebietes von Salzburg aus.

Die Siedlung im Bereich des römischen Lagers wird weiter gewachsen sein; vielleicht gab es bald eine zweite Restsiedlung im Bereich um die heutige Peterskirche, von der manche Historiker glauben, sie sei die älteste Kirche von Wien, da ihre bauliche Orientierung eigentlich Nord-Süd läuft und man angenommen hat, daß hier vielleicht bereits in der Spätantike eine erste Kirche auf den Mauern einer römischen Kaserne gebaut worden war. Die Siedlungen blieben aber weiter klein, Dörfer mit Holzhäusern, in deren Mittelpunkt der Berghof als einziges Steingebäude stand und die eine Bevölkerung von wenigen hundert Menschen aufwiesen.

Als um 791 Karl der Große das Gebiet von Wien den Awaren entreißt, kommen zu dieser Siedlung zwei weitere wichtige Elemente einer mittelalterlichen Stadt hinzu, Kirche und Markt. Etwas nördlich des Berghofes, direkt am Steilabfall zur Donau gelegen, aber noch innerhalb der römischen Mauern, wird eine dem hl. Ruprecht geweihte Kirche errichtet; ihre um 30 Grad von Osten abweichende Orientierung verrät uns, daß ihre Fundamente auf römische Mauern gesetzt wurden.

9: Bildnis eines awarischen Reiters vom Goldschatz von Nagyszentmiklos, 9. Jh.

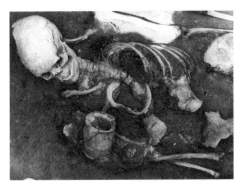

10: Awarisches Grab mit Beigaben, 8. Jh., Fundort Wien 11, Simmering, Csokorgasse

Auf dem freien Platz, der sich von der Kirche nach Süden bis zum Berghof und nach Osten bis zur Nordostecke des Lagers erstreckt, entsteht vermutlich zur selben Zeit ein etwa 26.000 m² großer Marktplatz von dreieckiger Form, der später verbaut wurde, sich aber im Mittelalter noch namentlich als Kienmarkt nachweisen läßt. Das Areal scheint für den Markt einer so kleinen Siedlung viel zu groß, man darf aber nicht vergessen, daß die umherziehenden Händler neben ihren Ständen auch ihre Pferde und Wagen unterzubringen hatten. Vielleicht hat das Areal auch als Fluchtplatz für die Menschen gedient, wenn es im Umland der kleinen Siedlung gefährlich wurde.

Die Völkerwanderung 43

Im 9. Jahrhundert verfügt Wien über drei wichtige Elemente, welche das Wesen einer mittelalterlichen Stadt ausmachen: Burg, Markt und Kirche. Vermutlich kam als weiteres Element auch noch eine erste Ringmauer mit Türmen dazu, welche diese Siedlung und die Häuser im Bereich des Hohen Marktes einschloß.

5. Wien im Frühmittelalter – Eine kleine Stadt in Ostarrichi
800–1156

Nach 800 scheinen karolingische Grenzgrafen versucht zu haben, diesen unruhigen Raum an der Grenze zu regieren; im 9. Jahrhundert entsteht nördlich der Donau das Großmährische Reich der Slawen, welches die stetig von West nach Ost gerichtete Einwanderung der Bajuwaren bedroht. Etwa zur gleichen Zeit wandert von Osten her ein neuer Volksstamm die Donau entlang nach Westen, die Ungarn, die bald mit den bajuwarischen Siedlern in Konflikt kommen. 881 scheint es zu einem ersten Zusammenstoß im Wiener Raum gekommen zu sein, da die Salzburger Annalen von Kämpfen berichten, die sich »apud Weniam«, also »bei Wien« ereigneten, wobei nicht ganz klar ist, ob damit die Stadt oder der Fluß gemeint ist. 907 kommt es dann zur Katastrophe für die Bayern, als ein bayrisches Heer unter Markgraf Luitpold (895–907) bei Preßburg vernichtend geschlagen wird und es den Ungarn in der Folge gelingt, ihren Herrschaftsbereich nach Westen bis zur Enns vorzuschieben. Für die Menschen, die in dieser Zeit die kleine Siedlung von Wien bewohnten, die nun ungarisch »Becs« (»am Steilrand«) hieß, scheint dies keine allzugroßen Konsequenzen gehabt zu haben, höchstens, daß man die Abgaben nun an einen ungarischen Fürsten abzuliefern hatte. Die ungarische Herrschaft dauerte fast 140 Jahre, und die Rückeroberung des Landes durch die Bayernherzöge ging nur langsam voran. Um 991 besiegte der bayrische Herzog Heinrich der Zänker die Ungarn und schob die Grenze nach Osten bis zum Hauptkamm des Wienerwaldes vor, in den Jahren danach scheint es den Bayern gelungen zu sein, die Flüsse March und Leitha zu erreichen. Um 1030 gab es unter Kaiser Konrad II. (990–1039) nochmals einen Rückschlag, als dieser sein Heer in Ungarn verlor, weil es nicht verpflegt werden konnte, und Wien wieder unter ungarische Herrschaft geriet. Erst 1043 konnte Kaiser Heinrich III. (1017–1056) die Grenze dauerhaft an March und Leitha einrichten.

In dieser Zeit der dauernden Grenzkriege mit den Ungarn und dem langsamen Vorschieben der Grenzen gegen Osten waren es vor allem zwei Faktoren, welche die Geschichte des Grenzraumes bestimmten. Zum einen war dies die Rivalität der Bistümer Passau und Salzburg, daneben auch Bamberg und Regensburg, die Interesse daran hatten, das Land mit ihren Leuten urbar zu machen, zu besiedeln, Kirchen zu bauen und damit ein wirtschaftlicher Faktor zu werden. Ein gutes Beispiel dafür sind die Familien der Formbacher und der Sieghartinger im Wiener Raum. Die Formbacher unterstanden der Diözese Passau und hatten Höfe ihrer Gefolgsleute in Hacking, Purkersdorf, Unter St. Veit, Meidling, Baumgarten und Gumpendorf. Diese kamen immer wieder in Konflikt mit den Gefolgsleuten der salzburgischen Sieghartinger, die sich in Döbling, Nußdorf, Grinzing und nahe dem Bisamberg angesiedelt hatten.

Der zweite Faktor war die Belehnung eines kleinen, aber tatkräftigen bayrischen Geschlechtes, das seine Ursprünge um 840 in Bamberg hatte. Als der Bayernherzog Heinrich II. im Jahre 976 gegen Kaiser Otto II. (955–983) revoltierte und von diesem bei Regensburg geschlagen wurde, scheint sich der Babenberger Luitpold auf der siegreichen, kaiserlichen Seite befunden zu haben; er wurde für seine Treue und Verdienste mit der Markgrafschaft östlich der Enns, die damals nicht besonders umfangreich gewesen sein kann und zudem stets von den Ungarn bedroht war, belehnt. Luitpold, latinisiert Leopold I. (962–994), muß ein tatkräftiger Markgraf gewesen sein. Zuerst vertrieb er die Anhänger Heinrichs II. aus seiner Mark, und dann machte er sich daran, die Grenzen seines Lehens weiter nach Osten vorzuschieben. Nach seiner Ermordung 994 in Würzburg ging die Markgrafenwürde auf seinen Sohn Heinrich I. (994–1018) über, in dessen Zeit 996 das Land in einer Urkunde erstmals als Ostarrichi erscheint. Heinrich schob die Grenzen weiter nach Osten vor und erhielt Teile des gewonnenen Landes am Kamp und an der Triesting vom König als persönlichen Besitz; wie sehr man allerdings noch immer mit den Ungarn zu rechnen hatte und sie fürchtete, zeigt die Ermordung eines irischen Pilgers, der Legende nach der irische Königssohn Koloman, in Stockerau 1012 als ungarischer Spion.

11: Wiener Pfennig,
Herzog Friedrich I. (1195–1198)
oder Herzog Leopold VI. (1198–1230)

Heinrichs Nachfolger Adalbert (1018–1055) mußte zwar von 1030–1043 nochmals den Verlust von Wien an die Ungarn hinnehmen, die Gegenoffensive von Kaiser Heinrich III. schob aber die Grenzen der Mark wieder bis an die Flüsse March und Leitha vor, während Adalberts Sohn und Nachfolger Ernst (1055–1075) sich nach Norden wandte, die Slawenburg bei Thunau zerstörte und eine neue Nordgrenze seiner Mark an den Flüssen Pulkau und Thaya einrichtete. Ernst starb 1075 im Kampf gegen aufständische Sachsen, sein Sohn Leopold II. (1075–1095) richtete aber sein Augenmerk vermehrt auf den Wiener Raum und versuchte hier Einfluß zu gewinnen, indem er sich mit Ita aus der Familie der Formbacher vermählte. Zwar stellte er sich im Streit zwischen dem Papst und dem deutschen Kaiser Heinrich IV. auf die falsche Seite, verlor seine Markgrafenwürde an den Böhmenkönig Vratislav II. und wurde von diesem auch 1082 in einer Schlacht bei Mailberg geschlagen; er konnte sich aber mit dem Kaiser wieder versöhnen und bis auf kleine Teile sein Land erhalten.

Als nach seinem Tode sein Sohn Leopold III., der Heilige (1095–1136), die Markgrafenwürde übernahm, residierten die Babenberger noch immer nicht in Wien, da es ihnen hier die Formbacher und Sieghartinger verwehrten, eine eigene Machtbasis zu errichten. Erst nach der Ermordung des Oberhauptes der Sieghartinger 1104 und nachdem Leopold die sächsischen Kuenringer als Ministerialen ins Land geholt und als deren Gegenspieler aufgebaut hatte, gelang es ihm, mehr Einfluß in Wien zu gewinnen. Leopold IV. (1136–1141) war mehr an bayrischer Politik interessiert und wurde auch zum bayrischen Herzog ernannt. In seine Zeit fällt allerdings auch die Gründung und Einrichtung der babenbergischen Pfalz in Klosterneuburg, und die Nähe zu Wien mag auch das Wachstum dieser Stadt gefördert haben, so daß Wien 1137 im Tauschvertrag von Mautern zum ersten Male als »Civitas«, als »Stadt«, genannt wurde.

Sein Nachfolger Heinrich II. Jasomirgott (1141–1177) muß als außerordentlich weitblickender Herzog gewürdigt werden, der wie kein anderer seiner Vorgänger die Möglichkeiten, die ihm dieses von seinen Vorvätern eroberte Land bot, erkannte. Für eine Belehnung mit Österreich tauschte er die Würde eines Pfalzgrafen vom Rhein ein, und im »Privilegium minus« verzichtete er 1156 auf die Herzogswürde von Bayern und erhielt im Gegenzug Österreich zum Herzogtum aufgewertet. Noch im selben Jahr errichtete er eine Pfalz in Wien, und die Babenberger regierten fortan ihr Land von dieser Stadt aus, als deren geistigen Mittelpunkt die Passauer Bischöfe seit 1137 die erste Kirche zu St. Stephan bauten, die 1147 geweiht wurde.

Heinrich II. Jasomirgott errichtete seine Pfalz am Westrand der damals bebauten Fläche von Wien, an der heutigen Südostecke des Platzes Am Hof, den er für Feste und Turniere frei ließ; an der Südseite des Platzes stand das Neu- oder Herzogsbad, das zu den vornehmsten Bädern Wiens gehörte. Da sein Palast aber außerhalb einer das ehemalige römische Lager teilenden Stadtmauer lag, wurde diese aufgegeben, und man stellte den alten Mauerring der Römer, der an der Westseite etwa der Linie Naglergasse – Tiefer Graben – Salzgries folgte, wieder her. Heinrich konnte von seinem Palast aus über das Tal des Ottakringerbaches nach Westen sehen; Angeblich hat er deshalb in Sichtweite seiner Pfalz ein Kloster iro-schottischer Mönche, die er ins Land geholt hatte, bauen lassen. Dieses stand an der Kreuzung zweier Straßen, der Hochstraße, die der alten, am römischen Legionslager vorbeiführenden römischen Limesstraße entspricht, und einer Straße, die vermutlich erst im Mittelalter vom Platz Am Hof ausgehend zum Schottenkloster angelegt wurde; dazwischen wurde ein Dreiecksplatz angelegt, die heutige Freyung. Dieser Platz, auf dem ein großer Stein lag, auf dem der Sage nach 1308 Johannes Parricida, der Mörder Albrechts III., gelagert haben soll, war im Mittelalter der Platz der Spielleute und Gaukler. Hier wurde auch der Mist gesammelt, um aus der Stadt gebracht zu werden, weshalb die einzelnen Teile im Mittelalter auch die Bezeichnungen »auf'm Mist« und »auf'm Stein« tragen.

Nördlich der Burg Heinrichs scheint es noch freie Flächen gegeben zu haben; hier entstand eine Judenstadt im Bereich des heutigen Judenplatzes. Unter seiner Herrschaft wurde auch der Bereich östlich des Stephansplatzes verbaut. Die Südkante der Verbauung war die Singerstraße, zwischen dieser und der heutigen Wollzeile wurden parallel laufende Gassen angelegt: die Blutgasse, in der angeblich der Orden der Templer seinen Sitz hatte, die Grünangergasse, deren Name auf ein unverbautes Grundstück hindeutet, und die Kumpfgasse, deren Name auf den Kumpf, den Trog der Lodenmacher, hinweist.

Die Stadt und die erschlossenen Flächen müssen sich zu dieser Zeit schnell mit Häusern gefüllt haben, denn schon unter Heinrichs Nachfolger Leopold V. (1177–1194) mußte sie erneut erweitert werden. An der Südseite des ehemaligen römischen Lagers wird ein breiter Platz frei gelassen, der heutige Graben, nach Süden schließt sich ein System von Rippengassen in Nord-Süd-Richtung an, die bis zur Hochstraße reichten; ausgehend vom Kohlmarkt, der seinen Namen von der Verkaufsstätte für Holzkohle hatte, sind dies Habsburgergasse, Bräunerstraße, Dorotheergasse, Spiegelgasse und die Seilergasse; dann folgte ein freies Feld, das bis zur Venediger- oder Kärntnerstraße reichte.

Das Leben im frühen Mittelalter war in einer Stadt wie Wien sicher nicht einfach. Abgesehen davon, daß die gesamte Stadt mit Ausnahme der Kirchen und des Herzogshofs aus Holzhäusern erbaut war, gab es keine gepflasterten Straßen, kein Licht, keine Fensterscheiben, keine Möglichkeit, Essen zu konservieren, keine Wasserleitungen oder Kanäle.

Wirtschaftlich war die Stadt vom Durchzugshandel abhängig, der über Wien nach Ungarn und nach Venedig lief; das einzig nennenswerte Wirtschaftsgut, das in Wien erzeugt und exportiert wurde, war Wein. Beherrscht wurde die Stadt von den kleinadeligen grundbesitzenden Erbbürgern, die dem Landesherrn verpflichtet waren. Die

Schichten der Händler und Handwerker sowie die Masse der arbeitenden Bevölkerung, der »povel«, hatten keine politische Mitsprache. Kunst und Kultur fand einerseits am Hof des Herzogs statt, der es verstand, Künstler und Minnesänger an sich zu binden, andererseits sorgten die Kirchen und Klöster für Schulen und medizinische Versorgung. Zahlreiche Krankheiten wie Cholera, Ruhr und Aussatz (Lepra) plagten die Bevölkerung, deren durchschnittliche Lebenserwartung bei Frauen 23 Jahre, bei Männern 45 Jahre betrug. Dennoch war die mittelalterliche Stadt Wien ein attraktiver Lebensraum, da sie dem Bürger Schutz und Freiheit, ein Mindestmaß an Rechtssicherheit, Möglichkeiten zu Ausbildung und Verdienst bot. Es ist daher nicht verwunderlich, daß sich die Stadt in den Jahrhunderten nach dem Ende der Völkerwanderung bis zum Einzug der Babenberger stark entwickelte; um 1156 haben wahrscheinlich etwa 8000 Menschen in Wien gelebt.

6. Wien im Hochmittelalter – »Der wonnigliche Hof zu Wienn«
1156–1439

Heinrich II. Jasomirgott hat zweifellos erkannt, welche Möglichkeiten diese Handelsstadt, die zwar gefährlich nahe, aber auch wirtschaftlich interessant an der ungarischen Grenze lag, bieten konnte. Sein Vorbild für die weitere Entwicklung Wiens war Regensburg, nach dessen Muster er eine Pfalz am Platz Am Hof baute, die aus einem Palast und zwei Kapellen bestand. Heinrich richtete auch seine Außenpolitik neu aus. Stand bisher der Westen mit Bayern und dem Heiligen Römischen Reich im Zentrum der babenbergischen Bestrebungen, so heiratete er 1148 bewußt Theodora Komnena, die Nichte des byzantinischen Kaisers Manuel I., und bewies damit sein neues Interesse an Osteuropa.

Wien hatte für eine Residenzstadt aber noch einen Mangel aufzuweisen; das Fehlen einer Stadtmauer, die eigentlich zum Verständnis der mittelalterlichen Stadt gehört. Vielleicht begann schon Heinrich mit der Planung und dem Bau einer solchen Befestigung, wurde aber durch Kriege, in die er verwickelt war, und wahrscheinlich auch durch den kostspieligen Bau von St. Stephan daran gehindert, diese Pläne weiterzuführen. Als einziger Babenberger wurde er gemeinsam mit seiner Frau in Wien begraben; er ruht in der Krypta der Schottenkirche.

Sein Sohn und Nachfolger Leopold V. (1177–1194) verlegte die landesfürstliche Münze von Krems nach Wien; der Erwerb der Steiermark 1192 in der Georgenberger Handfeste öffnete den Handelsweg von Wien nach Venedig und stärkte so weiter die wirtschaftliche Macht der Stadt. Die Teilnahme Leopolds am 3. Kreuzzug 1191 brachte ihn bei der Eroberung von Akkon in Konflikt mit dem englischen König Richard Löwenherz. Als dieser ein Jahr später die Rückreise antrat, in der Adria Schiffbruch erlitt und versuchte, auf dem Landweg durch Österreich nach dem mit England verbündeten Polen zu gelangen, ließ ihn Leopold in Verletzung der päpstlichen

12: Siegel der Universität Wien, gegründet von Rudolf IV., dem Stifter, 1365

Gesetze gefangennehmen und lieferte ihn an den deutschen Kaiser Heinrich VI. aus. Dieser kassierte für Löwenherz ein immenses Lösegeld, und auch Leopold erhielt einen großzügigen Anteil; einen Teil davon verwendete er für den Bau einer 4,5 km langen Ringmauer um Wien. Zwar wurde er für die Gefangennahme eines Kreuzfahrers mit dem Kirchenbann belegt und versprach 1194 auf dem Totenbett, das Geld zurückzugeben, mit der Entscheidung für den Mauerbau legte er aber die Entwicklung und Gestalt der Stadt bis heute fest.

Leopold plante großzügig und ließ zwischen den bebauten Flächen und der Ringmauer genügend Platz zur Erweiterung der Stadt frei. Die Mauer wies insgesamt fünf Tore und 19 Türme auf und war so angelegt, daß sie von den Bürgern selbst verteidigt werden konnte.

Sein Sohn Friedrich I. (1194–1198) regierte nur kurz und fand sein Ende als Kreuzfahrer. Sein Bruder Leopold VI., der Glorreiche (1198–1230), führte Wien zu einer ersten städtebaulichen und wirtschaftlichen Blüte.

Unter Leopold VI. wird die Stadtmauer fertiggestellt und mit dem Bau einer neuen Hofburg an der Südseite der Stadt begonnen, man gibt das System der Dreiecksplätze auf und baut nun große Rechteckplätze. 1233 wird der Hohe Markt erstmals namentlich erwähnt, 1234 der Neue Markt – der aber viel größer war als der heute bestehende und von der Seilergasse bis zur Kärntnerstraße reichte –, und 1294 der Judenplatz, in dessen Mitte etwa ab 1250 die Synagoge stand.

13: Idealkonstruktion der mittelalterlichen Hofburg, Westseite, Stich von Heinrich Bültemeyer, 1871

Die alten römischen Lagermauern wurden verbaut, indem man sie als Feuermauern nutzte und jeweils davor und dahinter ein Haus errichtete. Die römischen Lagertore wurden abgetragen, nur die »Porta decumana« an der Kreuzung Tuchlauben und Graben blieb bis 1732 als »Peilertor« bestehen.

Der heutige Platz des Grabens, mit dem Aushub der Mauerfundamente aufgeschüttet, wurde zum Milch-, Fleisch- und Gemüsemarkt, ab 1455 stand hier auch einer der ersten öffentlichen Brunnen Wiens.

Rund um die Wollzeile entstand das Stubenviertel, welches seinen Namen nach den hier ansässigen Badestuben hatte und mit zahlreichen Schenken, Tavernen, Fechtschulen und Bordellen das Vergnügungsviertel von Wien war.

Leopold VI. förderte auch Klostergründungen in Wien wie die der Minoriten (1221) und der Dominikaner (1225), aber auch die Errichtung der Frauenklöster der Zisterzienserinnen (1200) und der Magdalenerinnen (1230). Seine wichtigste Maßnahme für Wien war 1221 die Verfügung eines Stadtrechtes mit der Gewährung eines Stapelrechtes für Wien, das den Wiener Händlern gleichsam eine Monopolstellung für den Handel mit Ungarn und dem Balkan gewährte. Daneben reformierte er die Organisation der Stadt und holte Tuchfärber aus Flandern nach Wien. Unter seiner Regierung wurde Wien zum »wonniglichen Hof«, wie ihn der Minnesänger Walther von der Vogelweide nannte, der damals neben den Minnesängern Neidhart von

Reuenthal und Ulrich von Liechtenstein in Wien weilte und vielleicht auch am Nibelungenlied gereimt hat, das zu dieser Zeit in Wien niedergeschrieben wurde. Als Leopold VI. 1230 in Apulien stirbt, läßt er ein geordnetes Land zurück. Sein Sohn Friedrich II., der Streitbare (1230–1246), gerät aber bald in Konflikt mit seinen Nachbarn und mit dem deutschen König Friedrich II. (1212–1250), der ihn sogar aus Wien vertreibt und der Stadt die »Reichsunmittelbarkeit« verleiht, um sie dem Zugriff des Babenbergerherzogs zu entziehen. Friedrich kann sich zwar mit dem König wieder aussöhnen, seine hohen politischen Ziele, die Errichtung eines Königreiches Österreich oder die Verheiratung seiner Schwester Gertrud mit dem deutschen König, kann er aber nicht verwirklichen. 1246 fällt er an der Leitha in einem Gefecht mit den Ungarn; mit ihm stirbt das Geschlecht der Babenberger in Österreich aus.

Unter Herzog Friedrich II. wurde das Gebiet östlich der 1257 erstmals erwähnten Kärntnerstraße erschlossen, man legte parallel laufende Straßen zwischen der Weihburggasse, die ihren Namen nach einem befestigten Haus hatte, und der Krugerstraße, wo sich die Läden der Keramikhändler befanden, an.

Verschiedene Fraktionen bemühen sich in der Folge um das Land und die Stadt Wien, etwa Friedrichs Nichte Gertrud oder deren Sohn Friedrich von Baden; durchsetzen kann sich schließlich der böhmische König Ottokar Przemysl (1251–1276), der die Unterstützung der Wiener Bürger und des Adels erhält und 1251 in Wien einzieht. Ottokar hat in seiner Regierungszeit gut für Wien gesorgt, er gewährt der Stadt, als sie 1258 eine schwere Brandkatastrophe erleidet, bei der auch St. Stephan zerstört wird, Steuererleichterungen, gründet 1255 das Wiener Bürgerspital und läßt die Stephanskirche wiederherstellen; wahrscheinlich geht auch die Fertigstellung der Hofburg auf ihn zurück. Es ist daher kein Wunder, daß die Wiener ihn und nicht den Schwaben Rudolf von Habsburg (1276–1282) unterstützten, der 1273 in Frankfurt zum deutschen König gewählt worden war, 1276 im »Wiener Frieden« Österreich und Wien erworben hatte und 1278 Ottokar in der Schlacht am Marchfeld schlug, wobei dieser sein Leben verlor. Rudolf versuchte durch die Verleihung der Reichsunmittelbarkeit, durch neue Stadtrechte und Privilegien die Wiener auf

14: Blick in die Virgilkapelle unter dem Stephansplatz, erbaut um 1250. Die Kapelle war vermutlich als Grabstätte des hl. Koloman gedacht

seine Seite zu ziehen; sein Sohn und Nachfolger Albrecht I. (1282–1308) verärgerte die Bevölkerung aber, indem er ihre Rechte beschnitt und besonders das Stapelrecht, auf dem der Reichtum Wiens beruhte, reduzierte. Ein daraus entstehender Aufstand der Wiener 1287/88 vertrieb ihn zwar aus Wien auf die Burg auf dem Leopoldsberg, als er aber den Wienern die Lebensmittelzufuhr auf der Donau sperrte, gab die Stadt schnell wieder auf. Albrecht hielt die Wiener die nächsten

Jahre streng und zog ihre Privilegien, darunter auch die Reichsunmittelbarkeit, ein. Als es in Österreich aber 1295/96 zu einem weiteren Aufstand gegen die Habsburger kam, stand die Stadt fest auf seiner Seite und wurde mit einem neuen Stadtrechtsprivileg bedankt. Aus Albrechts Zeit kennen wir mit Konrad Poll auch erstmals den Namen eines Wiener Bürgermeisters, der 1282 regierte. Albrecht mußte sich aber nicht nur in Wien durchsetzen, er mußte sich auch gegen Übernahmeversuche Österreichs durch den Grafen Albrecht von Nassau wehren, den er 1298 in der Schlacht bei Göllheim schlug und tötete. Sein ältester Sohn Rudolf, der zum Nachfolger auserkoren wurde, starb früh, und Albrecht selbst fiel 1308 dem Mordanschlag seines Neffen Johannes »Parricida« zum Opfer. Als sein Nachfolger Friedrich I. (1308–1330) zur Belehnung mit Österreich und der Steiermark zum deutschen Kaiser Heinrich von Luxemburg reiste, versuchten alteingesessene babenbergische Adelskreise unter der Führung von Berthold dem Schützenmeister einen letzten Aufstand gegen die Habsburger, der aber mit der Hilfe des Bürgertums, das auf seiten der Habsburger stand, niedergeworfen werden konnte. Damit hatte sich das Wiener Bürgertum und besonders der Stand der halbadeligen Erbbürger erstmals gegen den alten babenbergischen Adel durchgesetzt; es sollte in Zukunft die führende Rolle in der Stadtpolitik spielen.

Als Rudolf I. von Habsburg 1278 in der Stadt einzog, war diese innerhalb der Stadtmauern zum Großteil besiedelt, frei war nur noch ein Streifen entlang der Stadtmauern und ein größeres Areal westlich der Hofburg zwischen Hochstraße und Stadtmauer. Rudolf scheint schon in der Hofburg gewohnt zu haben, der alte Babenbergerhof am Platz Am Hof wurde aufgegeben und die Münzprägestätte hier angesiedelt. An der Nordseite der Hofburg stand auf einem Dreiecksplatz seit der Mitte des 13. Jahrhunderts die Kirche St. Michael, für die eine Pfarre erstmals 1252 erwähnt wird.

Am Beginn des 13. Jahrhunderts übersiedelte das Rathaus der Stadt vom Witmarkt, einem Dreiecksplatz im Verlauf der Tuchlauben, wo die Tuchhändler ihre Lauben, also Verkaufsgewölbe hatten, in die Salvatorgasse und dann in das Haus der Haimonen, das 1309 nach dem Aufstand gegen Friedrich I. beschlagnahmt und der Stadt übereignet worden war. Auch das Gerichtsgebäude, die Schranne, wurde am Hohen Markt neu gebaut, ebenso wie das Untersuchungsgefängnis, Diebshaus genannt, welches von der Kumpfgasse in die Rauhensteingasse übersiedelte. Am Hohen Markt befand sich auch der Pranger zur Ausstellung straffälliger Personen und das Narrenkötterl, das vor allem der Ausnüchterung Betrunkener diente; im Ostteil des Platzes hatten die Geldwechsler am »Silberbühel« ihre Tische.

Ein wichtiges Gebäude in der Stadt war das städtische Vorrats- und Eichhaus, Metzengaden genannt, welches seit 1300 am Neuen Markt nachweisbar ist. Die Handwerkerzechen schufen sich eigene Verkaufshäuser, in denen sie ihre Stände unterbrachten, am Hohen Markt standen Fischhof, Riemhaus, Schuhhaus, Leinwandhaus, Saithaus und Kürschnerhaus, am Lichtensteg das Messererhaus, am Graben das Brothaus. Rund um den Stephansplatz, damals noch durch Häuser vom Graben getrennt, befanden sich die Apotheken.

Ab 1237 gab es eine erste Schule in Wien, die als »Schule bei St. Stephan« erwähnt wird und vermutlich in der Schulerstraße lag.

Die Kaufleute der bedeutenden deutschen Handelsstädte hatten eigene große Höfe in Wien. Zu den größten zählten der am Lugeck gelegene Kölner- und der Regensburgerhof. Auch die großen Klöster unterhielten eigene Höfe in Wien wie den Melkerhof in der Herrengasse und den Admonterhof auf der Freyung, den Freisingerhof am Graben und den Zwettlerhof am Stephansplatz.

Ab dem Beginn des 13. Jahrhunderts entstehen auch fünf Vorstadtsiedlungen vor den Mauern, in der bedeutendsten, der Vorstadt vor dem Widmertor, siedeln sich die Hofbediensteten an.

Das 14. Jahrhundert bringt den Ausbau des Spitalswesens für die Stadt. Um 1330 entsteht das Hofspital zu St. Martin im Bereich der Getreidegasse und das Seelhaus zu St. Theobald, vor dem Werdertor wird das aufgelöste Augustinerkloster 1330–1343 als Spital verwendet, das Bürgerspital entsteht 1253, das Heiligengeistspital vor dem Kärntnertor 1211. Als Alten- und Obdachlosenheime dienen die Siechenhäuser von St. Johannes an der Als ab 1259, St. Job beim Klagbaum ab 1266 und St. Lazarus vor dem Stubentor ab 1267. 1415 wird bei St. Anna ein Pilgrimhaus für durchziehende Pilger errichtet und 1492 ein eigenes Studentenspital. Außerhalb der Mauern werden auch zwei

Wien im Hochmittelalter

Frauenhäuser (Bordelle) angelegt, für reuige Dirnen wird das Bußhaus der bekehrten Frauen zu St. Hieronymus 1387 eingerichtet.

1304 begann man unter Friedrich I. mit dem Neubau einer gotischen Choranlage für St. Stephan, die 1340 unter Albrecht II. (1330–1358) fertiggestellt wurde. Wien war, da Albrecht II. die meiste Zeit in der Stadt residierte, ein Sammelpunkt von Künstlern und einer der wichtigsten deutschen Höfe. Sein Sohn Rudolf IV. der Stifter (1358–1365) kam mit 19 Jahren an die Regentschaft. Trotz seines frühen Todes führte er in kürzester Zeit in Wien weitreichende Reformen durch, welche die durch die Pest von 1359/60 und einen schweren Stadtbrand hart getroffene Stadt wieder aufleben ließen. Er verfügte, daß die unbebauten Grundstücke aus dem Besitz der Kirchen weiterzugeben seien, da sie ansonsten an die Stadt fallen würden, er schuf die »ewigen Grundrechtsrenten« ab und ermöglichte dadurch auch Handwerkern, Grundbesitz zu erwerben, er hob die Zechen und Einungen, genossenschaftliche Zusammenschlüsse der Handwerker, auf, um eine Neuansiedlung von Gewerben in Wien zu erreichen, er begann mit dem Bau des Langhauses und des Südturmes von St. Stephan, holte Künstler aus Prag nach Wien und gründete 1365 die Wiener Universität. Weiters versuchte er Wien in den Rang einer Bischofsstadt zu erheben, ein Vorhaben, das die Wiener Landesherren seit Heinrich Jasomirgott gegen den Widerstand der Passauer Bischöfe vergeblich betrieben hatten. Auch Rudolf scheiterte, konnte aber wenigstens ein Kollegiatskapitel einrichten und St. Stephan somit in den Rang einer Propsteikirche erheben.

Der Stephansplatz war zu seiner Zeit von den Häusern der Mesner und Barleiher eingerahmt und nur durch vier Tore betretbar. An der Südseite stand die Magdalenenkapelle mit der unterirdischen Virgilkapelle, an der Westseite wurde 1483 der Heilthumsstuhl errichtet, ein torartiges Bauwerk, das der Aufbewahrung und Präsentation der Reliquien aus dem Domschatz diente. An der Nordseite befand sich der Pfarrhof von St. Stephan, der später als Propst- und Bischofshof diente.

Um 1400 ist die Stadt, mit Ausnahme eines aus strategischen Gründen freibleibenden Areals rund um die Hofburg, vollständig mit Bauten gefüllt, wobei man sich die Verbauung noch durchaus locker vor-

15: Die Wiener Judenverfolgung von 1421. Im Vordergrund werden Juden beim Hostienfrevel gezeigt, im Hintergrund wird das Feuer für den Scheiterhaufen geschürt.

stellen kann, gehören doch zu der Mehrzahl der Häuser noch immer Höfe und Gärten.

Da Rudolf IV. bei seinem Tode in Mailand 1365 keine männlichen Nachkommen hinterließ, wurde Österreich zunächst von seinen Brüdern Albrecht III. (1365–1395) und Leopold IV. (1371–1411) gemeinsam regiert. Im Teilungsvertrag von Neuberg an der Mürz 1379 erhielt Albrecht Wien als Residenzstadt und regierte von hier aus Österreich ober und unter der Enns und das Salzkammergut. In seiner Regierungszeit wird an St. Stephan zügig weitergebaut, die Wiener Universität erhält eine theologische Fakultät, eigene Hofwerkstätten sorgen für eine hohe Qualität in Malerei und Bildhauerei bis hin zur Buchmalerei und Werke lateinischer Schriftsteller werden erstmals ins Deutsche übertragen. Nach seinem Tode 1395 kommt es zu Unruhen in Wien, da jeder der möglichen Nachfolger versuchte, sich hier eine eigene Anhängerschaft aufzubauen. Gegen diese Zersplitterung der Bürgerschaft erläßt die Stadt 1396 ein neues »Ratswahlprivileg«, das Zusammensetzung und Wahl von Rat und Bürgermeister regelt, wobei jeweils ein Drittel der Sitze an die Erbbürger, Kaufleute und Handwerker geht. Die Streitigkeiten um die Macht in Wien ziehen sich bis 1408 hin, als es zu Auseinandersetzungen zwischen Leopold IV., der in Wien von den Handwerkern unterstützt wird, und Herzog Ernst I., der Eiserne (1377–1424), auf dessen Seite die Bürger stehen, kommt. Im Jänner 1408 brechen Tumulte in der Stadt aus, und es scheint, als ob die Anhänger des Herzogs Ernst die Oberhand behalten würden. Als Strafe gegen die Handwerker läßt der Wiener Bürgermeister Konrad Vorlauf (1335–1408) fünf Handwerker als Anhänger Leopolds hinrichten, wird aber von der Aussöhnung zwischen Leopold und Ernst überrascht und fällt wenige Monate später mit den Ratsherren Rampersdorfer und Rockk der Rache Leopolds zum Opfer – er wird am Schweinemarkt (heute: Lobkowitzplatz) enthauptet. Die Gegnerschaft zwischen Bürgern und Handwerkern findet erst 1411 ein Ende, als Albrecht V. (1411–1439) als neuer Landesherr in Wien einziehen kann.

Das 15. Jahrhundert war eine Zeit des Umbruchs, und auch Wien hatte bald mit finanziellen Schwierigkeiten zu kämpfen. Die Wirtschaft litt unter der Einrichtung eines Stapelrechtes für Passau, an der Nordgrenze Österreichs war ein Religionskrieg gegen die Hussiten zu führen, für dessen Finanzierung Albrecht der Stadt zahlreiche neue Steuern abverlangte, am Balkan rückten die Türken weiter nach Norden vor, wodurch die Wiener Händler traditionelle Märkte verloren, und der Handel in Europa begann sich von Venedig nach Lissabon und Antwerpen zu verlagern. Die schlechte wirtschaftliche Lage führte zu Tumulten und Aufruhr in Wien, und als auch die Wiener Juden, die nach einem Brand der Judenstadt 1406 verarmt waren, als Geldgeber ausfielen, ließ Albrecht sie in der »Wiener Geserah« 1421 vertreiben und ermorden. Ihre Häuser wurden verkauft, die Synagoge am Judenplatz abgerissen und ihre Steine zum Bau der Universität verwendet.

Albrecht gelangte zu höchsten politischen Ehren, er bestieg den Thron von Böhmen und Ungarn und wurde 1438 zum deutschen König gewählt. Bei seinem Tod 1439 hinterließ er aber nur den nachge-

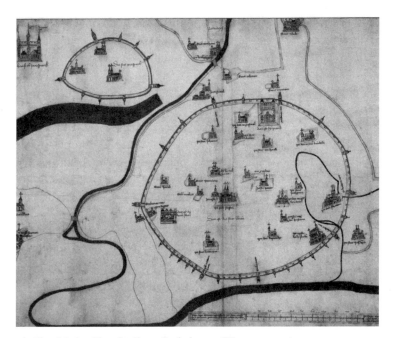

16: Albertinischer Plan, der älteste Stadtplan von Wien, um 1420/21

borenen Sohn Ladislaus Posthumus (1439–1457), der als König von Böhmen und Ungarn anerkannt wurde. Die deutsche Krone und damit die Herrschaft über Wien und die Vormundschaft für Ladislaus erhielt Friedrich III. (1440–1493) aus der steirischen Linie der Habsburger.

7. Wien im Spätmittelalter – Stagnation und Neubeginn
1439–1519

Als Ladislaus Posthumus 1457 starb, wollte ihm Friedrichs Bruder Albrecht VI. (1418–1463) als Landesherr in Österreich nachfolgen. Der Streit zwischen den Brüdern eskalierte bis zum offenen Krieg, wobei sich die Wiener 1461 auf die Seite Friedrichs stellten und einen Angriff von Söldnern Albrechts auf Wien in einem Gefecht an der Stubentorbrücke abwehrten. Die Partei Albrechts in Wien unter dem Bürgermeister Wolfgang Holzer (vor 1442–1463) gewann aber immer mehr an Einfluß, so daß Friedrich 1462 einen Landtag nach Wien einberief, Rat und Bürgermeister absetzen und die Stadt von einem landesfürstlichen Beamten regieren ließ. Dieses Vorgehen und die nicht bezahlten Schulden Friedrichs bei der Stadt Wien führten zu einer Fehde zwischen ihm und den Bürgern, die den Kaiser sieben Wochen lang in der Hofburg einschlossen und belagerten – ganz im Sinne Albrechts, der hier eine gute Gelegenheit sah, Wien für sich zu gewinnen. Gerettet wurden Friedrich, seine Gattin Eleonore von Portugal und der kleine Thronfolger Maximilian vom Polenkönig Georg Podiebrad, der den Kaiser befreite und die verfeindeten Brüder zu einem Friedensschluß in Stockerau bewegen konnte, wobei Albrecht für acht Jahre die Regentschaft in Wien und Niederösterreich übertragen bekam.
Friedrich nahm Rache an den Wienern und stattete Krems mit weitreichenden Handelsprivilegien aus, die den Wiener Handel fast völlig zum Erliegen brachten – was wiederum die Erbbürger in Wien, die vom Transithandel lebten, schnell auf die Seite Friedrichs wechseln ließ. Ein erster Aufstand zu seinen Gunsten schlug 1463 unter Bürgermeister Konrad Holzer noch fehl; Holzer und fünf weitere Bürger wurden schmählich hingerichtet. Im selben Jahr starb aber überraschend Albrecht, und Wien mußte sich 1465 mit Friedrich aussöhnen. Für 20 Jahre herrschte nun Friede in der Stadt. In dieser Zeit wurde

17: Ansicht Wiens von der Nordseite mit Donaukanal und Rotenturmtor, Detail aus dem Babenbergerstammbaum in Stift Klosterneuburg, 1489–1492

das Langhaus von St. Stephan fertiggestellt und der Bau des Nordturmes begonnen, die Kirche Maria am Gestade wurde fertiggestellt, zahlreiche Kirchen wurden umgebaut; 1469 erhält Wien endlich den Rang eines Bistums. Die Wiener Universität überholte die ältere Prager Universität an Rang und Bedeutung und wurde zur bedeutendsten deutschsprachigen Hochschule. Gelehrte wie Heinrich von Langenstein, Heinrich von Oyta, Georg von Peuerbach und der Mathematiker Regiomontanus lehrten in Wien. Aus dieser Zeit ist auch eine Beschreibung Wiens von Aeneas Silvius Piccolomini, dem späteren Papst Pius II. (1405–1464), erhalten, die schon vom Geist des Humanismus geprägt ist.

Nach dem Tod des Polenkönigs Georg Podiebrad wird der Ungarnkönig Matthias Corvinus (1442–1490) 1469 zum König von Böhmen gewählt, der aber sein Amt nicht antreten kann, da Friedrich III. den Polen Wladislaw unterstützt. Aus Rache fällt Corvinus ab 1477 immer wieder in Österreich ein und unterwirft die Städte rund um Wien. Da er Friedrichs Schulden von 100.000 Gulden nicht eintreiben kann, beginnt Corvinus 1482 und 1483 mit neuerlichen Einfällen nach Österreich, wobei die Wiener ihm hohe Tribute zahlen, um ihre Weinernte,

ihr wichtigstes Exportgut, einbringen zu können. 1485 belagert er Wien, das nach zähem Ausharren und auf Grund einer Hungersnot, und weil kein Entsatzheer Friedrichs in Sicht ist, kapituliert. Bis 1490 regiert Matthias Corvinus in Wien, das ein eher distanziertes Verhältnis zu ihm hat, obwohl er 1488 ein neues Stadtrechtsprivileg erläßt und die Stadt und St. Stephan großzügig unterstützt. Nur wenige Monate nach dessen Tod 1490 kann Friedrich die Stadt zurückerobern, hat sie aber bis zu seinem Tode 1493 nicht mehr betreten; die Übernahme nimmt sein Sohn Maximilian I., der »letzte Ritter« (1493–1519), vor.

Friedrich III. hatte bereits ab 1459 mit dem Ankauf von Grundstücken rund um die Hofburg begonnen, mit dem Ziel, diese zu erweitern. Der Cillihof westlich der Hofburg – er entspricht dem heutigen Amalientrakt – und das »öde Kloster«, heute der Bereich der Stallburg, wurden zu Zeughäusern umgebaut, um die Verteidigungskraft der Stadt zu stärken. Auch die landesfürstliche Verwaltung beanspruchte immer mehr Raum in der Stadt. Das erste landesfürstliche Kanzleigebäude stand gegen Ende des 14. Jahrhunderts in der Dorotheergasse, das 1411 erworbene Praghaus bei St. Ruprecht diente der Verwaltung

18: Michael Wolgemut, Ansicht der Stadt Wien aus der Schedl'schen Weltchronik, 1493

des Salzmonopols, während die Steuerbehörde ihren Sitz im Hubhaus am Petersplatz hatte. 1513 begannen die Landstände mit dem Bau des Landhauses in der Herrengasse. Unter Friedrich III. scheint man auch nochmals die Stadtmauer ausgebaut zu haben; man verstärkte die Stadttore mit Vorbauten, sogenannten »Zwingern«, und richtete einen Stadtzaun, eine Faschinenbefestigung, in den Vorstädten ein. Die in die Stadt hereinführenden Straßen wurden durch Verteidigungstürme geschützt. Diese Maßnahmen stehen vermutlich im Zusammenhang mit der Bedrohung Wiens durch Matthias Corvinus. Maximilian ist in Wien der letzte Herrscher des Mittelalters, aber zu seiner Zeit hält auch schon der Geist des Renaissance seinen Einzug in die Stadt. 1511 wird der Bau von St. Stephan aufgegeben, die Malerei der »Donauschule« setzt sich durch, und die mittelalterliche Scholastik verliert gegen den Humanismus der Gelehrten Konrad Celtis, Johannes Cuspinian und Matthias Cornax an Bedeutung. Die Wissenschaft entfernt sich von der im Mittelalter üblichen rein theoretischen Betrachtung der Welt und entdeckt die Naturwissenschaften, die ersten Buchdrucker lassen sich 1482 in Wien nieder. Wien tritt bei Maximilian als Residenzort gegenüber Innsbruck zwar zurück

19: Anton Pilgram,
Baumeisterporträt der Spätgotik vom Orgelfuß von St. Stephan, um 1513

– vermutlich hatte er wegen der Belagerung von 1462 die Stadt in schlechter Erinnerung –, dennoch verwendet er die Stadt als Staffage für wichtigste politische Auftritte wie die Doppelhochzeit von 1515 auf dem ersten Wiener Kongreß, die nach der Schlacht von Mohacs 1526 zum Erwerb Ungarns durch Österreich führen sollte und damit die Großmacht Österreich begründete. Er erkannte auch, daß der kleinliche Partikularismus des Mittelalters ein Hemmnis in der Entwicklung des Landes darstellte und beschränkte die Macht der Landstände gegenüber der fürstlichen Zentralbehörde.

Bei seinem Tode 1519 gab es in Wien rund 1250 Häuser, von denen 900 steuerzahlenden Bürgern gehörten; der Rest waren Nutz- und Verwaltungsbauten oder Häuser der Privilegierten, Leute, die von Steuern befreit waren wie Diplomaten oder Hofbeamte. Dazu kamen noch 900 Häuser in den Vorstädten; innerhalb des Wiener Burgfriedens, also des Verwaltungsbezirkes von Wien, in dem Wiener Recht angewandt wurde, gab es 35 Kirchen und öffentliche Kapellen. Die Gesamtzahl der Einwohner hat wahrscheinlich etwa 20.000 betragen.

8. Das Kommen der Renaissance – Das Ende der freien Stadt Wien
1519–1529

Der Tod Kaiser Maximilians I., des »letzten Ritters«, wie er später genannt wurde, bedeutet auch für Wien das Ende einer Epoche. Das Mittelalter verabschiedet sich, eine neue Zeit drängt herauf, verkörpert durch die Herrschaft Ferdinands I. (1503–1564) und durch den Geist des Humanismus, der mit ihm Einzug in Wien hält.

Es ist für Ferdinand in seinem Selbstverständnis als Herrscher der heraufziehenden Renaissance undenkbar, die bisherigen Freiheiten der Bürger des mittelalterlichen Wien weiter zu tolerieren, dies um so mehr, als er sehen muß, daß die Institutionen der Stadt erstarrt sind, daß die städtische Selbstbestimmung zu einem trotzigen Beharren auf alten, nicht mehr zeitgemäßen Rechten verkommen ist, welche eine weitere Entwicklung der Stadt hemmen.

Die erste Bresche in die städtische Selbständigkeit wurde bereits 1515 geschlagen. In diesem Jahr verfügt Maximilian, der bei den deutschen Kaufleuten hohe Kredite zur Finanzierung seiner Kriege laufen hat, die Aufhebung des Wiener Stapelrechtes von 1221, so daß nun auch die oberdeutschen Kaufleute in den lukrativen Osthandel über Wien hinaus einsteigen können. Dies bringt eine Schmälerung der Profite der Wiener Händler, die sich nun zum ersten Mal seit drei Jahrhunderten einer übermächtigen und finanzkräftigen Konkurrenz gegenüber sehen.

Der nächste Schlag gegen die Selbständigkeit Wiens ist die Aufhebung des alten Stadtrechtes und die Verleihung eines neuen im Jahre 1517, das den Weg bereitet, um die Wiener Bürger zu Untertanen des Reiches zu degradieren. Maximilian verfügt darin ausdrücklich, daß er es sich vorbehält, alle Entscheidungen des Wiener Rates zu überprüfen und notfalls aufzuheben, seine Statthalter oder er selbst haben das Recht, die gewählten Mandatare der Stadt zu akzeptieren oder für abgesetzt zu erklären, und er allein hat das Recht, den Bürgermeister zu bestätigen.

20: Hans Sebald Lautensack, König Ferdinand I. (1519–1564), 1556

Für Maximilian ist dies nur eine logische Konsequenz in Fortführung seiner Verwaltungsreform der habsburgischen Länder, die auf eine absolutistische Verwaltung aller Besitzungen abzielt.

Als Maximilian 1519 stirbt, setzt er in seinem Testament ein »Regiment« zur Verwaltung Österreichs ein, da die beiden legitimen Erben des Kaisers, Karl von Spanien und sein Bruder Erzherzog Ferdinand, außer Landes sind. Dies sehen nun die Landstände, die aus dem grundbesitzenden Adel, dem grundbesitzenden Klerus und den landesfürstlichen Städten und Märkten bestehen, als eine Möglichkeit, ihre Machtstellung gegenüber dem Kaiser zu stärken.

Während sich der Wiener Bürgermeister Wolfgang Kirchhofer und der Stadtrat noch schwankend verhalten, übernimmt der Universitätsprofessor und Stadtrat Martin Siebenbürger (1475–1522) die Macht in der Stadt. Er zwingt Bürgermeister und Rat zur Abkehr vom Kaiser, er bestimmt die Neubesetzung von Beamtenposten, läßt die Artillerie der Stadt beschlagnahmen, Zölle einheben und eigene Münzen prägen, dem landesfürstlichen Regiment wird damit jede Machtgrundlage entzogen. Als sich immer mehr Wiener Bürger, aber auch

21: Johannes Cuspinian (1473–1529), Historiker, Arzt und Philosoph, Wegbereiter der Renaissance in Wien

Ritter und Prälaten der Bewegung anschließen, bleibt der österreichischen Regierung nichts anderes übrig, als die Stadt Wien fluchtartig zu verlassen und in Wiener Neustadt, der »Allzeit Getreuen«, Schutz zu suchen.

Siebenbürger reist nun mit einer Wiener Delegation nach Spanien, um die geänderten politischen Verhältnisse Kaiser Karl V. (1500–1558) vorzutragen und bestätigen zu lassen, und erringt scheinbar auch einen leichten Sieg. Der Kaiser verlangt 1520 nur eine Neuwahl von Bürgermeister und Rat in Wien, aus der aber wiederum die Opposition unter Siebenbürger als Sieger hervorgeht, worauf der Kaiser im Moment nur die Wahl bestätigen kann. Ein letztes Mal hat sich die Stadt gegenüber ihrem Landesherrn durchsetzen können.

1521 ändert sich die Situation, als Kaiser Karl V. als österreichischer Herrscher abdankt und Österreich seinem Bruder Ferdinand überläßt. Ferdinand denkt bereits absolutistisch und ist nicht gewillt, eine selbständige, starke und politisch autarke Stadt Wien zu akzeptieren. Am 8. Juli 1522 beruft er einen Gerichtshof nach Wiener Neustadt und läßt den Rat der Stadt und den Bürgermeister zu sich zitieren.

Das Kommen der Renaissance

Der Ausgang des Verfahrens ist vorbestimmt, das Gericht hat nur noch die völlige Ungesetzlichkeit des Handelns der Stadt Wien festzustellen. Abgerechnet wird auch mit den aufrührerischen Landständen, deren zwei führende Vertreter, Hans von Puchaim und Michael von Eynzing, am 9. August hingerichtet werden. Zwei Tage danach folgen ihnen sechs Wiener Ratsmitglieder, darunter auch Martin Siebenbürger, auf das Blutgerüst nach. Ferdinand gibt sich aber mit dem Tod der Anführer der Aufständischen nicht zufrieden, in den Tagen nach der Hinrichtung hebt er die Privilegien der »Genannten« auf, diese Institution wird durch zwölf herrschertreue Bürger ersetzt, ebenso aufgehoben wird das Recht der eigenen Münzprägung der Stadt, das der landesfürstlichen Verwaltung übertragen wird.

Neben der politischen Niederlage trifft die Stadt am 15. Juli 1525 ein weiterer schwerer Schlag. Bei einer Feuersbrunst werden 416 Häuser, das entspricht etwa 40% des Bestandes der Stadt, vernichtet, wodurch Wien in wirtschaftliche Not gestürzt wird. Diese existentiellen Probleme der Stadt nutzt Ferdinand bereits 1526 zum nächsten Schlag gegen deren Rechte und Gewohnheiten, indem er am 12. März eine neue Stadtordnung erläßt. Der Bürger wird zum Untertanen degradiert und verliert alle Rechte, der »Innere Rat«, der eigentliche Stadtrat, wird mit zwölf hausbesitzenden Bürgern besetzt, die kein Handwerk ausüben dürfen, damit verlieren die Handwerkerzechen und Zünfte ihre im Mittelalter so mühsam erkämpfte Einflußnahme auf die Politik in Wien. Der »Äußere Rat« besteht nun aus 76 Männern aller Stände, zuständig für die Verwaltung der Stadt gemeinsam mit 24 Stadträten, wobei ein Teil davon jeweils nach einem Jahr ausscheiden muß und aus der Liste der Hausbesitzer neu gewählt wird. Überwacht wird der Stadtrat vom Stadtanwalt als Vertreter des Landesfürsten, der damit mächtiger ist als der Bürgermeister, dem nur noch der Vorrang in der Repräsentation bleibt. Der Bürgermeister ist gleichzeitig oberster Vertreter der Exekutive in der Stadt, unterstützt von einem Oberkämmerer für Finanzfragen und einem Unterkämmerer, der sich um technische Angelegenheiten wie Feuerschutz, Bauwesen und Straßenbau zu kümmern hat, daneben gibt es noch eine Anzahl von Funktionären wie Zolleintreiber, Spittelmeister für die Spitäler und Kirchenmeister.

22: Konrad Celtis (1459–1508) übergibt Kaiser Maximilian I. (1493–1519) sein Werk »Quattuor libri amorum«

Der nächste Schlag Ferdinands trifft die Handwerker; ihnen wird am 1. April 1526 die autonome Verwaltung der Zünfte und Zechen entzogen. Dem folgt 1527 eine neue Handwerksordnung, in der den städtischen Behörden verstärkter Einfluß auf die Handwerker eingeräumt wird. Zwar wird damit der Einfluß des Staates nun auch auf die Produktion ausgeweitet, andererseits werden viele Hemmnisse beseitigt, die bisher den Zugang neuer Handwerker zur Wirtschaft der Stadt behindert hatten. Dies führt in der Folge zu einer freieren Wirtschaftsentfaltung und zur Ansiedlung neuer Produzenten in Wien.

Mit diesen Änderungen im Stadtrecht und in der Stadtverfassung hat Ferdinand sein Ziel erreicht, für die nächsten 350 Jahre ist damit die Stadt Wien ihrer politischen Selbständigkeit und Handlungsfähigkeit beraubt.

Die Änderung der Stadtverfassung war aber nicht das einzige einschneidende Ereignis dieser Jahre. 1517 hatte Martin Luther (1483–

1546) in Wittenberg seine Thesen einer reformierten Kirche verkündet, und die neue Lehre des Protestantismus griff schnell auf die habsburgischen Länder und auf Wien über. Bereits 1521 werden die ersten Prädikantenstellen in Wiener Pfarren mit Anhängern der neuen Lehre besetzt, und nicht nur in Adelskreisen, sondern auch unter der Stadtbevölkerung finden sich vermehrt Konvertiten, gegen die Ferdinand nach dem Wormser Edikt von 1522, das Luthers Lehre verwirft, mit Gesetzen und Mandaten vorzugehen versucht. Dennoch kann 1522 der ehemalige Würzburger Domprediger Paulus Speratus, der mit Ehefrau angereist kommt, im Stephansdom predigen, von deren Kanzel aus er Mönche und Nonnen zur Gehorsamsverweigerung, zum Austritt aus der Kirche und zur Verehelichung aufruft. 1524 wird der Protestant, Wiener Bürger und Wiedertäufer Caspar Tauber vor dem Stubentor verbrannt, weil er sich weigert, die neue Lehre zu widerrufen. 1528 folgt ihm der Wiedertäufer Balthasar Hubmaier auf der Gänseweide in Erdberg in den Tod nach, seine Frau wird in der Donau ertränkt, seine Anhänger schwören der Wiedertäuferlehre ab. Diese galt auf Grund ihrer starken sozialen Komponente als gefährlich für die Gesellschaftsordnung und hatte in Wien ihren Hauptsitz im Vorort Penzing. Im selben Jahr wird eine Zensurkommission an der Wiener Universität eingerichtet, welche die Buchproduktion in Wien auf unerlaubte theologische Inhalte kontrollieren soll.

9. Die erste Türkenbelagerung – Sultan Suleiman vor den Toren Wiens
1529

Es scheint einer der Zufälle der Geschichte zu sein, daß nur wenige Monate, nachdem Ferdinand die Stadt Wien ihrer Selbständigkeit beraubt und seiner Herrschaft unterworfen hatte, auch die Zukunft des Habsburgerreiches entschieden wurde. Am 29. August 1526 fällt König Ludwig II. von Ungarn und Böhmen (1504–1526), der Schwager Ferdinands, in der Schlacht von Mohacs gegen die Türken. Da mit ihm das Haus der Jagellonen ausstirbt, fallen auf Grund eines 1515 in Wien geschlossenen Erbfolgevertrages seine Länder an die Habsburger. Damit beginnt einerseits der Aufstieg Wiens zur europäischen Hauptstadt, andererseits wird die Stadt nun auch in die Türkenkriege hineingezogen.

Ferdinand konnte seine Erbansprüche nur in Böhmen und einem Teil Ungarns durchsetzen, die Ungarn wählten mit dem siebenbürgischen Woiwoden Jan Zapolya (1487–1540) einen Gegenkönig, der sich mit den Türken verbündete und Wien bedrohte. Zwar versuchte eine habsburgische Gesandtschaft 1528 zu einem Frieden mit dem türkischen Sultan Suleiman II. (1494–1566) zu kommen, kehrte aber erfolglos aus Istanbul zurück. 1529 bricht der Sultan mit einem auf 300.000 Mann geschätzten Heer von Istanbul auf, erreichte Mitte Juli Belgrad und nimmt am 11. September die Stadt Ofen, das heutige Budapest, ein. Kurz danach beginnt sich das gewaltige türkische Heer in Richtung Wien zu bewegen.

Ferdinand ist zu diesem Zeitpunkt bewußt, daß die Hauptstadt seines Reiches in Gefahr ist, militärische und finanzielle Hilfe wird ihm aber besonders von den protestantischen Fürsten verweigert, die nur gegen die Gewährung neuer religiöser Rechte zu helfen bereit sind.

In dieser Situation verlassen der Großteil der Bürgerschaft und auch die Mehrzahl der Ratsmitglieder mit ihren Familien und Wertsachen die Stadt; hier rächen sich nun die jahrelangen Bestrebungen

Ferdinands, die Wehrhaftigkeit der Stadt und ihrer Bürger aus politischen Gründen zu schwächen. Zudem hat die Reform von 1526 den Bürgern vor Augen geführt, daß sie ihre Stadt nicht mehr als Bürger, sondern als Untertanen zu verteidigen haben; Grund genug, statt des Kampfes die Flucht zu wählen.

Von den Vertretern der Obrigkeit bleiben nur Bürgermeister Wolfgang Treu (1488–1540) mit dem Stadtrichter und drei Stadträten in Wien zurück. Im August 1529 wird bei einer Begehung der Vorstädte durch den Magistrat festgestellt, daß diese, nur geschützt durch Stadttürme, Palisaden und Faschinenzäune, militärisch nicht zu halten sind; zudem gibt der schlechte Zustand der mittelalterlichen Stadtmauern Anlaß zu ärgsten Befürchtungen. Proviant, Waffen und Munition können in ausreichender Menge in die Stadt gebracht werden, es mangelt aber an waffenfähigen und verteidigungsbereiten Bürgern, von denen nur noch rund 1000 in der Stadt bleiben und die von 16.000 Landsknechten und Söldnern unter dem fast 70jährigen Feldhauptmann Graf Niklas Salm (1459–1530) unterstützt werden.

Am 21. September 1529 kommt es zu ersten Gefechten mit der türkischen Vorhut bei Schwechat und Simmering, wonach sich die zahlenmäßig unterlegenen österreichischen Truppen in die Stadt zurückziehen. Die Vorstädte Wiens werden von den Verteidigern am 24. September abgebrannt, wobei rund 800 Häuser vernichtet werden, um den Türken keinen Unterschlupf zu bieten und um freies Schußfeld zu schaffen. Fünf Tage später ist die Stadt von den türkischen Truppen eingeschlossen. Das Hauptzelt des Sultans findet sich östlich von Wien im Bereich von Ebersdorf, das türkische Zeltlager erstreckt sich in einem Bogen um die Stadt von Simmering bis hin zum Laaerberg und weiter bis Nußdorf. Die türkische Hauptmacht steht vor dem Stubentor, die Elitetruppen, die Janitscharen, greifen vor der Vorstadt Wieden an.

Verheert wird auch das Umland von Wien, die Dörfer des Wiener Beckens und des Tullnerfeldes werden zerstört, ihre Bewohner getötet oder in die Sklaverei verschleppt; die Akindschi, die türkische Truppe der »Senger und Brenner«, stößt entlang der Donau bis zur Enns vor.

Die Hoffnung des Feldhauptmannes Graf Niklas Salm, die Stadt über die Donau von Norden her versorgen zu können, zerschlägt sich

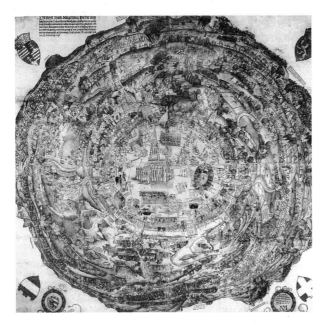

23: Nicolas Meldemann, Rundplan der Stadt Wien mit Szenen aus der ersten Türkenbelagerung, 1530

am 27. September, als eine türkische Flotte die Donaubrücken in einem Handstreich in Brand setzt.

Der schnelle Vormarsch der Türken hatte zwar Ferdinand und Wien überrascht, hatte aber auch die Osmanen entscheidend geschwächt, da sie auf ihrem Weg nach Wien ihre umfangreiche und schwere Belagerungsartillerie nicht mitführen konnten. Ihre Anstürme konnten daher immer wieder von den Verteidigern aufgehalten werden, so daß sich die Türken auf den Minenkrieg verlegten. Sie hoben Tunnel unter den Befestigungen aus, die mit Schießpulver gefüllt und gesprengt wurden; durch die entstandenen Breschen versuchten die Angreifer in die Stadt vorzudringen. Der Legende nach wehrten sich die Wiener mit Gegenminen; die türkischen Vorstöße wurden entdeckt, indem man Trommeln mit aufgelegten Erbsen oder Würfeln in den Kellern der gefährdeten Häuser aufstellte und so an

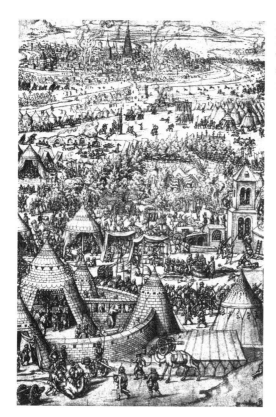

24: Barthel Beham, Feldlager der Türken vor Wien mit Stadtansicht von der Südseite, 1529

der Erschütterung des Bodens erkannte, daß sich die Türken unterirdisch näherten.

Die Wiener versteckten sich aber nicht nur hinter den Mauern, sondern brachen auch immer wieder aus der Befestigung hervor und erbeuteten dabei unter anderem vier Kamele; die Übermacht der Türken machte diese Unternehmungen aber zusehends gefährlich.

Für den 14. Oktober rief Suleiman den Generalangriff aus. Gegen Mittag ließen die Türken eine gewaltige Mine beim Kärntnertor sprengen, welche die Stadtmauer auf einer Länge von 80 Metern umlegte; die entstandene Bresche konnte nur unter schweren Verlusten von den Verteidigern gehalten werden, wobei Graf Niklas Salm verwundet wurde.

25: Michael Ostendorfer, Heerlager der Reichstruppen unter Karl V. vor Wien, 1532

Der anhaltende Widerstand brachte Suleiman zur Erkenntnis, daß seine Kräfte zur Eroberung der Stadt nicht ausreichten, bereits am nächsten Tag begann der Abzug der Türken. Vermutlich hatte der Sultan auch Angst, von einem frühen Wintereinbruch vor Wien überrascht zu werden, zudem dürfte sein Heer unter Proviantmangel und Seuchen gelitten haben. Zwei Tage später rückte ein österreichisches Heer, das bisher den Übergang der Türken ins Marchfeld verhindert hatte, in die Stadt ein; an eine Verfolgung der Türken war aber wegen der Verwüstungen des Umlandes und der schweren Verluste in der Stadt nicht zu denken.

Wenngleich die Türken Wien nicht erobert hatten, wirtschaftlich war die Belagerung eine Katastrophe gewesen. Viele Häuser und Kirchen in der Stadt waren durch den türkischen Beschuß beschädigt, die Vorstädte niedergebrannt, das Umland mit seiner landwirtschaftlichen Produktion schwer getroffen. Dazu kam noch, daß die Türken als gläubige Muslime besonders gegen die Weingärten, eine der Haupteinnahmequellen der Stadt, gewütet hatten.

Die erste Türkenbelagerung

Der Aufbau der Stadt sollte in den folgenden Jahren nur schleppend vorangehen, Teile der Vorstädte und die nahe an den Mauern stehenden »Luckensiedlungen« konnten nicht wieder aufgerichtet werden, da ihr Platz zur Errichtung eines Glacis, eines unverbauten Schußfeldes um die Stadt, benötigt wurde; zudem fehlte es an Geld und Menschen.

Graf Niklas Salm starb 1530 an den Wunden, die er während der Verteidigung von Wien erlitten hatte. Sein Grab befindet sich heute in der Wiener Votivkirche.

10. Reformation und Gegenreformation – Der Kampf um die wahre Religion
1530–1618

Die Abwehr der Türken im Herbst 1529 bedeutete keineswegs das Ende der Türkengefahr für Wien, da es Sultan Suleiman gelungen war, sein Heer sicher nach Ungarn zurückzuführen. Bereits 1532 rückten die Türken – diesmal von Süden über die Steiermark – gegen den Semmering vor, vermutlich mit dem Ziel, wieder gegen Wien vorzugehen. Dagegen stemmten sich die schwachen militärischen Kräfte der Steiermark, die unter dem Edelmann Niclas Jurichich lange Zeit die Festung Güns hielten, und Pfalzgraf Friedrich, der dem Vorauskommando der Türken eine schwere Niederlage beibrachte. Als Kaiser Karl V. und der 1531 zum römischen König gewählte Ferdinand I. auch noch eine Reichsarmee von 150.000 Mann vor Wien führen konnten, gab Suleiman das Unternehmen auf, zog sich nach Konstantinopel zurück und ließ nur eine Besatzung von 60.000 Mann in Ungarn, das nach dem Frieden von Großwardein 1538 unter Jan Zapolya und ab 1540 unter dessen Sohn Johann Sigismund den Türken tributpflichtig blieb.

Die Angst vor dem Türkeneinfall von 1532 ließ aber die Wiener erkennen, daß ein großzügiger Um- und Ausbau der mittelalterlichen Befestigungswerke Wiens nötig war, und Ferdinand erteilte noch 1532 die ersten Aufträge dazu. Gebaut werden sollte eine Festung im Stil der italienischen Renaissance mit Basteien, Kurtinen und Ravelins.

Die eigentlichen Planungen begannen auf Grund der schlechten Finanzlage der Stadt erst um 1541. Zwei Jahre vorher hatte die Erschöpfung der wirtschaftlichen Leistungskraft Wiens und der Städte in Niederösterreich diese zur Erklärung gezwungen, den ihnen zustehenden vierten Teil der Landesanlagen nicht mehr aufbringen zu können. Da die Stellung der Städte in den Landständen als gleichberechtigter vierter Stand aber an ihre finanziellen Leistungen gebunden war, verloren sie nun ihre Sitze im ständischen Verordneten-Kollegium und erkannten den König als absolutes Oberhaupt an. Zwar schwächten sie damit auch die Macht der anderen Stände, die aber, da protestantisch dominiert, froh waren, die katholischen Wiener Beamten loszuwerden. Die Wiener wiederum erhielten dadurch wenigstens wieder einen gewissen finanziellen Spielraum, der sich in einer vermehrten Bautätigkeit an den Befestigungen ab 1541 niederschlug.

Der eigentliche Ausbau der Befestigungen erfolgte unter dem ehemaligen Wiener Bürgermeister und zum Superintendenten und königlichen Rat ernannten Hermes Schallautzer (1503–1561). Man begann den Neubau mit der Errichtung der Bastionen oder Basteien, den eckig vorspringenden Teilen der Befestigung. Dann errichtete man, wo es möglich war, im Abstand von etwa 22 Metern vor der alten Mauer eine zwei bis drei Meter breite und rund 25 Meter hohe zweite Ziegelmauer, verband die alte Stadtmauer mit der neuen durch Quermauern in regelmäßigen Abständen und füllte die so entstandenen Kammern mit Erde, Schotter und Schutt. Diese »Kurtinen« genannten geraden Teile der Mauern wurden durch einen teilweise mit Wasser gefüllten Graben, in den man die sogenannten »Schanzel« oder »Ravelins« setzte, zusätzlich geschützt, die Brücken über den Stadtgraben durften nur aus Holz gebaut werden, um sie im Verteidigungsfalle rasch abreißen zu können. Eine Kontereskarpe, eine befestige Grabenböschung, die den sogenannten gedeckten Gang trug, einen um die Stadt herumlaufenden Weg, der durch Palisaden geschützt war, bildete den äußeren Abschluß der Befestigungen; davor lag nur noch das unverbaute Feld des Glacis, dessen verordnete Breite von 50 Klaftern der Reichweite eines Geschützes entsprach, während die Basteien in Musketenschußweite angeordnet waren.

Der Bau scheint in der zweiten Hälfte des 16. Jahrhunderts zügig vorangegangen zu sein, ein Stich von Jacob Hufnagel aus dem Jahre 1609 zeigt eine großteils fertiggestellte Befestigung, nur an der Donaufront steht noch die mittelalterliche Mauer mit dem Rotenturmtor, allerdings auch schon durch eine Doppelbastion verstärkt.

Auf Befehl Ferdinands wurde auch das Schiffsarsenal, das ursprünglich am Werd gelegen und 1529 von den Türken zerstört worden war, in den von Mauern geschützten Bereich verlegt; die Schiffs-

26: Das Stubentor,
Teil der zwischen
1555–1566 neu erbauten
Stadtbefestigung

werften befanden sich nahe dem Schottentor im Stadtgraben, mit welchem das Arsenalbecken verbunden war.

Ein weiteres wichtiges Bauvorhaben dieser Jahre war der Umbau der Hofburg. Die mittelalterliche Burg wurde im Stil der Renaissance erweitert; 1552 wurde der nach der Schweizergarde benannte Schweizerhof mit dem Schweizertor errichtet, das im Durchgang von Pietro Ferrabosco stammende Wappen- und Groteskmalerei enthält. 1558 wurde mit dem Bau der Stallburg begonnen, die als Wohnsitz für den seit 1552 in Wien lebenden jungen Erzherzog Maximilian, den späteren König von Böhmen und Kaiser Maximilian II. (1527–1576), gedacht war und den Platzmangel in der Burg mindern sollte. Der quadratische Innenhof mit den umlaufenden Arkaden in drei Ebenen ist typisch für die an italienischen Vorbildern orientierte Architektur der Renaissance in Wien. Ebenfalls zu den Baumaßnahmen zu zählen ist die seit 1558 systematisch durchgeführte Pflasterung der Straßen, welche das Schmutz- und Abfallproblem mindern sollte. Der Hebung der Hygiene diente 1550 der Bau einer ersten Wasserleitung in die Hofburg, die auch einige der umliegenden Häuser mit Frischwasser versorgte. Beide Maßnahmen können im Zusammenhang mit einer Pestepidemie gesehen werden, die von Sommer 1541 bis Februar 1542 in Wien wütete und die einem Viertel der Stadtbevölkerung das Leben kostete. Zwar hatte man bereits 1540 in Wien einen Seuchenarzt eingesetzt, der Pestkranke betreuen sollte, der Posten war allerdings so schlecht entlohnt und gefährlich, daß sich erst 1550 ein Bewerber dafür fand. 1551 wurde eine kaiserliche Infektionsordnung publiziert, welche zur Vermeidung von Pest und anderen Infektionskrankheiten wie Flecktyphus, Ruhr, Blattern und besonders der 1532 von den Soldaten Karls V. eingeschleppten Syphilis strenge Verordnungen zur Betreuung und Isolation der Befallenen erließ, auch die vielen Badeanstalten aus dem Mittelalter mußten nun großteils geschlossen werden.

Die starke Bautätigkeit in der Stadt, bedingt durch die Reparatur der Türkenschäden und den Festungsbau, darf aber nicht vergessen lassen, daß Wien zu dieser Zeit eine religiös und sozial zerrissene Stadt war. Die erste Türkenbelagerung hatte nur eine kurze Unterbrechung im Aufschwung des Protestantismus in Wien bedeutet, der unter der zwar bestimmten, aber nicht sehr aktiven Gegnerschaft Ferdinands stetig an Boden gewann. Zwar hatte es Ferdinand durch die Ordnung von 1526 weiter in der Hand, die Verwaltungsposten der Stadt nur mit katholischen Bürgern zu besetzen, er übersah aber, daß sich neben dem kleinen Adel nun auch die untersten Schichten der Bevölkerung zum lutherischen Glauben bekehrten. Ferdinand erließ dagegen Patente, Abmahnungen und Verbote, die allesamt wirkungslos blieben, während der Adel durch den Umstand, daß man ihn im Kampf gegen die Türken dringend brauchte, sich einer weitgehenden, wenn auch niemals festgeschriebenen Religionsfreiheit erfreute. Die katholische Kirche verlor in Wien nach 1529 stetig an Boden, da halfen auch die Dekrete zur Einhaltung der vierzigtägigen Fastenzeit von 1532 nichts, auch nicht, daß sich die Regierung regelmäßig die Liste der Kommunikanten vorlegen ließ oder daß man 1535 in St. Stephan das Abendmahl in beiderlei Form spendete. Unter dem 1542 geweihten Bischof Friedrich Nausea (1496–1552) veröderen die katholischen Kirchen und Klöster, St. Stephan hatte nur noch vier Curpriester, von 13 bischöflichen Pfarreien hatten zehn keinen Priester, die Minoriten waren von 50 auf sechs, die Dominikaner von 86 auf zehn und die Schotten von 30 auf 15 Brüder geschrumpft.

Einen Höhepunkt in der Auseinandersetzung der Religionen bildete die Fronleichnamsprozession von 1549, als der lutherische Bäckergeselle Johann Hayn am Graben dem Priester die Monstranz entriß und zu Boden warf. Man ergriff ihn, versuchte ihn zum katholischen Glauben zu bekehren, und als er nicht abschwören wollte, wurde er auf der Gänseweide verbrannt. Im selben Jahr versuchen die Wiedertäufer erneut in Wien Fuß zu fassen, allerdings wird diese religiöse Bewegung grausam niedergeschlagen, ihr Oberhaupt und Vorkämpfer, der Edelmann Christoph Hebenstreit, wird verbrannt, ein weiterer Wiedertäufer in der Donau ertränkt.

In dieser Situation, in der die Mehrzahl der Wiener Stadtbevölkerung sich zum Protestantismus bekennt, ruft Ferdinand 1551 den Orden der Jesuiten zur Durchführung einer Gegenreformation nach Wien. Ihnen wird zunächst das 1529 zerstörte Dominikanerkloster übergeben, ab 1554 beziehen sie das Karmeliterkloster, das sie in ein Collegium von sechs Klassen umwandeln, für dessen Unterhalt sie jährlich mit 1200 Gulden unterstützt werden. 1552 bis 1556 werden sie in Wien von Petrus Canisius (1521–1597), dem »zweiten deutschen Apostel«, geführt, der im selben Jahr auch Hofprediger und Rektor der Wiener Universität wird. Die ersten Maßnahmen unter ihrem Einfluß lassen nicht lange auf sich warten. 1554 wird das Abendmahl in beiderlei Form in den Wiener Kirchen verboten. Die Universität wird neu organisiert und bekommt in der »Neuen Reformation« den Status einer Staatsanstalt unter der Aufsicht eines landesfürstlichen Superintendenten, man führt festbesoldete Professoren ein, und den Jesuiten werden zwei Lehrstühle überlassen.

Allerdings scheint es den Jesuiten bewußt geworden zu sein, daß sie zu diesem Zeitpunkt noch keinen offenen Kampf gegen die lutherische Partei in Wien wagen können, man versucht die Gegenreformation durch Schauspiele, Predigten, die Herausgabe eines neuen Katechismus und die Einflußnahme bei Hof und an der Universität in Gang zu bringen.

Als 1558 Ferdinand nach der Abdankung Karls V. auch deutscher Kaiser wird, muß er den Jesuiten Zurückhaltung auferlegen, da er auf die Unterstützung der lutherischen Reichsfürsten angewiesen ist; diese beziehen sich auf den Augsburger Religionsfrieden von 1555, der die stillschweigende Anerkennung eines zweiten christlichen Bekenntnisses im Deutschen Reich darstellt. Der Wiener Vorort Hernals wird in dieser Zeit unter der Freiherrnfamilie der Jörger zum

Zentrum der Protestanten in Wien. In der Folge wird die Landhauskapelle den Protestanten als Bethaus eingeräumt, die leerstehende Minoritenkirche wird ihnen übergeben, und mehrere Pastoren und ihre Familien beziehen das Minoritenkloster. Von den 600 Studenten der Wiener Universität möchte keiner mehr katholischer Priester werden.

Gleichzeitig mit dem Kampf gegen die Protestanten beginnen die Jesuiten sich gegen die Juden Wiens zu wenden. Nach der Vernichtung der Wiener Judengemeinde im Jahr 1421 hatten sich nur langsam wieder Juden in Wien angesiedelt, wobei sie besonders als Bankiers und Geldgeber wichtige Funktionen einnahmen. 1551 wurde verfügt, daß sie zur Unterscheidung von den Christen einen gelben Lappen an der Kleidung zu tragen hätten, 1554 wurden sie des Wuchers und der Spionage für die Türken angeklagt und der Stadt verwiesen, konnten dies aber durch hohe Geldzahlungen verhindern.

1563 kam das seit 1545 tagende Konzil von Trient endlich zu einem Abschluß; statt des von Ferdinand erhofften Ausgleichs zwischen den Konfessionen wurden den Protestanten nur minimale Zugeständnisse gemacht. Als Ferdinand im Jahre 1564 in Wien starb, hinterließ er eine zerrissene Stadt, die zu vier Fünftel protestantisch war; nur der hohe Klerus und der höchste Adel waren noch katholisch.

Die Regierungszeit Ferdinands bringt aber auch den Durchbruch der Ideen des Humanismus, der Renaissance und des wissenschaftlichen Denkens in Wien. Bereits 1533 wurde der Gelehrte und Humanist Johannes Hegerlein, bekannt unter dem Namen Fabri, zum Bischof von Wien bestellt. Der aus Amberg stammende Wiener Schulmeister Wolfgang Schmeltzl (1500–1560) verfaßt 1548 einen »Lobspruch auf Wien« mit einer genauen Beschreibung der Stadt und wirkt auch als Dramatiker und Geschichtsschreiber. Hermes Schallautzer entdeckt bei den Aushubarbeiten zum Festungsbau mehrere römische Altäre und Grabsteine und legt die erste archäologische Sammlung in Wien an. Wolfgang Lazius (1514–1565) wirkt als Leibarzt und Hofgeschichtsschreiber, lehrt an der Universität, betreibt anatomische Studien, schreibt Geschichtswerke über die Römer und Griechen und sammelt Altertümer, ist also ein Renaissancemensch mit universaler Bildung. Ferdinand selbst interessiert sich für Musik, unter ihm wirken die Komponisten Arnold von Bruck und Christian

Janson Hollander an der Hofmusikkapelle, der Nürnberger Kupferstecher und Maler Hans Sebald Lautensack (1478–1560/64) schafft Darstellungen von Wien und Porträts von Ferdinand, der Nürnberger Kartograph und Radierer Augustin Hirschvogel (1503–1553) vollendet 1542 die erste vermessene Karte von Wien, gefolgt hierin 1547 von Bonifazius Wolmuet.

Kaiser Maximilian II. (1564–1576), Nachfolger Ferdinands, war gebildet und belesen, erzogen am konservativen spanischen Hof und ein universell gebildeter Herrscher der Renaissance. Besonders am Anfang seiner Regierungszeit trat er den Protestanten durchaus wohlwollend gegenüber und stand zeitweise im Ruf, ein geheimer Anhänger der lutherischen Lehren zu sein. Vielleicht war dies aber auch bloße Nachgiebigkeit zu schwierigen Zeiten, da sich Sultan Suleiman seit 1566 auf einem Kriegszug gegen Österreich befand, dessen Ziel vermutlich wieder Wien sein sollte, der aber bereits vor der Festung Raab zurückgeschlagen wurde.

1568 mußte Maximilian den Ständen die Religionsfreiheit in ihren Schlössern, Städten, Märkten und Patronatskirchen zugestehen, was diese dazu nutzten, um die katholischen Priester aus ihren Besitzungen zu verjagen. Auch aus Wien versuchte man die Jesuiten zu verdrängen, diese wurden aber vom Kaiser geschützt, der stetig ihre Macht und Besitzungen erweiterte. So erhielten sie 1572 die Barbarakirche und 1573 das Clarissenkloster übergeben, der Kaiser mußte aber zu dieser Zeit auf Drängen der Protestanten in den Wiener Kirchen wieder die Kommunion in beiderlei Gestalt zulassen. Die Lutheraner fühlten sich nun als Sieger im Streit der Religionen, sie führten während des katholischen Gottesdienstes ihre Pferde im Stephansdom umher und verlangten vom Pfarrer einen Trunk aus dem Meßkelch. 1569 wurde ihnen die Michaelerkirche gegenüber der Hofburg übergeben, diese Kirche blieb protestantisch bis 1620.

Um auch in der Stadt eine bewaffnete Truppe zur Aufrechterhaltung der Ordnung zu haben, wird 1564 in Wien eine dem Magistrat unterstehende Stadtguardia eingeführt, die Polizeifunktionen und das Meldewesen übernimmt, aber auf Grund ihrer schlechten Besoldung bald einen üblen Ruf bekommt. 1565 wird die erste öffentliche Wasserleitung von Hernals auf den Hohen Markt gelegt, 1560 ergibt die

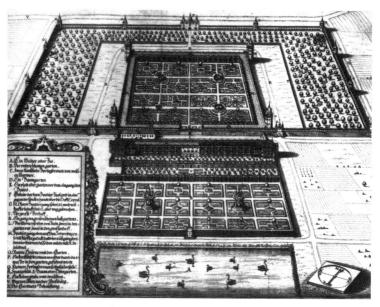

27: Matthäus Merian d. Ä., Nordansicht von Schloß Neugebäude in Simmering, erbaut 1567–1576, das größte Renaissanceschloß Europas, 1649

erste amtliche Hauszählung in Wien 1065 Häuser, davon sind nur noch 41 ebenerdig und 390 einstöckig, ein sicheres Zeichen dafür, wie dicht die Stadt bereits besiedelt ist.

Das Bauwesen der Zeit wird vom 1567 bestellten Wiener Stadtbaumeister Hans Saphoy bestimmt, der 1556–1578 den Bau des Nordturmes von St. Stephan in unfertigem Zustand abschließt und mit einer »welschen« Turmhaube krönt, daneben führt er den Bau des niederösterreichischen Landhauses in der Herrengasse fort und erbaut dort eine repräsentative Stube mit Stuck und Groteskmalerei und einem aufwendigen Marmorportal.

Das wichtigste Baugeschehen in Wien findet allerdings weit außerhalb der Stadt statt: Auf einer Geländestufe nahe dem alten Schloß Kaiser-Ebersdorf beginnt Maximilian II. 1569 mit dem Bau des »Neugebäudes«, der größten Renaissance-Schloßanlage Europas. Das Schloß, das wahrscheinlich auf eine Planung des italienischen Archi-

28: Carolus Clusius (1526–1609), Botaniker, brachte Tulpen und Kartoffeln erstmals nach Wien

tekten Jacopo da Strada zurückgeht, besteht aus vier Wohntürmen und einer heute noch erhaltenen Gloriette und ist von mehreren Tiergärten zu Jagdzwecken umgeben. Es weist ausgedehnte Teiche und Gartenanlagen auf, in denen nach 1573 der von Maximilian bestellte Hofbotaniker Carolus Clusius (1526–1609) Gärten mit Heilkräutern, ein Alpinum sowie die ersten Pflanzungen von Kartoffeln, Tulpen und Kastanien anlegen läßt.

Von dieser Anlage haben sich bis heute die Gartenmauer – jetzt die Umfassungsmauer des Urnenhaines des Zentralfriedhofes – und die Gloriette erhalten, die nunmehr fälschlich als Neugebäude bezeichnet wird. Bauteile vom Neugebäude wurden unter Maria Theresia zum Bau der Römischen Ruine und der Gloriette im Schloßpark Schönbrunn verwendet.

Wien findet auch eine Erweiterung nach Norden, die Vorstadt am Unteren Werd (heute: Leopoldstadt) wird durch die Anlage der Jägerzeile (heute: Praterstraße) vergrößert. Auch die Hofburg wird erweitert, 1572 wird ein erster »Spanischer Hofstall«, der Vorläufer der heutigen Spanischen Hofreitschule, und 1575 die Amalienburg als Residenz für Erzherzog Rudolf gebaut.

1571 kommt es in Wien zur glanzvollen Hochzeit zwischen Erzherzog Karl II. von Innerösterreich (1540–1590) mit Maria von Bayern, für die der italienische Maler Giuseppe Arcimboldo (1527–1593) das Festprogramm in der Art des Manierismus mit Turnieren, Maskenaufzügen, Jagden und Banketten entwirft. Der Wiener Hof ist zu dieser Zeit, angeregt durch die italienischen Fürstenhöfe der Renaissance, ein Tummelplatz der Künste, die Hofkapelle floriert unter dem niederländischen Komponisten Jakob Vaet, gefolgt vom Neuerer der Renaissancemusik Jacobus Gallus; mit Hugo Blotius wird ein erster Bibliothekar für die Hofbibliothek bestellt.

Aber auch die Bürger der Stadt selbst sorgen für die schönen Künste; die Pritschenmeister, fahrende Dichter in der Art von Wappenherolden wie Hans Weitenfelder und Benedikt Edelpöck, verfassen Lobsprüche und Beschreibungen von Festlichkeiten. In Wien scheint es auch Meistersingerschulen gegeben zu haben, die im »Baumton«, »verschlossenen Ton« und »Kreuzton« sangen. Das Drama wurde in der Form von Schulspielen an der Stephansschule gepflegt, und aus dem Jahre 1566 sind uns vier »Ratsstubenspiele« in der Ratsstube des bürgerlichen Zeughauses überliefert. Die Jesuiten fügen in die Fronleichnamsprozession immer mehr szenische Darstellungen ein, bis diese zu geschlossenen Aufführungen werden, Stücke mit Themen der Antike wie »Aineas« oder eine »Auferstehung Christi« finden sich ebenso wie die allegorischen Dramen »Vita« und »Religio« des Wiener Arztes Franz Hildesheim.

Als Maximilian II. am Reichstag von Regensburg 1576 stirbt, ist die mittelalterliche Stadt Wien am Verschwinden, erkenntlich am besten daran, daß die neuen Renaissancehäuser mit quergelegter Front die spitzgiebeligen mittelalterlichen Häuser ersetzen.

War Maximilian II. ein toleranter Herrscher gewesen, der mit einer protestantischen Mehrheit der Wiener Bürger leben konnte, so wollte sein Sohn und Nachfolger, Kaiser Rudolf II. (1552–1612), dies nicht dulden. Dazu kam, daß der am streng katholischen spanischen Hof erzogene, 1572 zum König von Ungarn und 1575 zum König von Böhmen gekrönte Herrscher Wien niemals geliebt hat und den Großteil seiner Zeit in Prag verbrachte, während in Wien sein Bruder Erzherzog Ernst im Bund mit den Jesuiten und ab 1579 mit dem Offizial des Passauer Bischofs, Melchior Khlesl (1553–1630), einem bekehrten Protestanten, die schärfste Phase der Gegenreformation einleitete.

Eine seiner ersten Maßnahmen war 1577 das Verbot der protestantischen Gottesdienste in Wien und ein Dekret, das untersagte, lutherischen Prädikanten Unterschlupf zu gewähren. 1578 ließ er die protestantischen Prediger aus Wien ausweisen und ihre Schulen und Kirchen schließen; im selben Jahr werden die Landhauskapelle und das Geyertsche Schloß in Hernals, die Hochburg des Protestantismus in Wien, den Lutheranern entzogen. Die Antwort der Wiener Evangelischen war das »Auslaufen«, das heißt der Besuch des Gottesdienstes in Inzersdorf, wo man auf dem Besitz eines protestantischen Adeligen noch die evangelische Messe hören konnte. Als Rudolf 1578 nach Wien kam, um an der Fronleichnamsprozession teilzunehmen, kam es zu Tumulten, als die Protestanten gegen diese Behandlung protestierten.

Unbeeindruckt davon werden die Bestimmungen gegen die Protestanten weiter verschärft, besonders nach 1585, als ein Dekret offiziell die Rekatholisierung Wiens einleitet. Der Magistrat verbietet das »Auslaufen«, man nimmt nur noch Studenten an der Universität auf, die sich als katholisch bekennen, und läßt die Wiener Buchläden schließen, da sie lutherische Schriften verkaufen.

1582 wird die Wiener Stadtguardia dem Magistrat entzogen, in ein kaiserliches Fähnlein umgewandelt und untersteht damit dem Landesfürsten; damit hat Rudolf auch die Polizeigewalt in Wien in seine Hand gebracht. Die ehemaligen, nun teilweise leerstehenden oder von Protestanten betriebenen Klöster werden rekatholisiert wie das Büßerinnenkloster, das den Franziskanern übergeben wird, oder es werden neue Klöster gebaut, wie das Königinkloster 1582 von Pietro Ferrabosco in der Dorotheergasse (heute die evangelische Stadtpfarrkirche).

1583 wird in Wien der julianische durch den gregorianischen Kalender ersetzt.

Ins selbe Jahr fällt auch der erste und einzige Hexenprozeß, der in Wien jemals stattgefunden hat. Angeklagt ist Elisabeth Plainacher, die beschuldigt wird, ihre Nichte verhext zu haben. Man nützt diesen Prozeß, bei dem aus dem Körper des Mädchens durch die Jesuiten angeblich nicht weniger als 12.622 Dämonen ausgetrieben werden, zu gegenreformatorischer Propaganda, um die Überlegenheit der katholischen Lehre zu beweisen, und läßt Elisabeth Plainacher auf der Gänseweide verbrennen.

Reform und Gegenreformation

1590 kommt es zu einem schweren Erdbeben in Wien, bei dem zahlreiche Kirchtürme und Häuser beschädigt werden; beim Einsturz eines Wirtshauses in der Rotenturmstraße finden neun Personen den Tod.

1593 verläßt Erzherzog Ernst Wien, um kaiserlicher Statthalter in den Niederlanden zu werden, er wird durch seinen Bruder Erzherzog Matthias (1557–1619) ersetzt, der sich sofort dem Problem eines neuen Türkenkrieges zu stellen hat. In diesem Zusammenhang kommt es unter seiner Regierung in Wien 1595 und 1601 zu zwei politisch motivierten Prozessen gegen die Verteidiger der Festung Raab, Graf Ferdinand von Hardegg, und der Festung Kanisza, Georg Paradeiser, die beide beschuldigt werden, die Festungen in einer Verschwörung den Türken übergeben zu haben. Die Urteile empören besonders die Lutheraner in Wien, da alle Beschuldigten und Hingerichteten Protestanten sind. 1598 kann die Festung Raab von den kaiserlichen Truppen wieder zurückerobert werden; zum Dank für diesen Sieg werden die Bildstöcke des Bäckerkreuzes und die Spinnerin am Kreuz, beide seit der ersten Türkenbelagerung schwer beschädigt, wiederhergestellt.

Die Gegenreformation macht weiterhin Fortschritte, so verzeichnet 1594 das Jesuitenkolleg bereits 800 Schüler, während es an der protestantisch dominierten Universität nur noch 80 Studenten gibt. Im selben Jahr kommt es im Umland von Wien zu einem Bauernaufstand, dessen vier Rädelsführer in Wien hingerichtet werden, ebenso wie die Führer eines Aufstandes der Weinhauer 1597. Eine weitere Stärkung der Gegenreformation bedeutet die Ernennung von Melchior Khlesl 1598 zum Bischof von Wien.

1598 wird der Donaukanal, der wichtigste Schiffahrtsweg Wiens, über den vor allem Salz und Holz in die Stadt gebracht wird, erstmals von Freiherrn Ferdinand Gomez von Hoyos reguliert, vor einer weiteren Verlandung geschützt und so als Handelsweg erhalten. Eine weitere Verbesserung des Wiener Handels erfolgt 1602, als Kaiser Rudolf verfügt, daß in Zukunft auch auswärtige Händler auf den Wiener Märkten zugelassen sind.

Da sich Kaiser Rudolf II. immer weniger um die Regierungsgeschäfte in Österreich kümmert, um sich der Wissenschaft und der Al-

29: Salomon Kleiner, Das Hasenhaus in der Kärntnerstraße 8–10, erbaut 1482, mit Fresken ausgestattet 1509, Stich um 1749

chemie in der Prager Burg zu widmen, bestehen bereits seit 1603 Pläne zu seiner Absetzung, die vorerst durch den Krieg mit den Ungarn unter Stephan Bocskay vereitelt werden. Erst nach einem Friedensschluß mit Ungarn und der Türkei 1606 wagt Matthias die offene Auseinandersetzung mit seinem Bruder; er erhält im Frieden von Prag 1608 Österreich und ist designierter König von Ungarn und Böhmen. Als er im Oktober 1608 nach Wien zurückkehrt, wird er von der Stadtbevölkerung glanzvoll empfangen; zu seinen Ehren werden zahlreiche Triumphpforten errichtet.

Da Matthias seinen Sieg auch teilweise mit Hilfe der protestantischen Landstände erreicht hat, unterzeichnet er 1609 die Religionskapitulation, in der das Auslaufen der Protestanten zum Gottesdienst in die Jörgersche Kirche in Hernals stillschweigend geduldet wird. In seine Regierungszeit – ab 1612 ist er auch deutscher Kaiser – fallen zahlreiche Neubauten in Wien, das ab 1612 wieder Residenzstadt ist; 1603 bis 1613 entsteht die Franziskanerkirche, 1614 das Jagdschloß im Augarten und 1616 die Alte Favorita als kaiserliche Residenz. In der Stadt werden zahlreiche mittelalterliche Häuser abgerissen oder um-

Reformation und Gegenreformation

gebaut, so zum Beispiel das Hasenhaus in der Kärntnerstraße mit seiner bemalten Fassade, die eine verkehrte Welt zeigt, in der die Hasen die Jäger der Menschen sind. Die neugebauten Häuser weisen eine wesentliche architektonische Neuerung auf: Das Erdgeschoß wird nun zumeist von Läden und Verkaufsgewölben genutzt, wer Geld hat, zieht in den straßenseitig gelegenen vornehmen ersten Stock, in den Höfen der Häuser siedeln sich Handwerksbetriebe an, darüber wohnen die Mieter der billigeren Quartiere.

Am Hof wirken unter Matthias die Maler Bartholomäus Spranger und Karl von Manger, aus den Niederlanden kommt Joris Hufnagel nach Wien, dessen Sohn Jacob 1609 eine Vogelschau von Wien stechen läßt, an der Hofmusikkapelle wirken Phillip von Monte und Jacobus Gallus aus der Schule Orlando di Lassos, und in Wien lassen sich englische Schauspieler nieder. Das Theaterschaffen findet seinen Höhepunkt im Jesuitendrama von Jakob Spannmüller. Einer der populärsten Wiener ist Johann Rasch, genannt »Kalendermann«, der in der Kunst der Astrologie und der Wettermacherei bewandert ist, aber auch als volkstümlicher Moralist und Ökonom publiziert.

Matthias versucht im Religionsstreit von Wien aus eine Doppelstrategie zu betreiben, einerseits braucht er die protestantischen Landstände zur politischen, wirtschaftlichen und militärischen Unterstützung, andererseits treibt er entschlossen die Gegenreformation voran und entzieht 1614 den Jörgern das Lehensrecht auf Hernals. Am Schluß scheitert er mit seiner Politik. Zwar kann er noch seinen Nachfolger, den steirischen Erzherzog Ferdinand (1578–1637), in Prag und Ungarn krönen lassen, der Prager Fenstersturz von 1618, bei dem die Vertreter der böhmischen protestantischen Landstände die kaiserlichen Statthalter aus den Fenstern der Prager Burg stürzen, beendet aber seine Politik des Ausgleiches. Als er 1619 in Wien stirbt, ist der große Religionskrieg, später als Dreißigjähriger Krieg bezeichnet, bereits im Gange. Begraben wird Matthias als erster Habsburger in der von ihm gestifteten Kapuzinergruft, in die sein Leichnam aber erst 1633 übertragen wird. Seine Nachfolge tritt der steirische Erzherzog als Ferdinand II. an.

11. Der Dreißigjährige Krieg – Der Sieg des Katholizismus
1618–1648

Die Lage Ferdinands II. in Wien war zu Beginn seiner Regierungszeit höchst bedenklich. Die niederösterreichischen Stände schlugen sich auf die Seite des böhmischen Adels und verweigerten die Huldigung, die Oberösterreicher sperrten dem Kaiser den Zuzug von Soldaten aus dem Reich, und Matthias Graf Thurn (1567–1640), der Führer der Böhmen, fiel mit einer Armee in Niederösterreich ein. Er überschritt bei Fischamend die Donau, schlug den ungarischen Entsatz zurück und bedrohte Wien von der Vorstadt Margareten aus. Der Kaiser verschanzte sich mit Unterstützung der vom Bürgermeister Daniel Moser (1570–1639) geführten Wiener Bürger in der Stadt. Am 5. Juni 1619 verlangten die protestantischen Stände Niederösterreichs unter der Führung des Grafen Starhemberg in der Hofburg vom Kaiser in einer »Sturmpetition« das Recht zur völligen Religionsfreiheit und bedrohten ihn auch körperlich. Gleichsam in letzter Minute reiten 400 Küraßiere des Regiments Dampierre unter Oberst Gebhard von Saint Hilaire in die Stadt ein und retten den Kaiser.

Die protestantischen Stände schließen sich darauf der böhmischen Opposition an und wählen Kurfürst Friedrich zum böhmischen König, während Ferdinand am 28. August 1618 in Frankfurt zum deutschen König und Kaiser gewählt wird.

Im Oktober hat Wien die nächste Belagerung zu überstehen, als sich Gabor Bethlen, Fürst von Siebenbürgen, mit den Truppen des Grafen Thurn vereinigt und sein Lager bei Schönbrunn aufschlägt. Erst durch die Niederlage des Grafen Georg Rakoczy in Ungarn wird die Stadt wieder entsetzt. Wien muß erneut in Verteidigungsbereitschaft versetzt werden, und man reißt alle Häuser ab, die unerlaubterweise an der Stadtmauer und am Glacis errichtet wurden, was zu großer Verbitterung unter den Bewohnern führt.

Durch politisches Geschick gelingt es Ferdinand, die böhmische

30: Kardinal Melchior Khlesl, (1552–1630), Haupt der Gegenreformation in Wien

Rebellion immer weiter einzudämmen und militärisch von protestantischer Hilfe im Reich abzuschneiden sowie einen Vergleich mit den österreichischen Ständen zuwege zu bringen; diese leisten am 13. Juli 1620 in der Hofburg den Huldigungseid. Die Niederlage Friedrichs, des »Winterkönigs«, in der Schlacht am Weißen Berg bei Prag läßt Ferdinand auch in Wien triumphieren. Er läßt die protestantischen Prediger aus der Minoritenkirche und der Landhauskapelle weisen und das Schloß von Helmhard von Jörger in Hernals konfiszieren. Dieses wird abgerissen, an seiner Stelle wird eine katholische Kirche gebaut, zu der von Wien aus ein Kreuzweg eingerichtet wird. Die Wiener Bürger spüren nun, woher der neue Wind weht, und schon bald bezeichnet sich die Mehrheit der Stadtbewohner wieder als katholisch. Dafür verlangt aber die Bürgerschaft vom Kaiser das Privileg eines Vorkaufsrechtes für die Häuser abgewandter Protestanten in der Stadt und ist auch bereit, für dieses Vorrecht eine freiwillige Kriegssteuer in der Höhe von 50.000 Gulden zu leisten.

Eine weitere wichtige Maßnahme des Kaisers ist die Übergabe der Wiener Universität an die Jesuiten, die mit dem Bau einer neuen Universitätskirche beginnen, welche 1631 vollendet wird. Höhepunkt gegenreformatorischer Strenge ist das Edikt Ferdinands, in dem er die Wiener anweist, sich entweder für die katholische Seite zu entscheiden oder die Stadt zu verlassen. Viele Protestanten wählen lieber den ungewissen Weg in die Fremde, als von ihrem Glauben abzuschwören. Das »Restitutionsedikt« von 1629 bestimmt weiters eine Kommission, welche die Wiedereinforderung ehemaliger katholischer Güter von den Protestanten zu überwachen hat.

1627 kommt auch Kardinal Khlesl zurück nach Wien und wird hier erneut als Bischof eingesetzt. Nach dem Fenstersturz von Prag hatte man den 1615 zum Kardinal ernannten Khlesl als Hauptschuldigen an der politischen Entwicklung gesehen, ihn 1619 festnehmen lassen und nach Tirol in die Verbannung geschickt. 1623 ließ man ihn frei, er durfte aber erst 1627 nach Wien zurückkehren, wo er als Bischof 1630 starb. Khlesls Rückkehr fällt mit einer neuen Welle der Verfolgung von Protestanten zusammen, man verbrennt öffentlich die »ketzerischen« Bücher, katholische Ärzte dürfen keine Protestanten mehr behandeln, und die protestantischen Schulmeister und Geistlichen werden aus dem Land Unter der Enns vertrieben, was erneut eine Abwanderungswelle von Protestanten aus Wien zur Folge hat.

Durch den Sieg der Gegenreformation übersiedelt eine Anzahl kaiserlicher Zentralbehörden nach Wien, und viele hohe Beamte ziehen zu; diese bilden gemeinsam mit den Welt- und Klostergeistlichen eine neue adelig-bürokratische Oberschicht. Das Bürgertum, das den Wein- und Ackerbau, früher eine seiner Haupteinnahmequellen, den Bauern der Umgebung überlassen hat, lebt von Handel, Handwerk und Gewerbe, politisch ist es rechtlos und wirtschaftlich verarmt. Es wird von der neuentstandenen sozialen Schicht der Hofbeamten zurückgedrängt, die Stadt hat außerdem für eine immer größere Masse an Besitzlosen und Armen zu sorgen. Die starken sozialen Gegensätze lassen sich an der Einführung einer Luxussteuer und der Einrichtung einer Armenkasse in Wien ablesen. Die Wirtschaft der Stadt orientiert sich immer mehr am Luxusbedürfnis des Hofes, und man verabsäumt es, ein exportorientiertes Großgewerbe zu schaffen.

Bis zum Tode Ferdinands 1637 – sein Herz ist das erste, das in der neuerrichteten Herzgruft bei den Augustinern bestattet wird – halten seine Feldherren Tilly und Wallenstein alle Feinde von Wien fern, auch wenn 1626 nochmals ein Türkeneinfall droht; dieser wird von

Wallenstein aber bereits in Ungarn abgewehrt. Die Türken senden 1628 sogar einen Botschafter nach Wien, der einen glanzvollen Einzug hält.

Die politische Ruhe in Wien macht sich in der Regierungszeit Ferdinands in der »Klösteroffensive«, einer regen Bautätigkeit besonders bei Kirchen und Klöstern, bemerkbar. Neben dem Neubau von Universität, Universitätskirche und Kapuzinerkirche entstehen in diesen Jahren die neue Paulanerkirche (1627–1651) auf der Wieden, Kirche und Kloster von Sankt Niklas (1623), das 1624 dem St.-Clara-Orden gehört, die Dominikanerkirche wird wiederhergestellt (1631–1633), die Benediktiner von Montserrat, genannt die »Schwarzspanier«, werden 1633 nach Wien gerufen und bauen eine Kirche in der Alser Vorstadt, ebenso wie die 1626 nach Wien gekommenen Serviten. 1628 kommen die unbeschuhten Augustiner nach Wien und erhalten das Kloster der beschuhten Augustiner neben der Hofburg, die wiederum in die Landstraße abwandern und bis 1642 die Rochuskirche erbauen. 1636 entsteht der Kreuzweg nach Hernals, die Einweihung des Kalvarienberges erfolgt erst 1639. In der Vorstadt am Unteren Werd wird 1623–1627 die Karmeliterkirche, am Kahlenberg 1628 das Kamaldulenserkloster errichtet, ein Kloster der Karmeliterinnen entsteht, und die Michaelerkirche wird den Barnabiten übergeben. 1632 entsteht in Wien im Auftrag des Wiener Bischofs Anton Wolfrath (1582–1639) das neue bischöfliche Palais nach Plänen von Giovanni Cocopani, um einen würdigen Rahmen für den 1631 zum Fürstbischof erhobenen Kirchenherrn von Wien zu bilden.

Bei den Kirchenbauten wie auch bei den Bürgerhäusern macht sich in der Architektur ein immer größer werdender italienischer Einfluß bemerkbar, der durch die vielen in Wien tätigen italienischen Baumeister geprägt wird, besonders auffallend ist dies an der als Musterkirche gedachten Kirche der Jesuiten »il Jesu«, der heutigen Universitätskirche.

Das wechselnde Geschehen des Dreißigjährigen Krieges läßt die Menschen nach Nachrichten verlangen, und in der Folge werden in Wien die ersten Zeitungen gedruckt, zunächst als unregelmäßig erscheinende Flugblätter oder wöchentlich erscheinend wie die »Ordinari Zeitung« des Buchhändlers Gregor Gelbhaar ab 1621, die »Or-

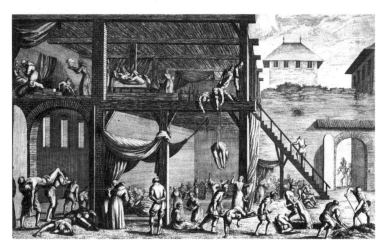

31: Wien wird immer wieder von Pestepidemien heimgesucht, Blick in ein Spital mit Pestkranken in der Spittelau, um 1679

dentliche Postzeitung«, die »Ordentliche Zeitung aus Wien« oder das »Wiener Blättl«.

Der Krieg führt auch in Wien zur fortschreitenden Geldentwertung und schädigt die Wiener Wirtschaft, die bereits durch die Ansiedlung von 300 Freimeistern getroffen ist, das sind Handwerker, die nicht an die Zunftordnungen gebunden sind und die den 1319 bürgerlichen Handwerksmeistern gegenüberstehen. Einen weiteren wirtschaftlichen Aderlaß bedeutet die Abwanderung der Protestanten aus Wien nach 1623, auch wenn diese ein Zehntel ihres Vermögens als »Abfahrtsgeld« zu bezahlen haben. 1627 wird die Stadt durch eine große Feuersbrunst, die 147 Häuser vernichtet, hart getroffen, 1631 kommt es erneut zu einer Pestepidemie. Ebenfalls als wirtschaftliche Maßnahme ist die Ausweisung der Juden aus der Stadt und ihre Ansiedlung in einem geschlossenen Ghetto in der Vorstadt am Unteren Werd zu sehen, dafür bekommen diese aber die Handels- und Gewerbefreiheit zugestanden.

1624 wird in der Wollzeile das erste Postamt Wiens eröffnet; Ferdinand übergibt dem Erbpostmeister der Steiermark, Freiherr Christoph von Paar, das Postregal aller österreichischen Länder und be-

Der Dreißigjährige Krieg

freit sich damit von der Vorherrschaft der Familie der Thurn und Taxis, die bisher das Postmonopol im Deutschen Reich betrieben.

Als Dichter wirken zu dieser Zeit in Wien der Schlesier Martin Opitz, der als Protestant in katholischen Diensten des Burggrafen von Dohna steht, Daniel von Czepko, ein Mystiker, der vor allem Lobwerke auf das Haus Habsburg schreibt, und Wenzel Scheffer, der jesuitische Schriften übersetzt.

Die überragende Persönlichkeit dieser Jahre in Wien war sicherlich der Wiener Bürgermeister Daniel Moser. Geboren 1570 als Sohn eines Mautners scheint er in Wien studiert zu haben, wurde 1599 Wiener Bürger und schon 1600 in den Äußeren Rat aufgenommen. Sich stets mit bedingungsloser Loyalität auf die Seite des jeweiligen Landesherrn stellend und ein unbedingter Katholik, wurde er 1606 in den Ritterstand erhoben und 1609 zum ersten Male Bürgermeister in Wien, ein Amt, das er mit Unterbrechungen 23 Jahre lang innehaben sollte. Er war der Vertraute Ferdinands II. in der Stadt und wurde von diesem für seine Treue und Verdienste hoch geehrt und unter die Landstände in Niederösterreich aufgenommen.

12. Absolutismus und Türkenkriege – Erster Glanz des Barock
1648–1683

Ferdinand III. (1608–1657) trat seine Herrschaft in Wien zu einem für ihn günstigen Zeitpunkt an. Die Gegenreformation hatte in Wien gesiegt und die Feinde des Reiches standen weit von den österreichischen Grenzen entfernt. Daher ist es nicht verwunderlich, daß sich die Stadt zunächst wieder der Fortführung der begonnenen Bautätigkeit und inneren Reformen widmete.

Von 1638–1648 wurde die Westfassade der Schottenkirche auf der Freyung neu errichtet, federführend waren die italienischen Brüder Allio, Marco Spazio und Carlo Antonio Carlone, während Tobias Pock und Joachim Sandrart die Ausschmückung des Innenraumes übernahmen. Der kaiserliche General Ottavio Piccolomini (1597–1656) stiftete den von Carlo Carlone geplanten Neubau der Servitenkirche in der Roßau und wurde vor dem Altar der Piccolominikapelle begraben.

Die Bautätigkeit kam nur für kurze Zeit zum Erliegen, als sich 1643 mit dem Vorstoß des schwedischen Generals Wrangel gegen die Donau das Kriegsgeschehen des Dreißigjährigen Krieges plötzlich in die Umgebung von Wien verlagerte. Im März 1645 schlug der schwedische General Lennart Torstenson die kaiserlichen Truppen bei Jankau und zog im April gegen Wien in der Hoffnung, sich hier mit dem Heer des Ungarn Georg Rakoczy zu vereinigen. Er erstürmte auf seinem von großen Verwüstungen gekennzeichneten Anmarschweg die Städte Stein, Krems und Klosterneuburg und zerstörte die Burg Kreuzenstein, ehe er die Wolfsschanze, einen kaiserlichen Brückenkopf am linken Donauufer, eroberte und von dort die Stadt beschoß. In Wien kam es zur Panik, die reichen Bürger ergriffen die Flucht nach Graz und Venedig, ehe ein kaiserliches Edikt das Verlassen der Stadt verbot. Man zog alle wehrfähigen Männer ein und besetzte die Wälle der Stadt mit 5000 Bürgern und der Stadtwache, um die 35.000

32: Folbert van Alten Allen, Vogelschau von Wien am Vorabend der 2. Türkenbelagerung, 1683

kaiserlichen Soldaten zu unterstützen. Als Rakoczys Armee nicht eintraf, gab Torstenson die Belagerung Ende Mai auf und zog nach Brünn ab, kehrte aber am 31. August wieder zurück und besetzte erneut die Wolfsschanze; wiederum konnte er aber die Stadt nicht angreifen, da sich Rakoczy inzwischen mit Ferdinand auf einen Frieden geeinigt hatte. Erst der Einbruch des Winters veranlaßte den neuerlichen Rückzug der Schweden nach Norden, ihre Besatzungen in Krems und Korneuburg konnten erst im Sommer des darauffolgenden Jahres vertrieben werden.

Das Umland von Wien blieb aber noch einige Zeit unsicher, und die marodierenden Soldaten beider Seiten scheuten sich nicht, die Bauern der Umgebung auszurauben und selbst die kaiserlichen Kammerwägen auszuplündern.

Zum Dank für die Errettung der Stadt vor den Schweden ließ Ferdinand 1646 von Johann Jacob Pock eine Mariensäule auf dem Platz Am Hof errichten, eine Brigittakapelle wurde von Filiberto Lucchesi

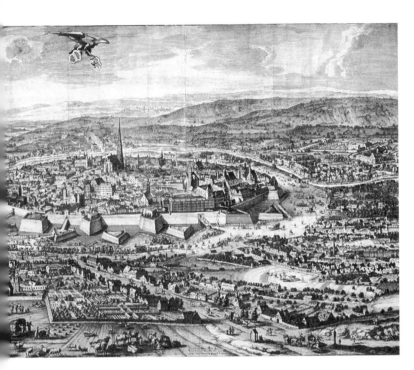

am Werd nahe der Wolfsschanze errichtet; dieser Teil der großen Donauinsel hat von daher den Namen Brigittenau angenommen.

Zur weiteren Festigung des katholischen Glaubens in und um Wien ließ Ferdinand 1645 in jeder Vorstadt eine eigene Pfarre einrichten, 1655 wird die öffentliche Beichte und Kommunion zur Pflicht, um das religiöse Leben der Wiener besser überwachen zu können. 1652 erläßt Ferdinand das »Reformationspatent«, das nochmals alle gegen die Prostestanten vorgeschriebenen Maßnahmen zusammenfaßt. Weiters werden neue Vorschriften gegen die Juden, die 1649 bei Ausschreitungen besonders von den Studenten verfolgt werden, und gegen die Zigeuner erlassen, die sich von nun an nicht mehr in der Stadt aufhalten dürfen.

Wien wird mehrmals von Katastrophen schwer getroffen, zwischen 1655 und 1661 kommt es zu fünf großen Hochwassern in Wien, bei der Überschwemmung von 1658 werden auch die Donaubrücken zerstört. Zwischen 1653 bis 1656 wütet die Pest, der rund 1500 Menschen

Absolutismus und Türkenkriege

zum Opfer fallen, die Toten werden im »Kontumazfriedhof«, den man 1647 in der Alser Vorstadt nahe der heutigen Garnisongasse eingerichtet hat, bestattet. Nach Abklingen der Pest wird in seiner Nähe der Kontumazhof, eine Quarantänestation für Pestkranke, errichtet.

Nach dem Ende der Schwedengefahr und dem Abschluß des Westfälischen Friedens 1648 begann man mit dem Neubau der Kirche Am Hof durch die Künstlerfamilie Carlone, der Bau entspricht dem Vorbild der italienischen Papstkirchen mit einer Altane, von der aus sich der Kirchenfürst an das Volk wenden konnte; er wurde 1662 fertiggestellt.

Kulturell war Wien in dieser Zeit, obwohl Residenzstadt der Habsburger, eher unbedeutend. Das Theater wurde durch Reisetruppen aus Italien genährt, die zum ersten Male berufsmäßige Schauspieler nach Wien brachten, deren Wirkung aber auf den höfischen Bereich beschränkt blieb. Zur Förderung des deutschsprachigen Theaters wird 1651 in der Himmelpfortgasse ein erstes »Comödienhaus« errichtet, in dem sich vor allem das Volksschauspiel breitmacht. Am Hof wirkt der Dichter und Schriftsteller Johann Scheffler unter dem Namen Angelus Silesius seit 1654 als Hofmedikus; er schreibt Sinn- und Schlußreime, die in Wien gedruckt werden. Daneben wirken Heinrich Johann Friedrich, Jodocus Kedd und Hilarius Anastasia gegen das Luthertum, während Matthäus Drummern von Pabenbach staatswissenschaftliche Werke herausgibt. Außergewöhnlich ist das Werk des Kupferstechers Matthäus Merian des Älteren (1593–1650), der 1649 eine Vogelschau der Stadt Wien in seiner »Topographia provinciarum austriacum« veröffentlicht, die insgesamt fünf Kupferstiche von Wien und Umgebung enthält. Nach seiner Beschreibung leben in Wien zu dieser Zeit etwa 60.000 Einwohner in der Stadt und in den Vorstädten.

Ferdinand III. tritt selbst als feinsinniger Dichter und Komponist in Erscheinung, 1649 wird sein dem Jesuiten Athanasius Kircher gewidmetes »Drama musicum« in italienischer Sprache aufgeführt.

Nach dem Tode Ferdinands, der unter dramatischen Umständen während eines Feuers in der Hofburg verschied, was von vielen als schlechtes Vorzeichen für die Zukunft Wiens angesehen wurde, kam es am 1. Oktober 1658 zum glanzvollen Einzug des zum Kaiser gekrönten Leopold I. (1640–1705) in Wien. Er sollte der erste wahre »Barockkaiser« in Wien werden, ein bedingungslos absolutistischer Herrscher und Anhänger der Gegenreformation, der Wien aber auch zum Mittelpunkt der europäischen Musik- und Theaterwelt machte. Er wird damit zum Überwinder der Stagnation des Dreißigjährigen Krieges und führt Österreich zum Rang einer europäischen Großmacht.

Am Beginn seiner Regentschaft hat er sich erneut mit den Türken auseinanderzusetzen, die 1663 bis nach Preßburg vorstoßen und Wien bedrohen, das eilends in Verteidigungsbereitschaft versetzt wird. Erst durch den Sieg des Grafen Montecuccoli bei St. Gotthard über die türkischen Haupttruppen am 1. August 1664 wird Wien endgültig von der Gefahr eines Angriffs befreit. Bereits im nächsten Jahr schließen sich einige Adelige in Ungarn gegen den Kaiser zusammen, planen ihn gefangenzunehmen und einen Verwandten des französischen Königs auf den ungarischen Thron zu setzen. Diese »Magnatenverschwörung«, in die auch österreichische Adelige in der Steiermark verwickelt sind, schlägt fehl, die Ungarn Peter Graf Zrinyi und Markgraf Franz Frangepani werden in Wiener Neustadt, der steirische Graf Hanns Erasmus von Tattenbach in Graz und Graf Franz Nadasdy am 30. April 1671 in der Bürgerstube des Wiener Rathauses enthauptet.

1670 läßt sich Leopold in Verkennung der wirtschaftlichen Lage von den Wiener Bürgern und Händlern dazu bewegen, die Juden aus Wien auszuweisen. Ausschlaggebend für diesen Entschluß war wohl auch der Einfluß seiner spanischen Gemahlin Eleonore und die immer wiederkehrenden Angriffe, die die Juden des Kindesraubs, der Brunnenvergiftung und des Hostienfrevels beschuldigten. Die Judenstadt in der Vorstadt am Unteren Werd wird aufgelöst, die Häuser werden zugunsten der Kasse des Kaisers an Wiener Bürger verkauft, und die Synagoge wird niedergerissen; an ihrer Stelle entsteht die Leopoldskirche, die Vorstadt wird zu Ehren des Kaisers in Leopoldstadt umbenannt.

Sehr schnell merkt aber die Stadt Wien, daß mit der Vertreibung der Juden ein beträchtlicher Teil ihrer Steuereinnahmen verschwunden ist, und bereits fünf Jahre später erlaubt man 250 jüdischen Familien, sich wieder in Wien anzusiedeln, wobei die Juden nun nicht mehr in einem Ghetto leben müssen.

1679 kommt es zu einer schweren Pestepidemie in Wien, die nach zeitgenössischen Aussagen rund 50.000 Menschen das Leben kostet; zählt man auch die Bewohner der Vororte dazu, wäre dies etwa ein Drittel der Wiener Bevölkerung gewesen. Wer konnte, floh aus der Stadt, in deren verödeten Straßen und Gassen das Wirtschaftsleben völlig zusammenbrach. Leopold I., der ebenfalls die Stadt verlassen und sich nach Prag geflüchtet hatte, gelobte die Errichtung einer Pestsäule auf dem Graben im Falle, daß die Pest ein baldiges Ende finden sollte. Nach Erlöschen der Seuche wurde diese Säule 1680 zunächst in Holz errichtet. Mit der Pest von 1679 ist auch die Sage vom »Lieben Augustin« verknüpft, einem Volkssänger, der als Betrunkener für tot gehalten und in eine Pestgrube geworfen wurde, aber die Behandlung überlebte. Da die Pest auch in den nächsten beiden Jahren wieder aufflammte, erneuerte Leopold 1681 das Gelübde und schwor, die hölzerne Säule in Stein umarbeiten zu lassen, wenn die Pest endgültig erlöschen sollte. Der starke Aderlaß der Bevölkerung wurde durch einen regen Zuzug nach Wien und Neuansiedlungen schnell wieder wettgemacht; so sollen allein am Weihnachtstag 1679 95 Brautpaare in St. Stephan geheiratet haben.

Die ständige Pestgefahr war den Stadtverantwortlichen durchaus bewußt, und man versuchte mit verschiedensten Maßnahmen die Seuchengefahr in der dicht besiedelten Stadt zu bekämpfen. So hatte man bereits 1672 verfügt, daß weder Kehricht noch Gewerbemüll oder Tierleichen auf den Straßen oder am Glacis abgelagert werden dürften. Schlimmstenfalls sollte man alle Abfälle in die Donau werfen.

Wien wird unter Leopold umgebaut, es entstehen viele jener Bauten, die Wien den Ruf einer Barockstadt eingetragen haben. Man beginnt 1659–1676 mit dem Umbau des Heiligenkreuzerhofes, 1660 wird die Mariahilfer Kirche neu gebaut, in der Penzinger Straße entsteht die Rochuskapelle, und man beginnt mit dem Bau des Leopoldinischen Traktes der Hofburg, der 1666 fertiggestellt wird. 1665 stiftet Kaiserin Eleonore eine Ursulinenkirche in der Johannesgasse, und die steinerne Mariensäule am Hof wird von Balthasar Herold durch eine Bronzestatue ersetzt. Gleichzeitig entsteht in Wien aber auch eine ganze Reihe von kommunalen Bauten, wie 1666 in der Kärntnerstraße das Waisenhaus für Knaben des Johann Konrad von Richthausen, Freiherr von Chaos, errichtet von Carlo Canevale. 1671 wird ein Zucht- und Arbeitshaus in der Leopoldstadt erbaut, 1678 entsteht in der Postgasse die erste öffentliche Bibliothek Wiens aus einem von den Dominikanern verwalteten Legat des kaiserlichen Rates Joachim Enzmüller.

Leopold sah sich nicht nur politisch als absolutistischer Herrscher nach dem Vorbild des französischen Königs Ludwig XIV., sondern auch als Herr über die Künste und als Förderer von Musik und Literatur. Bereits 1657 war die bedeutende Gemäldesammlung seines Bruders Leopold Wilhelm von den spanischen Niederlanden nach Wien übersiedelt worden; nach dessen Tod im Jahre 1662 geht die Sammlung in den Besitz Leopolds über. Die 1597 Gemälde, 343 Zeichnungen und 542 Statuen bilden den Grundstock der kaiserlichen Sammlungen und heute des Kunsthistorischen Museums.

Leopold betätigte sich auch als Komponist von Oratorien und als Darsteller in seinen eigenen Werken, 1660 wird sein Oratorium »Il sacrifizio d'Abramo« aufgeführt. Glanzvollster Ausdruck barocker Selbstdarstellung sind aber die mehr als ein Jahr dauernden Festlichkeiten zur Vermählung Leopolds mit der spanischen Infantin Margaretha Theresia im Jahre 1666 und 1667. Höhepunkte der Feierlichkeiten sind im Jänner 1667 das Roßballett, an dem neben dem Kaiser viele österreichische Adelige teilnehmen, und im Juli die Aufführung der Oper »Il pomo d'oro«, für die Ludovico Ottavio Burnacini (1636–1707) ein Komödienhaus mit verschiebbaren Kulissen mit drei Rängen, das 5000 Zusehern Platz bietet, an der Stelle der heutigen Nationalbibliothek errichtet und an der die Komponisten Marc Antonio Cesti, Johann Heinrich Schmelzer von Ehernruff und auch Leopold selbst, der die 9. Szene des 2. Aktes komponiert hat, beteiligt sind. Im gewaltigen, völlig aus Holz erbauten Opernhaus folgen 1674 die Oper »Il fuoco eterno« und 1678, zur Feier des Geburt des Thronfolgers Joseph I., die Oper »La monarchia latina trionfante«, 1670 tanzen in der Oper »Penelope« die Erzherzogin Maria Anna und vier Hofdamen. Während der Türkenbelagerung von 1683 wird das Opernhaus zerstört.

33: Porträt von Ulrich Megerle, genannt Abraham a Sancta Clara (1644–1709), Prediger gegen die Protestanten, den Sittenverfall und die Türken

Als Kontrast zur dominanten, von Italien beeinflußten Hofkultur gastieren auch deutsche und englische Schauspielerkompagnien in Wien, 1672 wird für Wien auch ein Marionettentheater erwähnt.

1677 wird der Augustiner Barfüßermönch Ulrich Megerle, bekannt unter seinem Predigernamen Abraham a Sancta Clara (1644–1709), nach Wien als Hofprediger berufen. Mit teilweise derb volkstümlichen Predigten wird er zum beliebtesten Prediger Wiens, da er den Leuten nach Luthers Empfehlung »aufs Maul schaut«. Seine Hauptwerke, die Pestbußpredigt »Merk's Wien« (1680) und sein Aufruf zum Kampf gegen die Türken (1683) »Auf, auf, ihr Christen«, erscheinen auch in gedruckter Form.

1679 hatte Leopold mit Frankreich wegen der drohenden Kuruzzengefahr den Frieden von Nymwegen abgeschlossen, die militärische Ruhepause nutzte Ludwig XIV. dazu, im Bündnis mit dem Kurfürsten von Brandenburg das Elsaß und Straßburg zu besetzen, und er konspirierte mit Ungarn und den Türken gegen Österreich. 1683 hatte er mit dieser Politik Erfolg, von Konstantinopel aus setzte sich ein gewaltiges türkisches Heer in Bewegung, um Wien anzugreifen und den »Goldenen Apfel«, wie die Stadt bei den Türken genannt wurde, einzunehmen.

13. Die zweite Türkenbelagerung – Entsatz in letzter Minute
1683

Leopold I. und seine Generäle wußten im Frühjahr 1683 lange Zeit nicht, wie sie den neuen Feldzug der Türken einschätzen sollten. Der Großwesir von Sultan Mehmet IV., Kara Mustapha, war im Mai von Belgrad mit einem gewaltigen Heer von etwa 200.000–250.000 Mann aufgebrochen und marschierte in Richtung der österreichischen Grenze, während man in Wien versuchte, Soldaten und Gelder zur Verteidigung der Stadt und damit des Reiches aufzutreiben.

Glücklicherweise hatte Papst Innozenz XI. 1681 und 1682 es zuwege gebracht, daß Ludwig XIV., der ein starkes politisches Interesse an einer Schwächung Österreichs hatte, die Türken militärisch kaum unterstützte, und er hatte ein Bündnis zwischen dem polnischen König Johann Sobieski und Kaiser Leopold zur gegenseitigen Hilfe vermittelt.

Mit den Türken marschierte auch der ungarische Kuruzzenführer Emerich Tököly, da ihm diese die Fürstenwürde Ungarns verliehen hatten. Weiters stießen zum türkischen Heer auch noch Hilfstruppen aus dem christlichen Moldawien, der Walachei und Ungarn.

Kara Mustapha überschritt im Juni die Drau bei Esseg, eroberte Veszprim und umging die Festung Raab, um über Komorn nach Wien zu marschieren.

Um der Stadt Zeit zu gewinnen, stellte sich der kaiserliche Feldherr Karl von Lothringen den Türken am 7. Juli bei Petronell mit 20.000 Soldaten zum Kampf, ohne aber ihren Vormarsch wesentlich aufhalten zu können; in diesem Gefecht kämpften auch die Prinzen Julius und Eugen von Savoyen, wobei Julius im Kampf fiel. Am selben Tag verließ der Kaiser mit dem Hof und dem Inhalt der Schatzkammer die bedrängte Stadt auf der Donau, während die Türken bereits das Kloster auf dem Kahlenberg niederbrannten, und flüchtete nach Linz. Begleitet wurde er vom Wiener Bischof Emerich Sinelli, den der Bi-

34: Karl Alland,
Ernst Rüdiger Graf Starhemberg
(1638–1701), der Verteidiger Wiens
gegen die Türken

schof von Wiener Neustadt, Graf Leopold Kollonitsch, in Wien ersetzte; dieser hatte als Ritter des Malteserordens bereits bei der Belagerung von Candia auf Kreta gegen die Türken gekämpft.

Inzwischen versuchte man im Wettlauf mit der Zeit Wien in Verteidigungsbereitschaft zu versetzen. Unter Bürgermeister Johann Andreas von Liebenberg (1627–1683) arbeiteten die Bürgerkompanien, die Zünfte, die Studenten, Kaufleute und Hofbedienstete, ein Freikorps unter dem Ratsmitglied Ambrosius Frank und ein Jägerkorps unter Graf Kielmansegg an der Freimachung der Gräben, der Errichtung von Palisaden mit insgesamt 30.000 Pfählen und an zusätzlichen Mauern; 200 Kanonen wurden auf den Wällen aufgefahren. Karl von Lothringen, der von seinen 20.000 Mann rund die Hälfte zur Verteidigung an die Stadt abgibt, steht mit der ihm verbliebenen Armee in der Zwischenzeit in den Taborauen an der Donau und schützt die Flucht von etwa 30.000 bis 60.000 Menschen aus der Stadt. Es bleiben nur etwa 16.000 Mann reguläre Truppen und 5000 Soldaten der Stadtmiliz zur Verteidigung zurück, die noch dazu schlecht verproviantiert und mit wenig Munition versehen sind.

Kara Mustapha kommt mit seiner Hauptmacht nur langsam näher, am 12. Juli verwüstet seine Vorhut Schwechat, Inzersdorf und den Laaerberg, am 13. Juli beschließt Ernst Rüdiger Graf Starhemberg

35: Martin Dichtl,
Georg Franz Kolschitzky (1640–1694),
Kundschafter und Kurier in
türkischer Tracht

(1638–1701), der das militärische Kommando in der Stadt übernommen hat, die Vorstädte abbrennen zu lassen, um ein freies Schußfeld zu schaffen. Der Brand gerät zeitweise außer Kontrolle und greift auf das Schottenkloster und den daran angrenzenden Pulverturm über, die darin lagernden 1800 Tonnen Pulver können nur mit Mühe gerettet werden.

Am 14. Juli trifft die Hauptstreitmacht der Türken in Wien ein, das Heer geht in den Tagen danach in einem Halbkreis um Wien in Stellung. Kara Mustapha errichtet sein Wohnzelt im Bereich der heutigen Schmelz, ein vorgeschobenes Zelt, von welchem er die Angriffe beobachten kann, wird im Bereich der heutigen Siebensterngasse errichtet. Noch am selben Tag beginnt die türkische Artillerie zu feuern, und die türkischen Truppen treiben drei Hauptgräben in Richtung Stadt vor. Ziel ist der Verteidigungsabschnitt zwischen Hofburg und Löwelbastei, also ein Bereich, der etwa vom heutigen Burgtheater bis zum Burggarten reicht. Es ist dies der einzige Abschnitt der Stadtmauer, der aus geologischen Gründen nicht bis ins Grundwasser reicht und daher die Anlage von Minen erlauben würde; der Legende nach sollen diese von französischen Ingenieuren, die Ludwig XIV. zur Unterstützung Kara Mustaphas geschickt hatte, angelegt worden sein.

Die Verteidiger beziehen ihre Stellungen am Glacis hinter Mauern

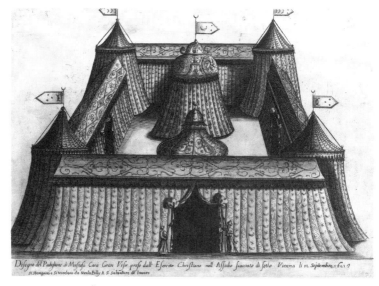

36: Nicolo Billy d. Ä., Wohnzelt des Großvezirs Kara Mustapha Pascha auf der Schmelz, 1683

und Palisaden, ab dem 20. Juli reißen aber immer wieder türkische Minen Breschen in die Verteidigung, die sofort gestürmt werden; bis zum 12. August arbeiten sich die türkischen Soldaten unter hohen Verlusten bis zum Stadtgraben vor und können sich dort festsetzen.

Inzwischen wird die Stellung der Truppen Karl von Lothringens am Tabor durch ständige türkische Angriffe unhaltbar, und er zieht sich unter dem Abbrennen der Brücken an das Nordufer der Donau zurück. Von hier aus verhindert er den Übergang der Türken über die Donau und die Vereinigung der ungarischen Truppen Tökölys mit den Türken bei Preßburg.

Die türkischen Streifscharen dringen in der Zwischenzeit über den Wienerwald bis nach Ybbs und Lilienfeld vor und töten oder verschleppen 40.000 Menschen. Nur die befestigten Klöster von Lilienfeld, Heiligenkreuz und Melk können den Türken widerstehen; der Ort Perchtoldsdorf versucht zu kapitulieren, wobei durch Verrat an die Türken von 3800 Bewohnern nur vier überleben.

37: Franz Geffels, Die Entsatzschlacht von Wien am 12. September 1683

Die nächsten Angriffswellen der Türken richten sich gegen den die Stadtmauer schützenden Burgravelin, den sie unter großen Verlusten bis 2. September erobern. In der Nacht zum 3. September verlassen die letzten christlichen Verteidiger den »Zauberhaufen«, wie die Türken das Festungsbauwerk nennen. Inzwischen hatten die Türken Minen unter die Spitzen von Löwel- und Burgbastei gegraben und ließen diese am 4. September sprengen; nur mit Mühe können die Verteidiger an diesem Tag das Eindringen der Türken in die Stadt verhindern.

In der Zwischenzeit schicken die Wiener immer wieder Kundschafter, darunter den Dolmetscher Georg Franz Kolschitzky (1640–1694) und seinen Diener Georg Mihailowitsch, mit Botschaften zu Karl von Lothringen, der die Aufstellung des Entsatzheeres von Krems aus koordiniert, mit der Bitte um baldmöglichsten Entsatz. Erst am 7. September erfährt man in der Stadt, daß sich das Entsatzheer unter Max Emanuel von Bayern, die Truppen des polnischen Königs Johann Sobieski, des Kurfürsten Johann Georg von Sachsen,

38: Portät des Großvezirs Kara Mustapha Pascha (1634–1683), Befehlshaber des türkischen Heeres während der 2. Türkenbelagerung

des Herzogs von Sachsen-Lauenburg und des Herzogs Karl von Lothringen, ein Heer bestehend aus rund 70.000 Katholiken und Protestanten, endlich bei Tulln vereinigt hat. Kara Mustapha ließ – davon unbeeindruckt – den Sturm auf die Stadt unvermindert fortsetzen und schützte nur mit schwachen Kräften den Höhenzug des Kahlen- und Leopoldsberges sowie die Straßen durch den Wienerwald; nur an den Abhängen nach Wien wurden Schanzen errichtet.

Als die Entsatztruppen am Abend des 11. September die Höhen des Wienerwaldes besetzten und Raketen steigen ließen, welche ihre Ankunft der Stadt anzeigen sollten, war die Lage der Verteidiger bereits verzweifelt. Bürgermeister Liebenberg war am 9. September an der Ruhr gestorben, die Löwelbastei war nach einer gewaltigen Minensprengung am 6. September nur noch ein Trümmerhaufen, von den Verteidigern waren 6000 gefallen oder verwundet, und in der Stadt herrschten Hungersnot und Seuchen. Es schien zweifelhaft, ob die Verteidiger in der Lage waren, einen weiteren Generalangriff der Türken abwehren zu können.

Am Morgen des 12. September versammelten sich die christlichen Fürsten und Heerführer der Entsatzarmee auf dem Leopoldsberg und hörten Messe und Predigt des Kapuzinerpaters Marco d'Aviano, dann begann der linke Flügel der Armee, bestehend aus österreichischen und deutschen Truppen, die Schlacht und kämpfte sich langsam die Hänge des Nußberges hinab in Richtung Stadt.

Im Bereich des heutigen Türkenschanzparks rannte sich der Angriff an einem Befestigungswerk der Türken fest, und am frühen Nachmittag war Kara Mustapha der Meinung, den Angriff des Entsatzheeres abgewehrt zu haben. Er teilte sein Heer und ließ die Janitscharen erneut die Stadt angreifen, hatte aber übersehen, daß 12.000 schwere polnische Panzerreiter verdeckt hinter dem Kamm des Wienerwaldes nach Süden marschiert waren und nun, mit Verspätung, bei Dornbach hervorbrachen und den Türken in die Flanke fielen. Um vier Uhr nachmittags war die Schlacht entschieden, Kara Mustapha versuchte zwar nochmals vergebens, seine Truppen unter der grünen Fahne des Propheten zum Gegenangriff zu sammeln; das Türkenheer wandte sich zur Flucht, zahlreiche Soldaten wurden noch in den Laufgräben erschlagen oder gefangengenommen.

Um fünf Uhr nachmittags erreichten die kaiserlichen Truppen die Stadt am Schottentor, während die Polen bereits begannen, das türkische Lager zu plündern. Die »Türkenbeute« bestand aus 370 Kanonen, 15.000 Zelten, 10.000 Rindern und Ochsen, 5000 Kamelen, 10.000 Schafen und 100.000 Metzen Korn, den erbeuteten Kaffee erbat sich der Legende nach der Kundschafter Kolschitzky zum Lohn für seine Dienste; er soll damit in Wien ein Kaffeehaus errichtet haben. Die »Beute« von Bischof Kollonitsch, der zum Dank für sein Wirken während der Belagerung zum Kardinal ernannt wurde, waren 500 verwaiste Christenkinder, die man im türkischen Lager befreite.

König Johann Sobieski zog am 13. September umjubelt in Wien ein, Kaiser Leopold folgte ihm am 14. September nach, am Tag darauf trafen die Monarchen in Schwechat zusammen, während der Kurfürst von Sachsen in Sorge vor einem Einfall des Kurfürsten von Brandenburg in sein Land schon wieder aufbrach.

Die Abwehr der Türken vor Wien war ein gesamteuropäisches Ereignis und wurde auch als solches gewürdigt und gefeiert. In den Wochen und Monaten danach erschienen Bücher und Schriften, die sich mit den Ereignissen von 1683 beschäftigten. So beschrieb der Wiener Drucker Johann von Ghelen, der in Wien geblieben war, den Ablauf und der Ingenieur Daniel von Suttinger die technischen Gegebenheiten der Belagerung.

Graf Starhemberg wurde mit einem Ehrengeschenk von 100.000

Gulden für seine Feldherrnkunst belohnt und zum Feldmarschall ernannt, einige Wiener Ratsherren erhielten Ehrengeschenke und Goldketten, die betroffene Bevölkerung erhielt vom Kaiser gute Ratschläge. Von Rat und Bürgermeister beantragte Geldzuschüsse oder Steuererleichterungen für den Wiederaufbau der Stadt wurden vom Kaiser abgelehnt.

Kara Mustapha fand sein Ende im Dezember 1683 in Belgrad, wohin ihm sein Sultan die seither sprichwörtlich gewordene seidene Schnur geschickt hatte, mit der er sich von zwei Sklaven erdrosseln ließ. Sein Grab fand er in Belgrad, später plünderten österreichische Soldaten seine letzte Ruhestätte und nahmen seinen Kopf mit nach Wien; über das bürgerliche Zeughaus kam dieser in das Museum der Stadt Wien, wo er heute noch aufbewahrt wird.

14. Das barocke Wien – Eine Stadt wird umgebaut 1683–1740

Der Sieg über die Türken vor Wien am 12. September 1683 sollte der Beginn einer langandauernden militärischen Offensive Österreichs mit seinen Verbündeten gegen die Türken werden. Ziel war die Rückeroberung Ungarns und der Balkanländer, Mittelpunkt der Planungen und Beratungen war die Residenzstadt Wien. In schneller Folge fielen die Städte Gran, Preßburg und Ofen in die Hände der Österreicher, 1688 wird Belgrad eingenommen, 1697 schlägt Prinz Eugen von Savoyen (1663–1736) die Türken entscheidend bei Zenta und bringt diese Phase der Türkenkriege mit dem Frieden von Karlowitz 1699 zum Abschluß.

Der Kaiser selbst hält es nicht lange in der stark zerstörten Stadt aus und verlegt den Sitz des Hofes 1683 für einige Zeit nach Linz, während die Wiener ihre Stadt wieder aufbauen. Wichtigster Architekt dieser ersten Jahre nach der Türkenbelagerung ist Ludovico Ottavio Burnacini, der die Wiederherstellung des Leopoldinischen Traktes und den Neubau der Favorita übertragen bekommt, auch der Bau der Dreifaltigkeitssäule (Pestsäule) am Graben steht unter seiner Aufsicht.

Die Vorstädte werden schnell wieder aufgebaut, die Toten und Verschleppten durch Neueinwanderer ersetzt, die Attraktivität der Vorstädte für neu nach Wien gezogene Bewohner äußert sich in einem schnellen Aufbau der zerstörten Gebäude und in der Errichtung zahlreicher Neubauten. 1686 beginnt der Bau der Mariahilfer Kirche, der Orden der Schwarzspanier baut seine Kirche am Alsergrund wieder auf, wo auch ab 1690 die Dreifaltigkeitskirche der Trinitarier oder Weißspanier entsteht. Als letzte Kirche der Innenstadt beginnt man die mittelalterliche Peterskirche 1702 in einen repräsentativen Barockbau umzugestalten, vermutlich nach Entwürfen von Johann Bernhard Fischer von Erlach (1656–1723), der gemeinsam mit Johann Lukas von Hildebrandt (1668–1745) nun zum führenden Architekten der Stadt wird.

Neben der Kirche wird nun auch der Adel zum großen Bauträger der Zeit. Den Beginn macht 1681 das heute verschwundene Palais Schwarzenberg am Neuen Markt, 1690 entstehen das Palais Lobkowitz und der Stadtpalast des Prinzen Eugen in der Himmelpfortgasse, 1694 folgen der Liechtensteinpalast in der Löwelstraße, 1700 das Palais Schönborn in der Renngasse und 1702 das Palais Harrach auf der Freyung.

Auch bürgerliche Neubauten entstehen, so kauft das Bürgerspital 1692 Gründe in der Vorstadt vor dem Burgtor und läßt darauf in kurzer Zeit etwa 120 Häuser bauen, aus deren Erträgen das Spital finanziert wird. Dieser Bezirk mit vielen Schenken, Spittelberg genannt, wird zu einem Vergnügungsviertel, das aber auch verrufen ist wegen der vielen Prostituierten, die dort ihrem Gewerbe nachgehen. 1694 entsteht in der Alser Vorstadt das erste Armenhaus von Wien, das aus den Erträgen einer Biersteuer errichtet wird und bis zu 1000 Menschen aufnehmen kann. Ab 1699 wird das noch aus dem Mittelalter stammende Rathaus der Stadt Wien in der Wipplingerstraße großzügig umgebaut und barockisiert. Schon 1686 hatte der Magistrat in Wien eine erste ständige Feuerwehr, bestehend aus vier Brandknechten, eingeführt, 1688 begann man mit der ersten ständigen Straßenbeleuchtung mit 17 Laternen in der Dorotheergasse. 1701 erscheint in Wien das erste »Postbüchel«, ein Stadtführer mit Erwähnung der wichtigsten Bauwerke, Wirtshäuser, Apotheken und der Postkutschenfahrpläne, 1704 wird die erste Konzession für Sänftenträger in Wien vergeben.

In diesem Jahr kommt es kurzfristig zu einer Unterbrechung der Bautätigkeit in Wien, als im Zuge des Spanischen Erbfolgekrieges ungarische Kuruzzen und Tolpatschen gegen Wien vorstoßen. Der Magistrat beruft alle arbeitsfähigen Männer zu Schanzarbeiten ein und baut mit militärischer Hilfe in nur drei Monaten den Linienwall, einen fast 23 km langen Befestigungsring um die Vorstädte, der im Verlauf etwa dem heutigen Gürtel entspricht. 1706 beginnt man den bis dahin provisorischen Erdwall dauerhaft mit Ziegeln und Holzpalisaden auszubauen. Dies ist um so notwendiger, als man bereits 1698 die

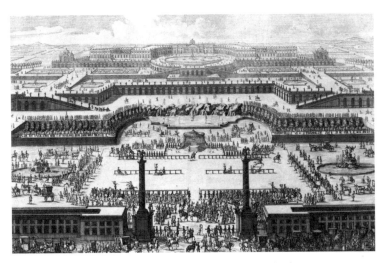

39: Johann Adam Delsenbach, Projekt für den Neubau von Schönbrunn von Bernhard Fischer von Erlach, 1692/93

Vorstädte in den Jurisdiktionsbereich des Wiener Magistrats, den sogenannten Burgfrieden, einbezogen hat und der Linienwall diese erste Stadterweiterung auch optisch festschrieb. Man beginnt auch mit der planmäßigen Anlage von Siedlungskernen innerhalb des Linienwalles, so entsteht unter anderem die Josephstadt, benannt nach dem 1699 in Wien eingezogenen Sohn Leopolds und römischen König Joseph I. (1678–1711).

Auch außerhalb der Stadtmauern und des Linienwalles entstehen adelige Schlösser und Sommersitze, so 1692 das Schloß Neuwaldegg der Familie Schwarzenberg, aus demselben Jahr stammen die ersten Pläne von Johann Fischer von Erlach zum Umbau von Schloß Schönbrunn, welches ein österreichisches Versailles werden soll und für das der Franzose Jean Trehet ab 1705 die Gartenanlagen nach französischem Muster anlegt. 1693 plant Fischer von Erlach den Umbau des Gartenpalais der Grafen Althan in der Roßau, heute steht hier der Franz-Josephs-Bahnhof. 1694 entsteht das Schloß Hetzendorf für Siegmund Graf Thun, 1691 bis 1711 das Liechtensteinpalais in der Roßau. 1692 beginnt der Bau des Palais der Grafen Mansfeld-Fondi

Das barocke Wien

am Rennweg, der Bau muß 1704 aus Finanznöten der Familie aufgegeben werden, der Rohbau wird von der Familie Schwarzenberg aufgekauft und als Palais Schwarzenberg vollendet.

1705, im Todesjahr von Kaiser Leopold, wird in Wien die erste Bank (Banco del Giro) gegründet. Diese Maßnahme zur Finanzierung von Krediten war notwendig, nachdem das System der Finanzierung von Hof, Staat und Kriegen durch jüdische Bankiers als Hoffaktoren mit dem Tode Samuel Oppenheimers (1635–1703) zusammengebrochen war und 1703 einen Staatsbankrott ausgelöst hatte. Darauf wurde am Hof eine Bank gegründet, die aber so schlecht arbeitete, daß sie 1705 der Stadt Wien übergeben wurde; so entstand die »Wiener Stadt-Bank«. Samuel Oppenheimer hatte nach der zweiten Türkenbelagerung an Leopold immer wieder große Summen verliehen und war dafür mit weitreichenden Privilegien belohnt worden; diese führten 1700 zu Unruhen unter den Wienern, die sogar bereit waren, für eine Vertreibung der Juden aus Wien eine »Toleranzsteuer« zu bezahlen. Der Kaiser erließ daraufhin das Standrecht über Wien; die Rädelsführer der antijüdischen Unruhen wurden zur Warnung vor dem Hause Oppenheimers gehängt.

Die Hauptkunstrichtung der leopoldinischen Zeit in Wien bleibt weiterhin die Musik mit dem Schwerpunkt italienische Oper und Oratorium, wobei der Kaiser selbst als Komponist in Erscheinung tritt. 1692 wird in Wien durch den kaiserlichen Kammermaler Peter Strudel (1660–1714) im »Strudelhof« eine private Kunstakademie zur Ausbildung von Malern gegründet, die 1705 in ein kaiserliches Institut umgewandelt wird.

Unter den Druckwerken der Zeit ist das »Wienerische Diarium«, eine Zeitung zur Beschreibung der Merkwürdigkeiten in Wien, erwähnenswert. 1700 erscheint mit »Vienna Gloriosa« von Ignatz Reiffenstuel ein lateinischer Reiseführer für Wien, der 1702 auch in deutscher Sprache herausgegeben wird.

Als Leopold 1705 stirbt, ist die Phase des Hochbarock in Wien abgeschlossen und der Umbau der Stadt zu einer Barockstadt im vollen Gange. Österreich ist eine europäische Großmacht und Wien die unbestrittene Residenzstadt des Reiches.

Mit Kaiser Joseph I. (1705–1711) kündigt sich der Geist des 18.

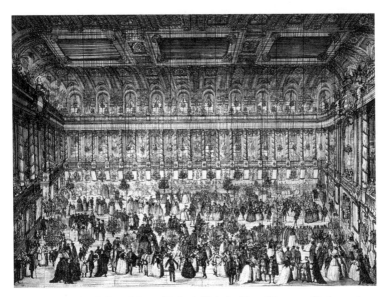

40: Georg Nicolai, Ball am Wiener Hof anläßlich der Vermählung von Erzherzogin Maria Anna mit Karl von Lothringen, 1744

Jahrhunderts an, das Jahrhundert des Barock geht zu Ende, das Jahrhundert des Rokoko dämmert schon herauf. Das 17. Jahrhundert ist die Zeit der Restauration, erstarrt und beschäftigt mit dem Kampf der Herrschenden gegen die heidnischen Türken und die andersdenkenden Christen in den eigenen Reihen, das 18. Jahrhundert schreitet in der Aufklärung wieder voran und endet in großen sozialen Revolutionen.

In die kurze Regierungszeit Josephs I. fallen bedeutende außenpolitische Ereignisse und Siege auf dem Schlachtfeld. Er bringt eine deutsche Koalition gegen Frankreich zustande, sein Feldherr Prinz Eugen siegt bei Turin (1706) und gemeinsam mit dem Herzog von Marlborough bei Oudenarde (1708) und Malplaquet (1709). Der österreichische Feldherr Graf Leopold Daun erobert das Königreich Neapel, und Josephs Bruder Karl zieht vorübergehend als König in Madrid ein. Erst die Angst vor einer zu großen Machtfülle des österreichischen Herrschers und sein früher Tod lassen die Koalition zerbrechen.

Wien ist in dieser Zeit Haupt- und Residenzstadt eines absolutistisch regierenden Herrschers, das höfische Zeremoniell entfaltet sich nach spanischem und französischem Vorbild zu höchster Blüte, und auch die Künste florieren in der Stadt und am Hof unter der Patronanz des Kaisers. 1705 eröffnet Joseph die von Peter Strudel als Privatakademie gegründete und nun kaiserlich gewordene Akademie der bildenden Künste. Unter den Bauwerken der josephinischen Epoche ragt vor allem der Vermählungsbrunnen am Hohen Markt hervor, errichtet 1709 von Johann Fischer von Erlach als hölzernes Modell anläßlich der Vermählung des Kaisers mit Maria von Burgund und nach einem Gelübde Leopolds I. für die glückliche Wiederkehr seines Sohnes Joseph I. mit Statuen von Antonio Corradi, bis 1732 wird der Holzbau in Stein ersetzt.

Ab 1706 läßt Joseph zwei Theaterhäuser durch den Architekten und Theaterdekorateur Fernando Galli Bibiena (1657–1743) auf dem Platz der heutigen Redoutensäle erbauen, eines für die große italienische Festoper, das andere für das italienische Schauspiel bestimmt. Gedacht war auch daran, eines der Theater als städtische Bühne zu führen, allerdings läßt der Magistrat von Wien bereits 1708 ein eigenes städtisches Theater beim Kärntnertor erbauen. Dort spielt ab 1709 der steirische Schauspieler Josef Anton Stranitzky (1676–1726), der die Stegreifstücke und die deutsche Komödie bevorzugt und als Hauptdarsteller der Handlungen den wienerischen »Hanswurst« einführt, einen weisen Narren mit dem Hang, verschlüsselt die Wahrheit zu verkünden, allerdings wendet sich Stranitzky in manchen Stücken, wie z. B. »Leben und Tod des Dr. Faustus«, auch ernsten Themen zu.

In der Malerei wirkt zu dieser Zeit der beliebte Porträtmaler Johann Kupetzky als Porträtist des Wiener Adels, bekannt ist sein Porträt des Prinzen Eugen. In der Architektur beginnen Johann Fischer von Erlach mit dem Bau der neuen Böhmischen Hofkanzlei und Johann Lukas von Hildebrandt mit dem Neubau der Mariahilfer Kirche.

1706 erscheint ein neuer umfassender Stadtplan des Oberingenieurs von Wien, Leander Anguissola, und des Hofmathematikers Johann Jakob von Marinoni, der erstmals Wien und die Vorstädte sowie den genauen Verlauf der Donauarme zeigt. Im selben Jahr beginnt man mit dem Bau einer Kanalisation der Stadt, wobei die

Abwässer in den Donaukanal geleitet werden, eine regelmäßige Straßensäuberung wird 1709 eingeführt.

Problematisch ist weiterhin das Geldwesen der Stadt, wo noch immer der Oppenheimersche Bankrott von 1703 nachwirkt. Zwar hat die Stadt die höfische Giro-Bank übernommen und die Ausgabe von Banknoten (Giro-Zettel) versucht, die aber von den Wienern nicht gerne angenommen werden. Dazu kommt, daß das Kreditwesen mit seinen hohen Zinssätzen von 150–200% pro Jahr besonders an kleinere Unternehmer kaum eine Kreditvergabe ermöglicht und dadurch ein ernstes Wirtschaftshemmnis ist; Umstände, die man als Schuld den Juden zuschiebt. 1706 kommt es zu antijüdischen Ausschreitungen in Wien, wobei die Stadtguardia die Ruhe unter Hinterlassung mehrerer Toter wiederherstellen muß. Die Finanznot der Wirtschaft gibt schließlich den Ausschlag zur Errichtung eines Versatz- und Fragamtes 1707 in Wien, einer Pfandleihanstalt, die auch kurzfristige und billige Kredite vergibt.

1711 erhält St. Stephan eine neue Glocke, die »Pummerin«, die aus dem Erz von 180 türkischen Beutekanonen von 1683 gegossen wird. Joseph selbst hat sie vor seinem Tode 1711 nicht mehr gehört, erstmals wird sie zur Rückkehr des neuen Kaisers Karl VI. (1685–1740) von seiner Krönung in Frankfurt am 26. Jänner 1712 geläutet.

Karl VI. kann als Herrscher in Österreich und in seiner Residenzstadt Wien all das ernten, was sein Bruder Joseph gesät hat. Er tritt seine Herrschaft in Wien unter einem bösen Vorzeichen an: 1713 wird Wien zum letzten Male von einer schweren Pestepidemie heimgesucht, die bis 1714 rund 8000 Menschen dahinrafft. Ihr verdankt Wien aber auch eines seiner schönsten Baudenkmäler des Barock, die Karlskirche, deren Bau von Karl VI. seinem Namenspatron, dem hl. Karl Borromäus, zum Dank für das Erlöschen der Pest gelobt wird. Diese Kirche, Hauptwerk der Architektur im Wien Karls VI., stammt von Johann Fischer von Erlach, der sie von 1716–1737 errichtet, wobei die Fertigstellung allerdings erst unter seinem Sohn Joseph Emanuel erfolgt. Zu dieser Zeit dehnt sich vor der Kirche bereits der um 1730 eingerichtete Tandelmarkt von Wien aus, der zeitweise bis zu 300 Bretterbuden umfaßt.

Die Karlskirche ist der letzte monumentale barocke Kirchenbau Wiens: war das 17. Jahrhundert die Zeit der Glorie der Kirche, so wird das 18. Jahrhundert die Macht und Herrlichkeit des Adels zeigen. So verdankt Wien das zweite Hauptwerk jener Zeit einem seiner größten Feldherrn, dem Prinzen Eugen von Savoyen, der in einer Reihe von Kriegen die Türken vom Balkan verdrängte und 1716 erneut Belgrad eroberte. Er ließ sich am Rennweg von Lukas von Hildebrandt 1714 das Untere Belvedere als Sommersitz erbauen, das Obere Belvedere folgte 1721 bis 1723 vom selben Künstler nach.

Die Reihe der monumentalen Bauten, die in dieser Zeit in Wien entstehen, ist lang: Fischer von Erlachs Sohn Joseph Emanuel schafft mit dem Bau der Hofbibliothek (1722) und der Anlage des heutigen Josephsplatzes einen der schönsten geschlossenen Plätze Wiens, er erbaut die Winterreitschule und den Reichskanzleitrakt der Hofburg, womit der innere Burghof seinen Abschluß erhält. Fertiggestellt werden die Böhmische Hofkanzlei in der Wipplingerstraße und die Geheime Hofkanzlei Lukas von Hildebrandts am Ballhausplatz, das heutige Bundeskanzleramt. Ein gewaltiger Zweckbau entsteht am äußeren Rand des Glacis gegenüber der Burg, die Hofstallungen (heute Messepalast bzw. Museumsquartier) mit Platz für 600 Pferde.

Auch die Kirche tritt weiter als Bauherr auf, es entstehen nach der Vollendung von St. Peter die Neubauten der Piaristen und Salesianer, neue Pfarrkirchen werden in der Leopoldstadt, im Liechtental, am Thurygrund, in Matzleinsdorf, Penzing und Neulerchenfeld erbaut, weiters entstehen die Nepomukkapellen an den Durchgängen des Linienwalles, und der Leopoldsberg wird wieder mit einer Kuppelkirche gekrönt. Soviel kirchlicher Eifer wird auch vom Papst belohnt: Wien wird 1722 ein eigenes Erzbistum unter Bischof Graf Sigismund Kollonitz (1677–1751) und damit endlich von Passau unabhängig. Für die Curpriester an St. Stephan läßt Karl VI. 1737 am Stephansplatz ein neues Curhaus bauen.

Auch die Bürgerschaft akzeptiert den Baustil des Barock; nach dem Vorbild der 1706 abgeschlossenen barocken Erneuerung des Rathauses und der Umgestaltung des bürgerlichen Zeughauses Am Hof durch Anton Ospel (1731–1732) werden unter Karl VI. rund 400 Bür-

41: Öffentlicher Einzug des französischen Botschafters Marquis Mirepoix in Wien, 1738

gerhäuser in der Stadt barock erneuert, die bedeutendsten heute noch erhaltenen sind der Hochholzerhof (Tuchlauben 5), der Schwindhof (Fleischmarkt 15), das Große Michaelerhaus (Kohlmarkt 11) und das Märkleinsche Haus (Am Hof 7). Möglich wird der Bau dieser großen Anlagen durch neue Baubestimmungen der Stadt, welche eine Vergrößerung der Bauparzellen erlauben. Dazu kommt noch, daß sich in Wien nun auch einheimische Architekten und Künstler durchsetzen und die bisher dominierenden Italiener verdrängen. Die bedeutendsten Bildhauer jener Zeit, wie Paul Strudel, Matthias Steinl, Lorenzo Mattielli und Giovanni Giuliani, arbeiten Hand in Hand mit den Malern Johann Michael Rottmayr, Peter Strudel und Martino Altamonte, die klassische Periode der Wiener Barockmalerei ist mit Daniel Gran, Paul Troger und Bartholomeo Altamonte vertreten. Die Grenzen der Stadt verlassen die bereits spätbarocken Künstler wie Georg Raphael Donner und Franz Anton Maulbertsch, die ihre Tätigkeit in andere Teile der Monarchie verlegen; bestimmend für den Geschmack der Zeit bleiben aber Wien und sein Hof.

Man pflegt die schönen Künste aber auch am Theater und in der Literatur. Der Hof unterhält ein eigenes großes Orchester, für das unter anderem Musiker wie Johann Joseph Fux (1660–1741) und Antonio Caldere komponieren, Hofdichter wie der Venezianer Apostolo Zeno und Pietro Metastasio (1698–1782), der 1729 nach Wien kommt, schreiben die Libretti für die Opern.

Im Volkstheater findet der Begründer der Wiener Hanswursttradition, Stranitzky, seinen Nachfolger am Wiener Kärntnertortheater in dem Wiener Gottfried Prehauser (1699–1769), zu dem sich später noch Josef Felix von Kurz (1717–1784) gesellt, der dem »Hanswurst« seinen »Bernadon«, einen sozial höher gestellten Toren, in der Stegreifkomödie gegenüberstellt. Der dritte bedeutende Schauspieler der Zeit ist der Komiker Johann Joseph Laroche (1745–1806), der im Leopoldstädter Theater den »Kasperl« populär macht.

Zum ersten Male wird nun auch das Leben in der barocken Stadt dokumentiert; Zwischen 1713 und 1719 gibt der Nürnberger Johann Adam Delsenbach ein Album mit Kupferstichen über Wien heraus. Ihm folgt 1724 Salomon Kleiner (1703–1761) mit einem vierbändigen Kupferstichwerk in 180 Blättern, welche nicht nur die Stadt und ihre Bauwerke, sondern auch die Menschen und ihre Tätigkeiten zeigen. Bedeutend ist auch Johann Basilius Kuchelbecker, der 1730 eine Beschreibung Wiens verfaßt, in der er unter anderem die Existenz eines römischen Wien bestreitet und eine Feuermaschine (Dampfmaschine) im Schwarzenberggarten beschreibt. Als Chronist der Zeit ist Matthias Fuhrmann anzusehen, dessen barocke Stadtgeschichte »Alt- und Neues Wien« 1738 erscheint und rund 1500 Seiten umfaßt. Ihm folgt 1737 als Hofchronist Marquart Herrgott, der beginnt, die Quellen zur Geschichte der Habsburger zu sammeln und herauszugeben.

1738 kommt es zu einem Finanzskandal in Wien, als das Vermögen des Wiener Bürgermeisters, Franz Daniel Edler von Bartuska, beschlagnahmt wird. Man wirft ihm vor, mit Geldern der Stadt beim Bankier Wolf Wertheimer spekuliert und diese verschleudert zu haben. Obwohl er die Angelegenheit bereinigen kann und sogar einen kleinen Gewinn für die Stadt erwirtschaftet, muß er bis 1754 um seine Rehabilitierung kämpfen.

Wirtschaftlich floriert die Stadt in dieser Zeit. Die Bestimmungen über die Freiwohnungen für Hofbeamte werden aufgelassen und geben dem Bürgertum nun die volle Verfügungsgewalt über ihre Häuser, für Neubauten auf bisher unbebautem Grund gibt es eine befristete Steuerfreiheit, was das Wachstum der Vorstädte fördert, in denen sich nun auch erste Manufakturbetriebe ansiedeln. Da die Manufakturen, Vorläufer der heutigen Fabriken, Güter in größeren Mengen billiger herstellen können, geraten die Wiener Handwerker wirtschaftlich unter Druck und geben diesen verstärkt an ihre Lehrlinge und Gesellen weiter. Dies führt unter den Letztgenannten 1722 zu schweren Unruhen, an denen sich besonders die Schuhknechte beteiligen, die sich in geheimen Gesellschaften organisiert haben. Die Unruhen werden vom Militär niedergeschlagen, wobei sieben Menschen den Tod finden, zwei Schustergesellen werden als Anführer öffentlich gehängt. Eventuell in Zusammenhang damit steht die Einrichtung einer ersten Kaserne 1723 in der Leopoldstadt für vier Kompanien batthyanischer Reiter, 1732 wird eine weitere Kaserne am Getreidemarkt errichtet. Vielleicht wurden hier bereits die »Müßiggänger, Stänker und Wirtshaussitzer« zu Soldaten ausgebildet, welche der Grundrichter 1733 im Zuge des Polnischen Erbfolgekrieges zum Militär hat stecken lassen.

Ein weiterer Versuch, die Freiheiten der Handwerker einzuschränken, erfolgt 1732 in der neuen Reichsgewerbeordnung, welche die Kontrolle des absolutistischen Staates besonders über das Wandern der Gesellen, das stark eingeschränkt wird, verstärken soll.

1732 erwirbt die Stadt Wien einen Teil der Grundherrschaft der Vorstadt Wieden, in Wien wird das Peilertor an der Ecke Tuchlauben, Graben und Bognergasse, der letzte erhaltene römische Torturm, aus Verkehrsrücksichten abgerissen, der Stephansfreithof wird aus Gründen der Hygiene aufgelassen und vor das Schottentor verlegt.

1737 wird in Wien die bereits in den zwanziger Jahren des Jahrhunderts eingesetzte Wirtschaftskommission reaktiviert, welche die Aufsicht über alle städtischen Ausgaben, Handwerksachen, über Stadtsäuberung, Pflasterung, Beleuchtung, Wohlfeilheits- und Marktangelegenheiten haben soll. Ein erstes Resultat ihrer Arbeit ist 1732 ein kaiserliches Patent, welches die Straßenreinigung in Wien durch die Hauseigentümer anordnet, wobei die Klöster und Freihäuser nicht ausgenommen werden und man eigene Mistwagen zur Abfuhr des Kehrichts einsetzt. Außerdem wird beschlossen, alles von öffentlichen Brunnen weglaufende Wasser in Rinnen abzuleiten.

1736 erlebt die Stadt eine glanzvolle Hochzeit, als Erzherzogin Maria Theresia von Habsburg (1717–1780), Tochter Karls VI. und durch die umkämpfte »Pragmatische Sanktion« zu seiner Nachfolgerin bestimmt, in der Augustinerkirche mit Franz Stephan von Lothringen (1708–1765) Hochzeit hält. Nur zwei Monate später stirbt der Feldherr Prinz Eugen, sein Herz wird in Savoyen, sein Körper in der Kreuzkapelle von St. Stephan bestattet.

Stellte die Stiftung der Karlskirche den Beginn der Herrschaft Karls VI. dar, so geht sie mit der feierlichen Einweihung des von Georg Raphael Donner (1695–1741) geschaffenen Providentiabrunnens am Neuen Markt 1739, einem Jahr vor seinem Tode, zu Ende. Dieser Brunnen ist das erste Monument, welches die Wiener Bürgerschaft aus eigenem Entschluß setzte, ein Zeichen, daß das Zeitalter der Aufklärung mit dem Wiedererstarken der bürgerlichen Freiheiten nicht mehr weit ist.

15. Glanz des Rokoko – Wien unter dem »Weiberregiment« Maria Theresias
1740–1780

Der Tod Karls VI. ohne männlichen Erben läßt die Wiener Schlimmes befürchten, dies um so mehr, als bereits wenige Tage nach dem Tode des Kaisers alle Verträge hinfällig werden, die er für die Gewährung seiner »Pragmatischen Sanktion«, die weibliche Nachfolge auf dem Habsburgerthron, mit anderen europäischen Mächten geschlossen hat. Als erster verlangt der Kurfürst von Bayern, Karl Albrecht, das Recht der Thronfolge in Österreich, alle anderen europäischen Großmächte mit Ausnahme Englands und Rußlands wollen ebenfalls die Situation nutzen, und bald treten Bayern, Sachsen, Frankreich, Spanien, Neapel und Preußen in den »Erbfolge«-Krieg gegen Österreich ein.

Auch die Wiener Bevölkerung glaubt nicht an ein Gelingen des »Weiberregiments«, und so kommt es anläßlich der Erbhuldigung der Niederösterreichischen Landstände im November 1740 zu Ausschreitungen gegen die zu diesem Zeitpunkt hochschwangere Maria Theresia und für Karl Albrecht von Bayern (1697–1745), die erst durch den Einsatz von Militär zerstreut werden können. Einen weiteren Schlag muß die junge Königin hinnehmen, als im Dezember Friedrich II. von Preußen (1712–1786) in Schlesien einfällt. Im Sommer 1741 erobert ein Heer aus Franzosen und Bayern Passau und Linz und zieht bis nach Tulln und Ybbs, worauf Wien in den Verteidigungszustand versetzt wird. Der Stadtkommandant Ludwig Andreas Graf Khevenhüller läßt in aller Eile die Befestigungen verstärken, man verproviantiert die Stadt für eine eventuelle Belagerung und ruft 11.000 Bürger, Handwerker und Studenten zu den Waffen.

Franzosen und Bayern ziehen darauf nach Norden, erobern Prag und lassen Karl Albrecht als König von Böhmen ausrufen, 1742 wird er in Frankfurt zum Kaiser Karl VII. gekrönt.

42: Martin van Meytens, Bildnis der »Kaiserin« Maria Theresia, 1744

In Wien hat sich Maria Theresia inzwischen von der Geburt des Thronfolgers Joseph im März 1741 erholt und plant eine politische und militärische Gegenoffensive. München wird durch die Österreicher im Februar 1742 erobert, Preußen durch die Abtretung Schlesiens befriedigt, und im Dezember 1742 wird Prag zurückgewonnen, wo Maria Theresia im Mai 1743 gekrönt wird.

Trotz der unruhigen Zeiten des »Wiener Rummels« geht das Leben in der Stadt weiter, im März 1741 wird das Burgtheater im Ballhaus am Michaelerplatz gegründet und 1742 vom ersten Direktor des Hauses, Carl Joseph de Sellier, mit der Oper »Amleto« von Carcano eingeweiht. Der neue Geist der Aufklärung äußert sich im selben Jahr in der Gründung einer ersten Freimaurerloge in Wien, die allerdings im März 1743 gewaltsam aufgelöst wird, noch regiert der absolutistische Gedanke, der Geist des Freimaurertums wird aber in der Regie-

43: Bernardo Bellotto, genannt Canaletto, Schloß Schönbrunn, Hofseite, 1760

rungszeit Maria Theresias niemals völlig erlöschen. 1742 wird auch mit dem Bau des Palais Taroucca, der heutigen Albertina, auf der Augustinerbastei und 1744 mit den Umbauarbeiten an Schloß Schönbrunn begonnen, das nach dem Vorbild des französischen Versailles vom Architekten Nicolaus Franz Pacassi (1716–1790), der in Wien auch die Verwendung der Steinkohle einführt, zur glanzvollen Residenz ausgebaut werden soll. Als Kaiser Karl VII. 1745 überraschend stirbt und der Gemahl Maria Theresias, Franz Stephan von Lothringen, zum Kaiser Franz I. gewählt wird, scheint die Gefahr für Österreich vorüber. Die fünf Kriegsjahre haben aber das Lebensgefühl in der Stadt geändert, statt der Verschwendungssucht des Barock hat die Nüchternheit und Sparsamkeit eines Staates im Kriege geherrscht, die Kultur des Rokoko hat ihren Einzug am Hofe gehalten, in den Künsten und Wissenschaften regt sich der Geist der Aufklärung.

Einer der wesentlichsten Vertreter der Aufklärung kommt 1745 nach Wien: Der in Leyden in den Niederlanden geborene Gerhard van Swieten (1700–1772) wird als Leibarzt Maria Theresias nach Wien berufen und zugleich zum Direktor der Hofbibliothek bestellt, in der er den ersten öffentlichen Lesesaal einrichtet. Er gilt als einer der Begründer der Wiener Medizinischen Schule und reformiert ab

Glanz des Rokoko

1749 die medizinische Fakultät der Universität Wien wie auch das Wiener Spitalswesen. 1745 wird ein Waisenhaus am Rennweg fertiggestellt, das Schloß und die Erträge aus der Herrschaft Ebersdorf (heute: Kaiser-Ebersdorf) werden der Armenpflege überlassen, die spätere Jugendstrafanstalt basiert auf dieser Stiftung. 1746 wird die »Neue Favorita« den Jesuiten mit der Auflage übergeben, hier eine Eliteschule für den Adel zu gründen, so entsteht das »Theresianum«, das 1749 in die »Theresianische Ritterakademie« umgewandelt wird. Maria Theresia wollte die Favorita nicht mehr betreten, da hier ihr Vater gestorben war, und bemüht sich um einen schnellen Ausbau von Schönbrunn. 1749 folgt eine »Savoyische Ritterakademie« in der Stiftsgasse, in der Zöglinge in den militärischen Ingenieurswissenschaften ausgebildet werden sollen und die den Grundstein für die spätere Kaserne in der Stiftsgasse bildet.

Der Beginn des Friedens nach der Beendigung des österreichischen Erbfolgekrieges wird in Wien auch entsprechend gefeiert, 1745 kommt es nach der Rückkehr des Kaiserpaares von der Krönung in Frankfurt zu einem Fest in der Stadt, für das der Magistrat aus dem Grabenbrunnen roten und weißen Wein fließen läßt, von Schaugerüsten aus wird Brot und Fleisch in die Menge geworfen und die Stadt mit 16.000 Lichtern beleuchtet. Für die Maskenfeste des Hofes läßt Maria Theresia ab 1748 durch Jean Nicolas Jadot de Ville-Issey (1710 –1761) die Redoutensäle in der Hofburg umbauen und durch eine Stiege mit den kaiserlichen Gemächern verbinden, die Fassade des Baues wird erst 1767 errichtet.

Bis 1750 erholt sich die Stadt wirtschaftlich wieder, allerdings wird der traditionelle Handwerkerstand immer mehr der Konkurrenz von großen Manufakturen ausgesetzt. Man bemüht sich aber auch, das kleine Hausgewerbe zu fördern, besonders die Seidenspinnereien, dazu wird im Garten des Schlosses Margareten eine Maulbeerbaumschule eingerichtet, die Setzlinge, bis 1755 sind es mehr als 300.000, werden kostenlos abgegeben.

Der Wiener Großhandel stagniert und befindet sich zumeist in den Händen von jüdischen Kaufleuten, die, da sie als Kreditgeber für Adel und Armee gebraucht werden, vom Hof geschützt werden. Zur Verbesserung der Wirtschaft erfolgt 1746 eine Münzreform, die Währung

44: Bernardo Bellotto, genannt Canaletto, Theateraufführung im alten Burgtheater mit Darstellung des Stückes »Le turc genereux«, 1758

wird in Gulden und Taler unterteilt, wobei eine Kölner Mark Silber (233,81 Gramm) 24 Gulden oder 12 Talern entspricht, sichtbarster Ausdruck dieser Münzreform ist der bis heute geschlagene silberne Maria-Theresien-Taler, der 2 Gulden entspricht. 1749 wird im Zuge einer Verwaltungsreform in Wien eine zentrale Finanzverwaltung geschaffen, ein Vorläufer der heutigen Finanzlandesdirektion.

Die Stadt selbst ist dicht besiedelt, die Mehrzahl der Häuser ist mehrstöckig und in zahlreiche Wohnungen unterteilt, in der Stadt gibt es 22 Apotheken, 21 Kaffeehäuser, 45 Wirtshäuser und 111 Bierschenken. Wegen der hohen Mietpreise in der Stadt weichen viele Wiener in die Vorstädte aus, die die Stadt ringförmig, nur getrennt durch das Glacis, umgeben; Vorstädte und Stadt haben nach der Volkszählung von 1754 gemeinsam 175.609 Einwohner, ohne stationierte Soldaten. Problematisch sind die hygienischen Bedingungen; die Stadt bemüht sich, durch den verstärkten Bau von Kanalisationen der noch immer bestehenden Hauptkrankheiten Cholera, Ruhr und Pocken Herr zu werden. Erstmals kommt es durch die Bevölkerungsdichte auch zu Verkehrsproblemen in Wien, die engen Stadttore müssen erweitert werden, und Hausdurchfahrten behindern den Verkehr, der mit Wagen, Fiakern, Tragsesseln und Sänften bewerkstelligt wird.

Die Zeit zwischen dem Ende des österreichischen Erbfolgekrieges 1745 und dem Beginn des Siebenjährigen Kriegs 1756 bringt ein Aufblühen Wiens. Zahlreiche Persönlichkeiten aus Kunst und Wissenschaft lassen sich in der Stadt nieder und fördern im Einverständnis mit Hof und Magistrat den Ausbau der Stadt.

1750 wird am Michaelerplatz ein repräsentativer Neubau gegenüber der Burg fertiggestellt (Neues Michaelerhaus, Michaelerplatz 6), berühmt wird das darin untergebrachte Michaeler Bierhaus, 1751 erbaut Franz Joseph Krapf in Grinzing ein Waldhaus am Abhang des Kahlenberges, nachdem die Gegend bald als »Krapfenwaldl« bekannt wird, und 1752 wird erstmals die Menagerie in Schloß Schönbrunn Gästen des Kaisers zur Besichtigung vorgeführt. Bis heute hat sich ihre Einrichtung original erhalten; sie ist damit der älteste in dieser Form bestehende Tiergarten der Welt.

1749 wird von Maria Theresia die Gründung eines Staatsarchives unter der Leitung des Freiherrn von Bartenstein beschlossen, 1752 erfolgt eine Reorganisation der Wiener Universität unter Johann Joseph Graf Trautson, sichtbarster äußerer Ausdruck ist der Bau eines neuen Universitätsgebäudes am Jesuitenplatz durch Jean Nicolas Jadot, der heutigen Akademie der Wissenschaften. 1753 wird die Kirchenmusik reformiert, wobei man in Zukunft bei der Messe auf Pauken und Trompeten verzichten will, allerdings wird bei der Taufe des Erzherzogs Ferdinand 1754 noch einmal eine Ausnahme gemacht. Ebenfalls reformiert wird seit 1749 das Militärwesen durch Graf Leopold Josef Daun, 1754 wird eine Orientalische Akademie gegründet, die den diplomatischen Nachwuchs ausbilden soll, aus ihr geht später die Konsularakademie hervor. 1752 kauft der Kaiser das Gartenpalais des verstorbenen Prinzen Eugen, in dem eine Münz- und Bergwerks-Hofkommission eingerichtet wird, weiter ausgebaut und verschönert wird das Palais ab 1755 unter seinem neuen Namen Belvedere bekannt.

45: Unter Maria Theresia erfolgte die Einführung der allgemeinen Schulpflicht, Blick in eine Knabenvolksschule, um 1750

Die Aufklärung ist die Zeit der Naturwissenschaften und Entdeckungsreisen, daher läßt der Kaiser umfangreiche Sammlungen anlegen. Nicolaus Freiherr von Jacquin (1727–1817) wird von den Niederlanden nach Wien berufen, auf eine Reise nach Indien geschickt und danach zum Direktor des neuen Botanischen Gartens am Rennweg ernannt, Jean de Bailou wird Leiter des Naturalienkabinetts und Valentin Jameray Duval Direktor des Münzkabinetts des Kaisers.

1752 läßt sich der Komponist Christoph Willibald Gluck (1714–1787), der bereits 1736 in Wien gewesen ist, endgültig in der Stadt nieder, Franz Anton Maulbertsch (1724–1796) beginnt mit seinem Hauptwerk, der Ausmalung der Fresken in der Piaristenkirche, und Balthasar Ferdinand Moll (1717–1785) fertigt mit dem Doppelsarkophag für Maria Theresia und Franz Stephan in der Kapuzinergruft das Hauptwerk der Rokokoplastik in Wien. Eine französische Schauspielerkompanie zeigt den »Corneille« von Racine in Wien. Maria Theresia setzt eine Keuschheitskommission ein, um neben der Prostitution auch das Privatleben ihrer Bürger in Wien zu überwachen, ein eigenes Zensur-

Glanz des Rokoko

dekret soll die Unanständigkeiten auf den Hanswurstbühnen abschaffen. Zum Vergnügen des einfachen Volkes wird in Wien ein »Hetztheater« bei den Weißgerbern (Landstraße) zur Abhaltung von Tierhetzen eingerichtet. Wer möchte, kann sein Geld im städtischen Zahlenlotto verspielen, das 1752 von einem Italiener eingerichtet und 1756 verstaatlicht wird, oder man legt es in Grund und Boden an und wird ab 1753 im neuerrichteten städtischen Urbar (Grundbuch) eingetragen, natürlich nur dann, wenn man im seit 1751 eingerichteten Meldekataster für Wien verzeichnet ist. 1753 erwirbt die Stadt Wien die Grundherrschaft Strozzigrund (heute Teil der Josefstadt, Wien VIII.) und vergrößert damit wieder ihren Rechtsbereich innerhalb des Linienwalles. Das Bestehen von Grundherrschaften ist ein Ärgernis für die Stadt, der hier Steuern entgehen und die deshalb stets versucht, die bestehenden Grundherrschaften anzukaufen.

Ab 1756 ist Wien wieder die Hauptstadt eines kriegsführenden Reiches: Für sieben Jahre kämpft die Habsburgermonarchie gegen Friedrich II. von Preußen um Sachsen und Schlesien, ehe der Frieden von Hubertusburg im Februar 1763 den Krieg beendet. Mehrmals sieht sich Wien in dieser Zeit bedroht, wenngleich die preußischen Truppen über die Nähe Prags nicht hinauskommen.

In Wien tritt wieder eine Zeit der Stagnation ein, die Gelder werden für den Krieg gebraucht, die andauernde Geldknappheit macht es notwendig, ab 1759 und besonders ab 1762 zum Banknotensystem, den sogenannten »Bancozetteln« überzugehen, wobei die Wiener Stadt-Bank, welche beim Publikum einen guten Ruf genießt, als Garant fungiert. Man führt ab 1760 Kupferscheidemünzen ein und gründet 1761 eine eigene Börse für Wien, die ab 1771 öffentlich wird. Ebenfalls eine Maßnahme zur Kostenersparnis ist ab 1756 der Übergang auf ein einheitliches Maßsystem, im »Meßpatent« werden die Wiener Maße festgelegt, die bald im ganzen Reich gelten.

Wien ist in dieser Zeit zweimal von Bränden bedroht: 1759 brennt es im Starhembergischen Freihaus auf der Wieden, der Brand breitet sich bis in die Landstraße und nach Erdberg hin aus, und 1762 brennt das Kärntnertortheater ab, das 1763, neu erbaut nach den Plänen Nikolaus Pacassis, glanzvoll wiedereröffnet wird; im selben Jahr, in dem man in Wien mit regelmäßigen Wetteraufzeichnungen beginnt. Maria

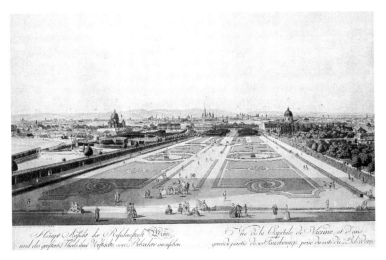

46: Blick auf Wien vom Belvedere aus, 1779

Theresia sieht es in Kriegszeiten nicht gerne, wenn die Bürger große Feste feiern, und auch am Hof wird kaum Luxus getrieben. Um so mehr Aufsehen erregt 1762 der erste Besuch des sechsjährigen Wolfgang Amadeus Mozart (1756–1791) bei Hofe, wo das Wunderkind seine Kunst am Spinett präsentiert, auf den Schoß Maria Theresias krabbelt und die kleine Erzherzogin Marie Antoinette heiraten will. Nur eine Woche vorher hat Christoph Willibald Gluck sein bisher größtes Werk, die Oper »Orpheus und Euridike«, im Wiener Burgtheater uraufgeführt, die erste Wiener Reformoper, in der die Musik der Erklärung der Handlung dient und man im Sinne der Aufklärung auf Einfachheit und Natürlichkeit Wert legt. Leopold Mozart, der strenge Vater von Wolfgang Amadeus, soll die Oper gesehen haben; 1768 kam er mit Wolfgang Mozart wieder, der damals die komische Oper »La finta semplice« komponierte und dessen »Bastien und Bastienne« vom berühmten Arzt und Magnetiseur Mesmer erstmals in Wien aufgeführt wird.

Erst nach dem Ende des Krieges mit Preußen kommt es in Wien wieder zur Ausweitung der Bautätigkeit, 1765 beginnt man mit dem Bau der Margaretner Pfarrkirche, die 1768 mit der dafür komponierten Waisenhausmesse des zwölfjährigen Wolfgang Mozart eingeweiht

Glanz des Rokoko

wird, und die Servitenkirche wird erweitert. Im Hausbau ist nun nicht mehr das Adelspalais für den Baustil der Stadt bestimmend, sondern das schön ausgestattete Bürgerhaus. Der privilegierte Hausbesitz wird durch eine allgemeine Hauszinssteuer verteuert und das Hofquartiersrecht, das bisher billige Wohnungen für Beamte bereitstellte, aufgehoben. Dies führt in der Folge zum Berufsstand des kapitalistischen Hausbesitzers, der nur noch auf seine Rendite achtet und in der Architektur der Betonung der Zweckmäßigkeit und Ausnutzung der Fläche gegenüber architektonischer Schönheit den Vorzug gibt.

Im Vorort Neuwaldegg erwirbt Feldmarschall Franz Moritz Graf Lacy das Schloß und die Herrschaft Neuwaldegg, das er in Folge ausbaut und mit einem großen, englischen Vorbildern nachempfundenen Park ausstattet.

1765 stirbt Franz Stephan von Lothringen, und sein Sohn Joseph II. folgt ihm auf den Kaiserthron nach. In wenigen Jahren holt er nun an Reformen nach, was seine Mutter seit ihrem Regierungsantritt nicht gewagt hatte. Zum Wohl des Volkes gibt er 1766 den Prater, bis dahin kaiserliches Jagdgelände, dem Publikum frei und läßt 1770 das Glacis mit Wegen und Straßen versehen. Der Geist der Aufklärung, die Kontrolle und Ordnung der Welt, läßt sich auch an zahlreichen Verwaltungsmaßnahmen in Wien ablesen. 1770 werden Hausnummern (Konskriptionsnummern) eingeführt, Steuerfreiheit auf Neubauten soll die Bautätigkeit in Wien fördern, da der rasch zunehmenden Bevölkerung nicht genügend Wohnraum zur Verfügung steht. Weitere Reformen sind 1772 die Einführung eines Postdienstes in Wien (Klapperpost) durch den Niederländer Josef Harty und 1771 einer Schulreform durch Ignaz von Felbinger, den sich Maria Theresia von Friedrich II. von Preußen auslieh, und die eine allgemeine Schulpflicht vorsah. Die erste »Normalschule« wird bei St. Stephan eröffnet und dient als Vorbild für alle Schulen dieser Art im Reich. Problematisch ist die Strafrechtsreform Maria Theresias, die, 1770 in Kraft gesetzt, noch immer die Tortur vorsieht und Hexerei und Zauberei als Strafgrund anerkennt. Erst ihr Sohn Joseph II., beraten von Joseph von Sonnenfels (1732–1817), kann 1776 durchsetzen, daß die Folter abgeschafft wird und man auch den Henker, der seit dem Mittelalter in Wien als unehrlich gilt, ehrlich macht.

47: Joseph Daniel Huber, Vogelschau von Wien mit seinen Vorstädten, 1769–1774

1774 wird der Naschmarkt als Milchmarkt gegründet, der Name rührt vom »Asch«, dem Milcheimer, her; bald weitet sich der ehemalige Milchmarkt aber zum »Bauch von Wien« aus, besonders seit 1793, als auch Obst und Gemüse hier verkauft werden darf.

1775 läßt Joseph auch den Augarten dem Publikum öffnen und widmet diesen »Erlustigungs-Ort« als ihr »Schätzer« »allen Menschen«. In Schönbrunn werden aus Bauteilen des alten Schlosses Neugebäude in Simmering die Römische Ruine und die Gloriette von Ferdinand Hetzendorf von Hohenberg (1732–1816) errichtet, der auch die Ludwigskapelle der Minoritenkirche in ein Wohnhaus umwandelt, wobei das gotische Hochgrab der Blanche von Valois († 1305) verlorengeht. In Schönbrunn wird der Garten mit Statuen ausgestattet, der »Schöne Brunnen« und der ägyptische Obelisk entstehen.

Der Ordnungsgedanke der Zeit äußert sich auch im Bau des neuen Prioratshauses des Schottenklosters auf der Freyung, eines bereits klassizistischen Hauses mit gleichen Geschoßhöhen und Fensterabständen, so daß ihm die Wiener wegen seiner Regelmäßigkeit, die sie an ein Möbelstück erinnert, den spöttischen Namen »Schubladkastenhaus« geben.

Nach der Aufhebung und Vertreibung des Jesuitenordens 1773 wird 1775 dessen Profeßhaus am Hof zum Hofkriegsratsgebäude umgewidmet (später Kriegsministerium, heute Bank), die Normalschule wird in das Noviziat der Jesuiten bei St. Anna verlegt, ihre Bibliotheken werden eingezogen und aus diesen Beständen 1777 die Universitätsbibliothek gegründet.

In der Stadt wird die Straßenbeleuchtung auch auf das Glacis ausgedehnt, und man beginnt die Straßen mit gehauenen Granitsteinen zu pflastern. Wien wird in zwölf Polizeibezirke unterteilt, die jeder einen eigenen Polizeiaufseher bekommen, die Polizeiagenden werden von einer Militär-Polizeiwache übernommen. Das alte Rotenturmtor, welches seit Jahren dem Verkehr im Wege steht, wird abgerissen und verbreitert, der Verkehr ist nun bereits so dicht, daß Bürgermeister Hörl die Kutscher verwarnen muß, des Nachts nicht die Laternenanzünder niederzufahren.

Die kaiserliche Gemäldegalerie übersiedelt ins Belvedere. Ebenfalls der Förderung der Künste dient 1776 die Umwandlung des Burgtheaters in ein vom Hof finanziertes Hof- und Nationaltheater, in dem Joseph II. besonders das deutsche Schauspiel fördern will, wie es ihm Gotthold Ephraim Lessing (1729–1781), der 1775 für mehrere Monate in Wien geweilt hat, vorgeschlagen hat.

Wien wird nun immer häufiger in Bildern dargestellt und literarisch beschrieben. Bernardo Bellotto, genannt Canaletto (1720–1780), malt Ölveduten mit Ansichten der Innenstadt (Freyung, Lobkowitzplatz), 1770 veröffentlicht Joseph Daniel Huber einen detaillierten Vogelschauplan von Wien, ab 1779 werden im Kunstverlag Artaria 57 Blätter mit Veduten von Carl Schütz, Johann Ziegler und Laurenz

Janscha herausgegeben, welche die Stadt und ihre Straßen, Plätze und Bauwerke darstellen. Caroline Pichler (1769–1843), eine der ersten literarisch tätigen Frauen in Wien, rundet mit der Beschreibung Wiens in ihren »Zeitbildern« die Darstellung ab, sie schreibt über die Mode des Korsett-Tragens, die neue Art der Männer, die Haare ohne Perücke, aber weiß gepudert zu tragen, über die Sitte, am Morgen Schokolade zu trinken und über die neuen Wege in der Erziehung, die sich an der klassischen Antike orientieren.

16. Josephinisches Zeitalter – Die Revolution von oben
1780–1790

Das Zeitalter Josephs II. ist für Wien als zwiespältig zu betrachten. Zum einen führen seine radikalen Reformen zur Abschaffung der Zensur, sein Toleranzpatent zur Freigabe des religiösen Bekenntnisses, alle Reformen, die auf einen Ausgleich des Bürgertums zum Adel zielen, dienen dazu, daß dem Land und der Stadt revolutionäre Zustände wie in Frankreich erspart bleiben. Andererseits fügen sie, wie etwa in der Reform und Aufhebung der Ordenshäuser, der Stadt Wien schwersten Schaden auf künstlerischem Gebiet zu. Gleichzeitig ermöglicht aber der freie liberale Geist seiner Herrschaft die Ansiedlung von Aufklärern wie Friedrich Nicolai und Ignaz von Born (1742–1791) sowie bedeutender Künstler wie Wolfgang Amadeus Mozart und eine Ausweitung der Zahl an Büchern und Druckwerken; seine wirtschaftlichen Reformen, wie das Einfuhrverbot von Fertigprodukten, lassen die Wiener Industrie aufblühen. Weitere Reformen wie die Abschaffung der Todesstrafe und das Verbot der Arbeit von Kindern unter neun Jahren vervollständigen die soziale Seite der josephinischen Reformen.

Joseph II. ist allerdings ein Mensch, der wenig mit Kunst und Ästhetik in der Architektur anfangen kann, daher sind die von ihm für Wien in Auftrag gegebenen Bauten großteils Zweckbauten. Er läßt bereits 1770 das Glacis mit 3000 Bäumen bepflanzen und 1776 die Straßen und Wege mit Laternen versehen, um sie sicherer zu machen, 1786 werden auch die Vorstädte mit einer Straßenbeleuchtung ausgestattet. Zwei neue Donaubrücken, beim Augarten und bei den Weißgerbern, werden gebaut.

Zur Verbesserung des Stadtbildes und der Sauberkeit in Wien werden die Straßen von Zuchthausinsassen gekehrt, und die Hausbesitzer müssen im Sommer zweimal täglich mit sauberem Wasser die Straßen gegen den Staub aufspritzen.

48: Joseph Hickel,
Porträt von Joseph II. (1780–1790),
1771

Besonderen Wert legt Joseph II. auf Hygiene und Gesundheit, 1783 wird der Auftrag zum Bau des Allgemeinen Krankenhauses gegeben, das 1784 eröffnet wird. Hier sollen die Kranken und Pflegebedürftigen, die man ab nun von den Armen unterscheidet, aufgenommen werden. In das St. Marxer Spital kommen die Insassen des Siechenhauses, die Waisen in das einstige Spanische Spital in der heutigen Boltzmanngasse, die Invaliden in das neue Invalidenhaus auf der Landstraße, die Findelkinder in den Strudelhof, und zur Verwahrung der Geisteskranken errichtet man hinter dem Allgemeinen Krankenhaus einen kreisförmigen Bau, der unter dem Namen »Guglhupf« bis heute besteht. Für all diese Bauten steuert Joseph selbst große Mittel aus seinem Privatvermögen bei und bezahlt auch den Architekten Isidore Marcellus Amandus Canevale (1730–1786) aus Frankreich aus eigener Tasche.

Als wichtige hygienische Maßnahme läßt Joseph alle Friedhöfe innerhalb des Linienwalles schließen und vor die Linien verlegen, dadurch entsteht ein Kreis von Friedhöfen um die Stadt, die sich heute knapp außerhalb des Gürtels befinden, wie St. Marxer Friedhof, Matzleinsdorfer Friedhof, Hundsturmer Friedhof, Schmelzer Friedhof und Währinger Friedhof, wobei bis auf den St. Marxer Friedhof alle josephinischen Friedhöfe heute in Parkanlagen umgewandelt sind.

Mit dieser Friedhofsreform geht auch eine Reform des Bestattungswesens überein, dessen seltsamster Ausdruck der »josephinische Sparsarg« ist, wobei der in Tücher gehüllte Leichnam durch eine Bodenklappe in das Grab fällt und der Sarg wiederverwendet wird. Allerdings muß diese Vorschrift der Bestattung nach Protesten aus der Bevölkerung bereits nach einem halben Jahr wieder aufgehoben werden.

Besonderes Augenmerk wird auf den Ausbau der größten Vorstadt, der Leopoldstadt, gelegt. Den Augarten hat Joseph bereits dem Publikum übergeben, er selbst läßt sich ab 1781 hier eine kleine Residenz, das Kaiser-Joseph-Stöckl am ehemaligen Gartengrund des Kroatischen Konvikts errichten, die Jägerzeile, spätere Praterstraße, wird reguliert und in eine Allee umgewandelt. Angelegt werden auch die heutige Ausstellungs- und die Reichsbrückenstraße und die Prater-Hauptallee, als deren Mittelpunkt Isidore Canevale 1781 das Lusthaus erbaut und an der bis 1789 drei berühmte Kaffeehäuser entstehen.

Zu den weiteren Nutzbauten seiner Regierungszeit zählt auch noch 1785 die Anlage des Josephinums in der Währinger Straße als Ausbildungsstätte für Militärärzte und die Errichtung einer Gewehrfabrik in der Währinger Straße.

Auch an der Verschönerung Wiens wird gearbeitet, Johann Martin Fischer (1740–1820) schafft eine Reihe von Brunnen auf öffentlichen Plätzen wie den Mosesbrunnen am Franziskanerplatz 1783 und den Hygieiabrunnen vor dem Josephinum.

Die vielleicht größte Veränderung im Wiener Stadtgebiet bringt aber die Aufhebung von elf Männer- und sieben Frauenklöstern in Wien und die Umwandlung ihrer Gebäude zu profanen Zwecken. Aus dem Laurenzerkloster am Fleischmarkt, dem Jakobinerinnenkloster und dem Minoritenkloster werden Amtsgebäude und aus dem Siebenbüchnerinnenkloster das Schuldner- und Untersuchungsgefängnis. Das Kloster St. Nikola und das Himmelpfortkloster werden zu Zinshäusern umgebaut, das Dorotheerkloster zum Wiener Versatzamt und Versteigerungshaus, das heute als »Dorotheum« noch immer den Namen des Klosters bewahrt hat. Das Königinkloster wird

49: Carlo Schütz, Blick von der Stadt auf die Vorstadt Wieden, 1779

abgerissen, auf dem Grundstück des Klosters wird durch den Architekten Gottlieb van Nigelli 1783/84 eine protestantische Kirche helvetischer Konfession errichtet, während die Kirche des Dorotheerklosters in eine protestantische Kirche Augsburger Bekenntnisses umgewandelt wird.

Die Kirchenreform bringt auch eine neue Pfarreinteilung für Wien und die Vorstädte, in der Innenstadt gibt es nun neun statt bisher drei Pfarren, in den Vorstädten neunzehn statt sieben, insgesamt gründet Joseph II. in Wien 42 neue Pfarren.

Die Klosteraufhebungen hatten inzwischen auch Papst Pius VI. in Rom alarmiert, der vom 22. März bis 22. April 1782 in Wien weilt, um den Kaiser in diesem Punkt umzustimmen, was ihm zwar nicht gelingt, aber den Wienern mit öffentlichen Messen in St. Stephan und am Platz Am Hof prächtige Spektakel lieferten, denen bis zu 30.000 Menschen beiwohnen.

Spektakel sind überhaupt beliebt in Wien, einer Stadt mit zahlreichen verrufenen Wirtshäusern und Dirnen, die sich besonders am Spittelberg drängen. Zu den wichtigsten Ereignissen zählen die Feuerwerksveranstaltungen des Johann Stuwer (1732–1802) im Prater, der

Josephinisches Zeitalter

1784 auch das erste Luftschiff aufsteigen läßt. Ein besonderes Volksfest ist die Hinrichtung des Wiener Frauenmörders Franz Paula von Zahlheim am 10. März 1786; zu diesem Anlaß wird die Todesstrafe in Wien, und zwar in der schärfsten Form des Räderns, nochmals angewandt. Zahlheim, ein landesfürstlicher Beamter, hatte seiner Geliebten und Zimmerherrin die Ehe versprochen, sie dann ausgeraubt und ermordet, eine Bluttat, die zu großer Empörung unter der Bevölkerung geführt hatte; er wird am Hinrichtungsplatz bei der Spinnerin am Kreuz vor einer großen Menschenmenge justifiziert.

1782 kommt auch Wolfgang Amadeus Mozart nach Wien, befreit sich hier von seinem Dienstverhältnis zum Salzburger Erzbischof und beginnt eine Karriere als freier Komponist. Er trifft auf ein dem Theater und der Oper aufgeschlossenes Publikum, dem auch neue Theaterbauten zur Verfügung stehen, 1781 ist das neue Leopoldstädter Theater eröffnet worden, 1787 folgt das Theater auf der Wieden im Freihaus, in dem der Textdichter der Zauberflöte, Emanuel Schikaneder (1751–1812), als Direktor wirkt, und 1788 das Theater in der Josephstadt. Weitere Texte für die Opern Mozarts liefert der kaiserliche Theaterdichter Lorenzo da Ponte (1749–1838). Mißtrauisch beobachtet wird Mozart vom Hofkapellmeister Antonio Salieri (1750–1825), der noch die althergebrachte Vormachtstellung der italienischen Musik am Hof verkörpert.

Für die Verwaltung Wiens bedeutet eine Verwaltungsreform des Jahres 1783 eine völlige Neuorientierung und Umgestaltung. Bestimmt wird, daß der Magistrat als Organ der Stadtverwaltung unter der Leitung des Bürgermeisters in drei unabhängige Senate unterteilt wird, welche Verwaltung und Finanzen, Zivilgerichtsbarkeit und Strafgerichtsbarkeit betreuen.

Am Ende des josephinischen Zeitalters um 1790 weist Wien etwa 250.000 Einwohner auf, davon sind 40.000 Dienstboten und 6000 Lakaien. In der Stadt gibt es 1200 Häuser, in den Vorstädten nochmals 4500, es gibt 3000 Herrschaftswagen, 650 numerierte Fiaker und 600 andere Kutschen. Getrunken wird viel: Im Jahr verbraucht man in Wien 345.669 Eimer Wein und 535.706 Eimer Bier (1 Eimer = 56,58 Liter).

Die Stadt ist dicht besiedelt, rund um das Glacis wachsen die Vorstädte zu einem städtischen Ring zusammen. Außerhalb des Linienwalls liegen die Vororte mit ihren Weingärten und Feldern, im Westen gefolgt vom Wienerwald mit einem Kranz großer Parks wie dem des Feldmarschalls Lacy in Dornbach, wo auch der Park des russischen Botschafters Gallitzin liegt. In Grinzing liegt das Landgut des Grafen Cobenzl, in Hadersdorf der Landsitz des Feldmarschalls Laudon, alle ausgestattet in englischer Manier mit falschen Ruinen, Teichen, Pavillons, Kaskaden, Tempeln, Grotten, Eremitagen und Labyrinthen.

Auch nördlich der Donau werden die Siedlungen nun häufiger, 1786 wird erstmals die Ortschaft Floridsdorf erwähnt.

Nicht zuletzt ist das josephinische Wien auch eine Stadt, in der das Freimaurertum zum ersten Male seit längerer Zeit wieder Fuß fassen kann; in einigen Logen, die berühmteste ist die »Loge zur gekrönten Hoffnung«, in der auch Schikaneder und Mozart Mitglieder sind, wird am aufklärerischen Gedankengut gearbeitet, Mozart hat in seiner »Zauberflöte« diese Stimmung festgehalten.

Wien ist in den knapp zehn Jahren der josephinischen Herrschaft eine moderne Stadt geworden, in der nicht die Regierenden, sondern die Regierten konservativ denken und so viele der Reformen widerrufen werden müssen.

17. Die Napoleonischen Kriege – Wien wird Kaiserstadt
1790–1815

Die Regierungszeit von Leopold II. (1747–1792) ist von 1790 bis 1792 nur kurz, aber in den beiden Jahren bis zu seinem Tode nimmt er einen großen Teil der josephinischen Reformen zurück, zumindest jenen Teil, der in das persönliche Leben der Menschen eingriff. Die Mehrzahl der Reformen in Justiz, Verwaltung und gegenüber der Kirche läßt er bestehen, schafft aber den Ausgleich zwischen Staat und ständischen Abgeordneten in dem Sinne, daß die Ausstrahlung der immer heftiger werdenden Französischen Revolution nicht nach Wien überspringen kann.

Für Wien ändert sich in der Regierungszeit Leopolds nicht viel, Mozart stirbt 1791, nachdem er noch seine Opern »Titus Andronicus« und »Die Zauberflöte« sowie sein Requiem geschrieben hat, und wird am St. Marxer Friedhof in einem Gemeinschaftsgrab bestattet. Der Naschmarkt wird in der Wiener Marktordnung erstmals erwähnt, man gründet ein Judenamt, um die Zuwanderung von Juden nach Wien zu regeln, und der Franzose Jean Pierre Blanchard fliegt mit einem Ballon vom Prater über die Donau bis nach Stadlau.

Leopold stirbt im März 1792, sein Grab findet er in der Templaisenkapelle der Augustinerkirche, Nachfolger wird sein Sohn Franz II. (1768–1835), der vor den Trümmern der europäischen Ordnung steht und sich die nächsten zwanzig Jahre mit Kriegen auseinandersetzen muß.

Die Französische Revolution wirkt auch bis nach Wien: Am 24. Juli 1794 wird hier eine Anzahl prominenter Persönlichkeiten festgenommen, ein Teil der Verhafteten sind Freimaurer und höhere Beamte, die sich in einem Jakobinerklub zusammengeschlossen haben; alle Beteiligten werden vor ein Geheimgericht gestellt und zu Prangerstrafen und langjährigem Kerker verurteilt, nur der Platzoberleutnant Franz von Hebenstreit wird, da er Soldat ist, wegen Hochverrats hingerichtet.

50: Benedikt Piringer, Die Beschießung Wiens durch die Franzosen am
11. und 12. Mai, 1809

In Frankreich hat inzwischen die Revolution gesiegt und schickt nun ihre Soldaten in die umgebenden Länder. 1797 rücken französische Truppen in die deutschen Staaten und in Italien ein und mit ihrem talentiertesten Feldherrn Napoleon Bonaparte (1769–1821) gegen Österreich vor. Napoleon stößt dabei bis nach Leoben vor und will nach Wien marschieren, wo inzwischen die Bevölkerung zur Verteidigung mobilisiert wird. Joseph Haydn (1732–1809) schreibt zu diesem Anlaß sein Kaiserlied, die spätere Melodie der österreichischen und heutigen deutschen Hymne, allerdings kommt das Wiener Aufgebot nach dem Frieden von Campoformio, in dem Österreich Belgien und die Lombardei verliert, nicht mehr zum Kampf.

1797 übersiedelt Ludwig van Beethoven (1770–1827) endgültig nach Wien, im selben Jahr hält auch eine französische Delegation unter Graf Jean Baptiste Bernadotte in Wien Einzug, die bald darauf aber wieder empört abreist, als, durch einen Zwischenfall mit einer französischen Fahne ausgelöst, die Wiener Bevölkerung das Quartier der Franzosen in der Wallnerstraße beim »Fahnenwirbel« stürmt und verwüstet.

Die Napoleonischen Kriege

51: Empiresekretär, 1810/15

Der Krieg bringt die fast völlige Einstellung der Realisierung repräsentativer Bauwerke, nur kleinere Neubauten können in Wien noch errichtet werden, wie die neue Fassade der Michaelerkirche oder das Denkmal für Joseph II. durch Franz Anton Zauner (1746–1822) in der Hofburg. Zukunftsweisend für die Entwicklung von Handel und Industrie ist der Baubeginn des Wiener Neustädter Kanals, der Wien mit der Adria verbinden soll. 1800 erlebt die Stadt erneut die Einberufung ihres Aufgebotes, erst der Friede von Luneville 1801 gibt Wien eine Ruhepause vor der französischen Bedrohung.

Trotz der Kriegszeiten lebt Wien auf, man baut neue Bühnen wie das Theater an der Wien unter seinem Direktor Emanuel Schikaneder, die Börse übersiedelt in ein neues Gebäude, man baut von der Weißgerberlände eine neue Brücke über den Donaukanal und reformiert das Wiener Bürgerspital. Wegen dauernder Verkehrsüberlastung der in die Stadt hereinführenden Straßen wird das alte, vermauerte Kärntnertor wieder geöffnet, man errichtet ein Arbeitshaus für Sträflinge auf der Laimgrube und erweitert den Stephansplatz. Trotz dieses Baubooms verelendet aber ein Teil der Bevölkerung wegen der hohen Preise und der rasch steigenden Inflation, so daß ab 1802 in den Rumfordschen Suppenanstalten probeweise billige Suppe ausgeschenkt wird. 1805 kommt es durch die Brotverteuerung zu Unruhen unter der Bevölkerung, dem sogenannten »Bäcker-Rummel«, zu dessen Niederschlagung sogar das Militär eingesetzt werden muß. Die Regierung hat Angst vor den Armen und vor der neuen Klasse des Arbeiters und verbietet daher die Ansiedlung von Fabriken innerhalb der Linien. Dem Vergnügen dient das 1804 neu eröffnete Dianabad, das eine gedeckte Schwimmhalle aufweist, die man zum Ballsaal umgestalten kann.

1805 nimmt Franz II. als Franz I. den erblichen Titel eines Kaisers von Österreich an, Wien wird dadurch die »Römisch und österreichische kaiserliche Hauptstadt«. Im August des Jahres schließt der Kaiser eine Allianz mit Schweden, Rußland und England und beginnt einen neuen Krieg gegen Napoleon, der aber mit entscheidenden Niederlagen endet. Die Franzosen erobern am 13. November Wien und besetzen die Stadt, aus der man zuvor bereits alle Kostbarkeiten des Hofes und des Magistrats – Bildergalerie, Münzkabinett, Archive und Staatskassen – nach Ungarn in Sicherheit gebracht hat. In den zwei Monaten der französischen Besatzung hat Wien schwer zu leiden, Kontributionssteuern, Einquartierungen und Verpflegung der Truppen, Teuerung, Hungersnot durch Abschneiden der Lebensmittelzufuhr aus Ungarn und Krankheiten belasten die Wiener, die nach der Schlacht von Austerlitz am 2. Dezember 1805 auch noch unzählige Verwundete aus beiden Armeen aufnehmen müssen. Zwar versuchen die Wiener mit den Franzosen gut auszukommen, es kommt aber immer wieder zu Aufläufen der Bevölkerung gegen die Besatzer. Nach dem Frieden von Preßburg am 28. Dezember 1805 verläßt Napoleon Wien, seine Truppen folgen in den nächsten Wochen nach.

Die Wiener leben in den nächsten Jahren im steten Bewußtsein, daß die Niederlage von 1805 nicht der letzte Waffengang gegen Napoleon gewesen ist; die Vorbereitungen, wie die Aufstellung einer Landwehr und die Einrichtung von Reservebataillonen, sprechen eine deutliche Sprache, und die politischen Spannungen machen sich im Hang zu Vergnügungen Luft. Man tanzt im neuerrichteten Etablissement Sperl oder im Apollo-Saal, der mit Grotten und Wasserfällen eingerichtet ist, hört die Uraufführungen der 5. und 6. Symphonie Ludwig van Beethovens, man liest die »Allgemeine Theaterzeitung« des Journalisten und Dramaturgen Adolf Bäuerle (1786–1859) und bewundert das Grabmal für Erzherzogin Marie Louise Christine in der Augustinerkirche, das Meisterwerk des italienischen Bildhauers Antonio Canova (1757–1822), das die ungeheure Summe von 85.000 Gulden gekostet hat. Ein besonderes Spektakel ist die Hinrichtung der Gattenmörderin Theresia Kandl, der ersten Frau, die in Österreich öffentlich am Galgen hingerichtet wird und zu deren Ende die Wiener und die Bewohner auch weit entfernt liegender Dörfer zur Hinrichtungsstätte am Wienerberg kommen.

1809 kommt es erneut zum Krieg gegen Frankreich. Bereits im Jänner weilt der Tiroler Schützenhauptmann Andreas Hofer in Wien, um mit Erzherzog Johann (1782–1859) den Aufstand gegen die bayrische Besatzung in Tirol vorzubereiten; die Stadt Wien beruft ihre Bürgermilizen und Freiwilligenkorps ein, und es herrscht allgemein eine national aufgeheizte Stimmung. Allerdings dringen nach der Kriegserklärung an Frankreich am 9. April die Truppen Napoleons rasch nach Wien vor, bereits am 10. Mai stehen sie vor der Stadt, die trotz des Widerstandes des Magistrates auf Befehl von Kaiser Franz I. verteidigt werden soll. Am 11. und 12. Mai wird die Stadt von der französischen Artillerie schwer bombardiert, mehr als 2000 Geschosse schlagen ein, am 13. Mai kapituliert Wien und wird von den Franzosen erneut besetzt.

Am 21. Mai ist aus der Gegend von Aspern und Eßling im Osten von Wien Kanonendonner zu vernehmen, die Schlacht der Österreicher unter Erzherzog Karl gegen die Franzosen dauert zwei Tage, Tausende von Verwundeten müssen von den Wienern betreut und gepflegt werden; zwar werden die Franzosen geschlagen, die Österreicher können aber Wien nicht zurückgewinnen.

Am 31. Mai stirbt Joseph Haydn in Wien, auch Emanuel Schikaneder, der Textdichter der »Zauberflöte«, der seit 1807 in Preßburg ein Theater geleitet hat und 1811 nach Wien zurückgekommen ist, stirbt in geistiger Umnachtung in Wien.

In der Stadt herrscht akuter Lebensmittelmangel, das Papiergeld wird immer mehr entwertet, und auch der Widerstand gegen die Besatzer beginnt sich zu regen. Die Franzosen antworten mit Hinrichtungen und Sanktionen gegen die Bevölkerung, besonders nach einem Attentat auf Napoleon durch den achtzehnjährigen Naumburger Pa-

52: Jean Baptiste Isabey – Jean Godefroy, Der Wiener Kongreß, 1814

storensohn Friedrich Staps (1791–1809) in Schönbrunn. Nach der für die Österreicher verlorenen Schlacht von Wagram beendet der Friede von Schönbrunn den Krieg, vor ihrem Abzug sprengen die Franzosen noch die Burgbastei.

Im Jahr darauf versucht Wien wieder zum normalen Leben zurückzukehren; man verabschiedet Erzherzogin Marie Louise (1791–1847), die künftige Gemahlin Napoleons, nach Paris, und die beiden Hoftheater werden in die Gattungen Schauspiel und Oper getrennt. In das Winterpalais des Prinzen Eugen in der Himmelpfortgasse zieht das Finanzministerium ein, das aber im Jahr 1811 den Staatsbankrott, verursacht durch die Papierinflation der Bancozettel, nicht verhindern kann. Erst die Gründung der Österreichischen Nationalbank 1816 wird wieder Ordnung in die Finanzen des Staates bringen.

Die Sprengung der Basteien durch Napoleon nutzt die Stadt zu einer kleinen Stadterweiterung: 1812 wird die in Trümmern liegende Burgbastei abgetragen, und es wird Platz geschaffen für die Anlage von Volksgarten, Heldenplatz und Burggarten.

In Wien etabliert sich die Seidenindustrie als wichtigster Industriezweig, 1813 gibt es 600 Fabrikanten, deren Reichtum in der Folge sprichwörtlich wird, und 235 Meister; die Stadt weist in diesem Jahr 237.743 Einwohner auf, die in 58.677 Familien 7162 Häuser bewohnen.

Die Niederlage Napoleons im russischen Winter von 1812 wird auch in Wien zur Kenntnis genommen, 1813 verbündet sich Österreich mit Preußen und Rußland gegen die Franzosen, aus Wien beteiligen sich die Freiwilligenverbände der Stadt an der Völkerschlacht von Leipzig. Die Siegesnachricht der Schlacht von Leipzig erreicht Wien am 23. Oktober, nur fünf Tage später können die Wiener zum ersten Male eine Symphonie des jungen Komponisten Franz Schubert (1797–1828) hören.

Die Wiener müssen lange ohne ihren Kaiser auskommen, dieser zieht Ende März 1814 mit seinen Alliierten in Paris ein, erst am 16. Juni hält er seinen feierlichen Einzug in Wien. In der Zwischenzeit kann man den ersten Auftritt des jungen Schauspielers Ferdinand Raimund (1790–1836) im Theater in der Josephstadt sehen, erst 1815 wird er seinen Durchbruch zum Star-Volkskomiker erleben, und Ludwig van Beethoven dirigiert die Uraufführung des »Fidelio«.

Zur Neuordnung Europas wird ein Kongreß nach Wien einberufen, der am 18. September 1814 feierlich eröffnet wird. Es ist eine illustre Versammlung von Herrschern, Fürsten und Ministern, die mit ihrem Gefolge Wien bevölkern, allein 468 Diplomaten nehmen am Kongreß teil. Der starke Zustrom von Fremden läßt die Mieten und Preise in die Höhe schnellen, während von den Kanzeln der Kirchen gegen die Leichtlebigkeit und Frivolitäten der Kongreßzeit gepredigt wird.

Neben den Diskussionen um die Politik vergnügen sich die Monarchen und Delegationen bei Theater, Oper und Schauspiel, man feiert Feste, Bälle und Schlittenfahrten, als die Nachricht von der Rückkehr Napoleons nach Frankreich aus seinem Exil in Elba am 1. März 1815 bekannt wird. Während die Delegierten die Acht über den französischen Kaiser verhängen, rüstet man in Europa zum Krieg und ist nun auch in der Diplomatie erfolgreich. Wenige Tage nach der Unterzeichnung der Schlußakte des Kongresses am 9. Juni wird am 18. Juni Napoleon bei Waterloo von den Engländern und Preußen geschlagen, die in Wien ausverhandelte Neuordnung Europas, die eigentlich den Zustand von 1792 wiederherstellen soll, bleibt festgelegt. Den politischen Abschluß des Jahres bringt ein großes Militärfest im Prater mit der Beteiligung der Herrscher Preußens, Russlands und Österreichs am Jahrestag der Schlacht von Leipzig; das Zeitalter Napoleons, der sich auf dem Weg nach St. Helena befindet, wo er 1821 stirbt, hat für Wien endgültig ein Ende gefunden.

18. Biedermeier und Vormärz – Vom Bürgersinn zum Aufbegehren
1815–1848

Das Biedermeier ist mehr als eine historische Epoche für die Stadt Wien, es ist Kunststil, Ausdruck eines Lebensgefühls, aber auch Symbol für Bürgersinn und Biederkeit. Für die Wiener sollte sie als »gute alte Zeit« in die Geschichte eingehen, eine Zeit des Friedens und Wohlstandes. Dabei ist das Biedermeier eine Zeit der absolutistischen Gewalt des Staates über seine Untertanen, die Zensur erstickt alle Regungen eines Freiheitsgedankens, es ist die Zeit eines ungezügelten Liberalismus in der Wirtschaft, sozialer Not und Ausbeutung der Arbeiter. Ebenso ist aber das Biedermeier die Antwort auf dreißig Jahre Krieg, zuerst auf die türkischen Kriege Josephs II., dann auf die fast 20 Jahre andauernden Auseinandersetzungen mit Frankreich und Napoleon.

Das Biedermeier beginnt mit der Neuordnung der Staatenlandschaft in Europa am Wiener Kongreß, die aber eigentlich eine Restauration des Konservativismus der Herrschenden ist. Wirtschaftlich sind die ersten Jahre in Wien geprägt von einer immer weiter fortschreitenden Entwertung des Papiergeldes, die vor allem den Mittelstand und das Handwerk trifft, da viele Handwerker ihre Selbständigkeit aufgeben müssen und entweder in ein Verlagssystem eintreten oder sich überhaupt als unselbständige Arbeiter verdingen müssen.

Für Wien bedeutet das Biedermeier die Jahre, in denen die Richtungen jener Entwicklung gestellt werden, die bis heute nachwirken; aus der eher kleinen und verschlafenen Stadt wird bis 1848 eine Hauptstadt von europäischem Format. Es bedeutet aber auch zusätzliche Belastungen für den Haushalt der Stadt, einerseits durch den Ausbau des Spitzel- und Polizeiwesens, durch die vom Staat erzwungene Übernahme aller Krankenhäuser und Gebäranstalten, die in den Besitz der Stadt übergeführt werden, und durch die Armenversorgung, die zur Gänze von der Stadt bestritten werden muß. Um dem

53: Rudolf Alt, Der Stephansplatz, 1834

dauernden finanziellen Defizit entgegenzuwirken, hebt die Stadt Wien ab 1829 an den Linienämtern eine Verzehrsteuer ein, welche zu einer starken Verteuerung aller Lebensmittel in Wien führt und immer wieder Anlaß zu Unruhen und Ausschreitungen unter den Bürgern und Arbeitern gibt.

Bereits 1817 beginnt sich die Ansicht der Stadt zu verändern, die Basteien werden mit Bäumen bepflanzt und für Spaziergänger freigegeben, Wien verliert damit den Charakter einer Festung. Ab 1821 baut man den von Napoleon 1809 gesprengten Teil der Burgbastei wieder auf, allerdings wird die Mauer weiter nach Süden verlegt. Als Abschluß des Heldenplatzes wird ein neues Burgtor von Peter von Nobile (1774–1854) erbaut, welches sich bis heute erhalten hat, die Mauern sind aber längst einem Zaun gewichen. Im Volksgarten entsteht ein symmetrisch angelegter Park nach französischem Muster mit einem beliebten Kaffeehaus; er bekommt als Zentrum den von Peter von Nobile erbauten Theseustempel, dessen namengebende Statue von Canova heute den Aufgang des Kunsthistorischen Museums schmückt. Der »englische« Kaisergarten (Burggarten) bleibt noch dem Kaiserhaus vorbehalten.

Am Donaukanal entsteht mit der Sophienbrücke 1825 die erste Hängebrücke mit gespannten Ketten, 1828 folgt der Karlskettensteg als Fußgängerbrücke nach, der nur gegen Maut benutzt werden darf. 1826 wird die Synagoge der Wiener Juden in der Seitenstettengasse eingeweiht, das von Josef Georg Kornhäusel (1782–1860) gestaltete Bauwerk wird nur unter der Auflage erlaubt, daß es von außen als Synagoge nicht erkennbar ist. Josef Georg Kornhäusel errichtet in der Innenstadt 1827 den Kornhäuselturm, ein turmartiges Wohnhaus, in dem von 1842 bis 1848 auch der Dichter Adalbert Stifter (1805–1868) wohnt und von dessen Dach aus dieser 1842 eine totale Sonnenfinsternis beobachtet und beschreibt. Weitere architektonisch interessante Bauwerke sind das Gebäude der 1819 gegründeten Ersten Österreichischen Spar-Casse am Graben von Ludwig Alois Pichl (1782–1856) und das Hauptmünzamt am Heumarkt von Paul Wilhelm Sprenger (1792–1854).

Unter der Leitung von Staatskanzler Clemens Wenzel Lothar Metternich, der sich den Titel eines »Kutschers Europas« erworben hat, wird 1821 am Ballhausplatz die Geheime Hof- und Staatskanzlei ausgebaut (heute: Bundeskanzleramt), in der er im Winter residiert. Den Sommer verbringt Metternich in seinem bereits 1815 erbauten Sommerpalast am Rennweg (heute: italienische Botschaft).

Auf Grund der zunehmenden Kriminalität in Wien wird auch ein Ersatz für das Gefängnis in der Schranne am Hohen Markt notwendig: Das sogenannte »Kriminalgerichtsgebäude am Glacis in der Alservorstadt«, von den Wienern das »Graue Haus« genannt, wird 1839 in Betrieb genommen; es umfaßt 125 Zellen für 964 Gefangene.

Auch neue Kirchenbauten entstehen: Von 1826 bis 1832 erfolgt der Umbau des Schottenklosters mit einer Fassade im klassizistischen Stil durch Josef Kornhäusel und Joseph Adelpoldinger, 1832 beginnt der Bau der neuen Döblinger Pfarrkirche durch Josef Reininger, 1846 wird in der Jägerzeile die Johann-Nepomuk-Kirche, Hauptwerk des romantisch-historisierenden Stils in Wien, erbaut. Die evangelische

Glaubensgemeinschaft erhält ebenfalls in diesem Jahr eine eigene Kirche in Gumpendorf, der Bau stammt von Theophil Hansen (1813–1891).

1846 wird der Austria-Brunnen auf der Freyung von der Wiener Bürgerschaft zu Ehren Kaiser Ferdinands I. (1835–1848) gestiftet.

Zur Beleuchtung der Stadt wird 1828 in der Roßau ein Gaswerk gebaut, bis 1832 sind die meisten Straßen und Plätze der Stadt mit Gaslaternen versehen, die am Abend händisch angezündet werden müssen. 1840 muß ein weiteres Gaswerk errichtet werden, um die Gasbeleuchtung auch auf die Vorstädte ausdehnen zu können, allerdings werden beide Werke bald von einer englischen Gasgesellschaft aufgekauft. 1832 beginnt man alle Straßen Wiens zu pflastern, da der zunehmende Verkehr den unbefestigten Straßen stark zusetzt und die Menschen im Winter unter Morast und im Sommer unter Staub zu leiden haben.

Bedingt durch eine Choleraepidemie 1831, der mehr als 2000 Menschen in Wien zum Opfer fallen, versucht man die hygienischen Verhältnisse zu verbessern; zu den durchgeführten Maßnahmen gehört der Bau der Cholerakanäle ab 1831 als ein erstes Kanalsystem für die Vorstädte und der Bau der Kaiser-Ferdinand-Wasserleitung 1835, für die man Donaukanalwasser filtert und die auch die Vorstädte versorgen soll.

Umfangreich ist die Liste der Vergnügungsetablissements, die im Biedermeier eröffnen, wobei jedes versucht, die Konkurrenz an Ausstattung zu übertrumpfen. Zunächst vergnügt man sich beim Sperl (ab 1807), in den Kaffeehäusern und in den Vergnügungsstätten der Parks am Glacis, sei es das Kaffeehaus im Volksgarten oder am Wasserglacis (heute: Stadtpark), wo in einem »Cur-Pavillon« Mineralwasser ausgeschenkt wird. Ein beliebtes Ausflugsziel ist der Prater, die noble Welt trifft sich in den Kaffeehäusern der Hauptallee, das einfache Volk vergnügt sich bei den Ständen und Karussells im Volksprater. Zu den größten Volksfesten in Wien zählt der jährliche Brigittakirchtag im Juli, der bis 1847 besteht und von Franz Grillparzer (1791–1872) im »Armen Spielmann« beschrieben wird. Ausgelassen ist man in Wien im Fasching bei Bällen und Redouten, wobei die wilden »Galoppaden« verboten werden sollen, am beliebtesten sind die Bälle in

54: Ludwig van Beethoven (1770–1827)

den Redoutensälen, während auf den Wäschermädel- und Fiakerbällen in der Vorstadt sich Reich und Arm beim Tanz vermischt.

1831 wird in Meidling der Tivoli eröffnet, ein Vergnügungsgelände, dessen Hauptattraktion eine Wagenbahn ist. 1833 folgt das »Elysium« des Kaffeesieders Josef Georg Daum (1789–1854) im Seitzerhof, andere bekannte Etablissements sind Dommayers Casino (1833) in Hietzing, die Sträußelsäle im Theater in der Josephstadt, das Universum in der Brigittenau, die Sophiensäle, die aus einem Schwimmbad entstanden sind (1838), Schwenders Etablissement, das sich bis 1898 halten konnte, und das Odeon (1845), das 10.000 Menschen fassen konnte.

Man tanzt Walzer, der in Wien einen eigenen Stil erhält und zum Wiener Walzer im Dreivierteltakt wird, meisterhaft komponiert und gespielt vom genialen Duo Josef Lanner (1801–1843) und Johann Strauß (Vater) (1804–1849), die zunächst gemeinsam, dann mit jeweils eigenen Orchestern musizieren.

Das biedermeierliche Wien ist auch die Heimat von zwei Musikern, die als Höhepunkt der Wiener Klassik gefeiert werden, Ludwig van Beethoven und Franz Schubert. Während Beethoven ein mürrischer, halb tauber Sonderling ist, der in Wien oftmals sein Domizil wechselt und sich vor allem im Umkreis des adeligen Mäzenatentums bewegt, verkörpert Schubert mit seinen Liedern, seinem bürgerlichen Freundeskreis, der sich zu Landpartien und Schubertiaden zusammenfindet, das Idyll des Biedermeiers.

Neben den großen Meistern gibt es eine große Anzahl von Liebhaberquartetten und Gesangsvereinen, und man pflegt die Hausmu-

55: Johann Christian Schöller, Ferdinand Raimund und Therese Krones in »Der Bauer als Millionär«, 1826

sik in den Familien. Es erscheinen die ersten Musikzeitschriften, es werden Musikinstrumenten-Fabriken (Bösendorfer, 1828), Musikverlage (Haslinger, Artaria, Mollo, Diabelli) und Musikalienhandlungen (Löschenkohl, Trentsensky) gegründet, und es entstehen berühmte Orchester und Vereine, die sich der Musik verschrieben haben, wie die Gesellschaft der Musikfreunde, das Konservatorium, die Wiener Philharmoniker und der Männergesangsverein. Ab 1816 erlebt Wien einen Operntaumel, der das ganze Biedermeier anhält, am beliebtesten sind Werke von Rossini, Bellini, Donizetti und Verdi, aber auch Gluck, Lortzing, Flotow und Weber werden regelmäßig im Kärntnertortheater aufgeführt. Berühmte Künstler gastieren gerne in Wien, der »Teufelsgeiger« Niccolo Paganini (1782–1840) tritt 1828 auf und löst eine »Paganini-Manie« aus, Frédéric Chopin (1801–1862) debütiert vor dem Wiener Publikum 1829 als Klaviervirtuose und Komponist.

So wie Strauß und Lanner als Synonyme für die Wiener Musik stehen, so stehen Ferdinand Raimund und Johann Nestroy (1801–1862) als Namen für das Wiener Lustspiel. Raimund mit seinen romantisch angehauchten Zaubermärchen wie »Der Diamant des Geisterkönigs« (1824), »Der Bauer als Millionär« (1826), »Alpenkönig und Menschenfeind« (1828) und »Der Verschwender« (1834) und Nestroy mit seinen Possen, die oft einen sozialkritischen Hintergrund haben. Das klassische Theater wird von Franz Grillparzer verkörpert, der zwar unter den Zwängen der Zensur zu leiden hat, aber 1825 mit »König Ottokars Glück und Ende« das Loblied auf Österreich schreibt. Grillparzer, ein Beamter, der 1832 zum Direktor des Hofkammerarchivs ernannt wird, fällt den Wienern auch durch sein Verhältnis zu Kathi Fröhlich auf, einer Musiklehrerin, mit der er bis zu seinem Tode verbunden und verlobt bleibt, geheiratet hat er sie nie. Neben ihm wirken noch Friedrich Halm (1806–1871), Schöpfer mittelalterlicher Dramen, Eduard von Bauernfeld (1802–1890), Dichter bürgerlich-liberaler Konversationsstücke sowie Adolf Bäuerle (1786–1859), Meister der Lokalposse, und Moritz Gottlieb Saphir (1795–1858), der sich in seiner Zeitung »Der Humorist« als scharfer Kunst- und Theaterkritiker erweist.

Die gefeiertsten Lyriker Wiens sind Anastasius Grün (eigentlich Anton Graf Auersperg, 1806–1876), der seine Werke in Deutschland drucken lassen muß, da sie die Wiener Zensur wegen ihres politischen Inhaltes nicht zuläßt, Nikolaus Lenau (1802–1850), Naturlyriker, der nach Amerika auswandert, um der Wiener Enge zu entgehen, aber bald wieder enttäuscht zurückkehrt, und besonders Adalbert Stifter, dessen breit angelegte Naturschilderungen nicht immer die gebührende Aufmerksamkeit finden. Auch Frauen betätigen sich literarisch, so weiter Caroline Pichler, die neben ihrer als historische Quelle interessanten Memoirenliteratur und ihren Reiseschriften auch zahlreiche Romane verfaßt, und Ida Pfeiffer (1797–1858), welche ihre Erlebnisse auf Reisen ins Heilige Land und auf einer Weltreise veröffentlicht.

An Aufführungsstätten für Theaterstücke mangelt es in Wien nicht; zu den bestehenden Theatern kommt eine ganze Reihe neuer Häuser dazu: Das Theater in der Josephstadt wird 1822 abgerissen und neu aufgebaut, 1847 entsteht in der Leopoldstadt das Carl-Theater des Theatergroßunternehmers Carl von Bernbrunn. Nestroy und Raimund treten in ihren eigenen Stücken als Schauspieler auf, weitere

56: Ankunft des Dampfschiffes »Maria Anna« in Wien, 1845. Die Landungsstelle befand sich am Donaukanal neben dem Karls-Kettensteg

Stars der Wiener Bühnen sind der Komiker Wenzel Scholz (1787–1857), die Schauspielerin Therese Krones (1801–1830), die 1827 mit dem berüchtigten Raubmörder Jaroschinzky befreundet war, und die Tänzerin Fanny Elßler (1810–1884). Begeistert sind die Wiener auch von der »schwedischen Nachtigall« Jenny Lind (1820–1887), die 1846 in Wien gastiert.

Das Biedermeier ist die Zeit, in der man das »Wohnen« entdeckt; die Wohnbereiche wie Küche, Schlaf-, Wohn- und Speisezimmer werden getrennt, wo dies, wie in den engen Bürgerwohnungen, wegen der zu kleinen Räume nicht möglich ist, entstehen Wohninseln in den Zimmern, denen bestimmte Tätigkeiten zugeordnet sind und die jeweils spezielles Mobiliar aufweisen. Zahlreiche neue Möbelformen entstehen, die Schreibsekretäre, Kästen, Tische und Sitzmöbel werden auf einfaches, funktionelles Mobiliar reduziert, dazu kommt eine kostbare Ausführung mit Intarsien und Furnieren, die Ideen dazu holt man sich aus Musterbänden und Zeitschriften, die den neuen Stil an die interessierten Bürger herantragen.

Daneben entdeckt man als Ergänzung zum neuen Wohngefühl die

57: Friedrich Wolf, Der 1. Mai 1831 im Vergnügungspark Tivoli, 1831

Natur, der kleine Wohngarten wird mit Möbeln ausgestattet und zum erweiterten Wohnraum, andererseits kommt die Natur auch in die Häuser: Das Biedermeier kennt die Blumenkästen und Töpfe vor dem Fenster, die Vogelkäfige und Paravents aus Spalieren und Jardinieren, dazu dekoriert man Porzellan und Stoffe mit Blumen. In Vitrinen stehen Porzellantassen als Kaffee- und Schokoladegeschirr, die geschliffenen und bemalten Glasbecher eines Gottlob Samuel Mohn (1789–1825) und eines Anton Kothgasser (1769–1851) finden weite Verbreitung, ebenso Dosen- und Silbergerät der Alt-Wiener Silberschmiede wie der Firma Mayerhofer.

In Malerei und Graphik weist das Biedermeier eine reiche Produktion in Wien auf. Ausgehend vom Klassizismus, den Josef Danhauser in seinen Genreszenen und Johann Peter Krafft (1780–1856) in der figürlichen Malerei verkörpert, wendet sich Johann Peter Fendi (1796–1842) der Genremalerei zu und zeigt in seinen Kinderbildern die einfachen Menschen und das Leben der Familien in Wien; er vergißt aber auch nicht, in sozialkritischen Bildern (»Frierender Brezelbub auf dem Glacis«) auf die sozialen Mißstände der Zeit hinzuweisen. Von der niederländischen Malerei leitet sich der Landschafts- und

Tiermaler Friedrich Gauermann ab, als Porträtist und Hundemaler betätigt sich Johann Matthias Ranftl (1805–1854).

Der Biedermeiermaler, dessen Werk in Wien gleichsam stellvertretend für die Gattung steht, obwohl er deren Grenzen bei weitem sprengt, ist Ferdinand Georg Waldmüller (1793–1865), der mit kleinformatigen Landschaften und Porträts beginnt und dann zum Chronisten der Wiener Gesellschaft, aber auch der bäuerlichen Bevölkerung des Wiener Umlandes wird.

Zu den Porträtisten sind auch noch Friedrich von Amerling und Josef Kriehuber (1800–1876) zu rechnen, während Johann Baptist Reiter, ein malender Schuster, das Leben der Arbeiter und Bediensteten in den Vorstädten dokumentiert. Zu den Pionieren der neuen Druckkunst der Lithographie gehört Jakob Alt (1789–1872), dessen Söhne Rudolf (1812–1905) und Franz Alt zu den bekanntesten Wiener Vedutenmalern zählen und die Stadt in ihren Aquarellen und Zeichnungen porträtieren.

Die periodisch wiederkehrenden Epidemien, besonders die Cholera, die 1830 und 1831 in Wien wütet, die Tuberkulose, die hohe Kindersterblichkeit und die schlechten hygienischen Verhältnisse führen im Biedermeier zu einer durchschnittlichen Lebenserwartung der Wiener von nur 26 Jahren und lassen eine Ausweitung der medizinischen Versorgung Wiens notwendig erscheinen. 1837 wird in der Vorstadt Schottenfeld das erste Wiener Kinderspital durch Ludwig Wilhelm Mauthner (1806–1858) eröffnet, in dem auch die Kinder armer Eltern gratis behandelt werden. 1842 wird das Spital in »Anna-Kinderspital« umbenannt und übersiedelt 1848 in die neuerrichtete Universitätsklinik des St. Anna-Kinderspitals. Eine zweite Kinderklinik entsteht 1841 als St. Joseph-Kinderspital am Schaumburgergrund. 1837 wird in Wien die »Gesellschaft der Ärzte« gegründet, manche Mediziner wie der Kinderarzt Franz Hügel richten kostenlose Kinderambulatorien ein. Bereits 1819 wurde in Wien die erste private Irrenanstalt im Mollardschlößl in Gumpendorf gegründet, die 1829 nach Döbling übersiedelt, hier stirbt 1850 auch der geistig umnachtete Dichter Nikolaus Lenau. 1841 entsteht in der Vorstadt Wieden ein erstes Bezirkskrankenhaus in der Favoritenstraße.

In der Wissenschaft ist das Biedermeier eine Zeit der Erfindungen,

58: Ball- und Festkleidung
des Biedermeier, um 1830

bereits 1815 wird in Wien ein Polytechnikum zur Erforschung der Naturwissenschaften und zur Ausbildung von Ingenieuren gegründet. Dampfmaschinen, Dampfschiff und Eisenbahnen bestimmen das Tempo des Fortschritts. Als erste Eisenbahn wird die Kaiser-Ferdinand-Nordbahn (1837) gebaut, gefolgt von der Südbahn nach Wiener Neustadt (1841), erst 1858 kommt dann die Kaiserin-Elisabeth-Westbahn hinzu, wobei die Bahnhöfe außerhalb der Linien zu liegen haben.

Die Donaudampfschiffahrtsgesellschaft mit Sitz in Wien wird 1823 gegründet, und eine erste Telegraphenlinie verbindet ab 1843 Wien mit der Welt. Man erfindet in Wien die Nähmaschine (Josef Madersperger, 1808), den Doppeldruck der Banknoten (Jakob Degen, 1820), das Zündholz (Hermann Weilhöfer, 1822), den Würfelzucker (1844), das mit Kautschuk imprägnierte Gewebe (Reithoffer, 1821) und das Feuerzeug (Stefan Romer, 1827). 1824 wird in Wien der Pferdeomnibus eingeführt, wer es sich leisten kann, fährt mit dem Fiaker, Landpartien am Wochenende über die Linien hinaus werden

59: Wohnung des Dichters Franz Grillparzer (1791–1872)

mit dem Zeiserlwagen oder dem bequemeren Gesellschaftswagen unternommen.

Die Industrialisierung Wiens macht rasche Fortschritte, wobei die Textil- und Seidenindustrie führend ist. Die Entwicklung der Dampfmaschine und des mechanischen Webstuhles und neue Banken machen Unternehmensgründungen leichter, der Eisenbahnbau ermöglichte den billigen Transport von Rohstoffen und Fertigprodukten und schafft Arbeitsplätze in zahlreichen Industrien wie Maschinenbau und Eisenverarbeitung, dazu kommen erste chemische Fabriken. Die rechtlichen Verbesserungen wie die Gewährung der Gewerbefreiheit (1834) und ein Patentrecht lassen in rascher Folge Betriebe entstehen, deren Reichtum aber oft auf der Ausbeutung des völlig rechtlosen neuen Proletariats der Zuwanderer und auf Kinderarbeit von bis zu 97 Stunden pro Woche beruht. 1841 erwirtschaftet die Wiener Industrie rund ein Achtel der Industrieproduktion aller Länder Österreichs, eine Wirtschaftskrise in den vierziger Jahren mit dem Verlust zahlreicher Arbeitsplätze führt dann zu einer immer weiter um sich greifenden unzufriedenen Stimmung unter den Arbeitern, die in der Revolution von 1848 mündet. Ebenfalls unzufrieden ist das Kleingewerbe,

60: Ludwig Schütz, Blick in die Schottengasse mit dem Neubau des Schottenklosters von Josef Kornhäusel, 1828

das immer mehr von Fabrikanten verdrängt wird, zwischen 1837 und 1841 steigt die Zahl der Fabrikanten um 164%, die Zahl der Gewerbetreibenden dagegen nur um 7,8%. Wegen der harten Zensur, die das Erscheinen vieler Druckwerke verhindert, gerät auch die Papierindustrie in eine Krise.

Die starke Zuwanderung von Fabriksarbeitern bringt auch für die Stadt Wien Probleme. Wohnungsnot, Spekulantentum, Kriminalität und Arbeitslosigkeit überfordern die kommunale Politik, die sich nicht in der Lage sieht, die rasch anwachsende Stadt mit einer modernen Infrastruktur zu versehen. Unter Bürgermeister Anton Lumpert (1757–1837) sieht sich die Stadt daher immer mehr einer Bevormundung durch die niederösterreichischen Landesbehörden ausgesetzt. Da Lumpert seinen Amtspflichten nur ungenügend nachkommt, wird er 1834 abberufen und durch Joseph Anton Ritter von Leeb (1769–1837) ersetzt. Besonders unter Bürgermeister Ignaz Czapka (1791–1881) werden Reformen in Wien kaum oder nur auf Druck des Staates durchgeführt, die aber zumeist wegen fehlender Kompetenz oder finanzieller Probleme wirkungslos bleiben, allerdings gelingt es ihm, die Grundherrschaften Jägerzeile (Leopoldstadt) und Hundsturm (Margareten) für Wien zu erwerben. Zwar versuchen private Wohltätigkeits- und Unterstützungsvereine, die Armut zu lindern, gemeinsam mit der immer strenger werdenden Zensur führt das Elend aber zu einer zunehmenden Politisierung der Bevölkerung, die sich im »Gewerbeverein« 1839 und dem »Juridisch-Politischen Leseverein« 1841 erste oppositionelle Organisationen schafft. Auch Arbeitervereine entstehen wie der 1842 gegründete »Unterstützungsverein für Buchdrucker«, der 1847 bereits 551 Mitglieder von insgesamt 560 Beschäftigten zählt.

Politisch gerät der Staat immer mehr in die Defensive. 1835 ist Kaiser Franz I. gestorben, ihm folgt sein kränklicher und an epileptischen Anfällen leidender Sohn Ferdinand I. (1793–1875), dessen geistige Fähigkeiten zudem nicht zur Regentschaft ausreichen. Für ihn übt ein Staatsrat unter dem Vorsitz Metternichs die Regierungsgeschäfte aus, wodurch die einheitliche Führung des Reiches verlorengeht, eine politische Weiterentwicklung des Staates ist ab da nicht mehr möglich.

Bereits ab 1845 kommt es regelmäßig zu Unruhen unter der Arbeiterschaft, ausgelöst durch das starke Ansteigen der Lebensmittelpreise, allein in diesem Jahr steigt der Weizenpreis um 100%, viele Gewerbetreibende stehen vor dem Ruin und müssen ihre Arbeiter entlassen. 1847 kommt es durch Mißernten zu einer Hungersnot unter den Wiener Arbeitern, welcher der »Allgemeine Wiener-Hilfsverein« mit der Einrichtung von Rumfordschen Suppenanstalten entgegenzuwirken versucht. Diese Suppe, bestehend aus Knochenbrühe, Hülsenfrüchten, Kartoffeln, Wurzelwerk und Schweinefleisch, wird auch an die entkräfteten Arbeiter ausgegeben, die jene öffentlichen Bauarbeiten verrichten, die man zur Linderung der Arbeitslosigkeit begonnen hat.

Als im Februar 1848 eine Revolution in Paris ausbricht, springen die Ideen von Rede- und Pressefreiheit, von Verfassung und konstitutioneller Monarchie schnell auf Mailand und Ungarn über, wo Ludwig Kossuth (1802–1894) eine Repräsentativverfassung fordert, seine Rede wird auch in Wien verbreitet und bildet den Auftakt zur Revolution.

19. Die Revolution –
Hoffnungen und blutiges Ende einer Idee
1848

Die Revolution von 1848 hatte viele Ursachen, sie entsprang nicht plötzlich den sozialen, politischen, kulturellen, nationalen und gesellschaftlichen Problemen. Die Unzufriedenheit mit dem absolutistischen System unter der Kontrolle Metternichs schwelte schon lange Zeit in der österreichischen Bevölkerung und kulminierte 1848 am Punkt der größten Konzentration, in Wien.

Hier erscheint am 4. März ein »Programm der Fortschrittspartei in Österreich« mit dem Aufruf zur Reform der Staatsverwaltung, gefolgt von Bürger- und Studentenpetitionen; gleichzeitig kommt es zu Arbeiterunruhen, die sich gegen die Ausbeutung der Arbeiter durch die Fabrikanten richten. Bald wird auch Rede- und Pressefreiheit gefordert, am 13. März wird daher eine Versammlung der Landstände in Wien einberufen. Während die Abgeordneten im Landhaus beraten, versammelt sich davor in der Herrengasse eine erregte Menschenmenge zur Unterstützung der Forderungen, welche das Militär zu vertreiben sucht; dabei fallen Schüsse, welche die ersten Opfer der Revolution fordern.

Die Regierung ist entsetzt über die rasche Ausbreitung der Revolution und beschließt nachzugeben, sie verlautbart den Rücktritt des verhaßten Staatskanzlers Metternich, der aus Wien flieht, und gibt der Forderung nach der allgemeinen Bewaffnung des Volkes nach, an das an den folgenden Tagen die Waffen des Bürgerlichen Zeughauses am Hof verteilt werden. In den Vorstädten stürmen die Arbeiter die Fabriken und vernichten die Maschinen, von denen sie glauben, daß sie ihnen Arbeitsplätze wegnehmen. Die Arbeiter zerstören die Linienämter, an denen seit 1829 die verhaßte Verzehrsteuer eingehoben wurde, und feiern die Aufhebung der Zensur und die Zusicherung einer freiheitlichen Verfassung, noch bleibt aber das Kaiserhaus von allen Diskussionen ausgenommen. Als man die »Märzgefallenen« am

61: Eduard Ritter, Die Barrikade vor dem Riesentor am 26. Mai 1848

17. März feierlich zu Grabe trägt, säumen Tausende Menschen ihren letzten Weg.

Auch in der Politik der Stadt Wien kommt es zu Veränderungen, Bürgermeister Ignaz Czapka wird zum Rücktritt gezwungen und der Polizeipräsident Graf Josef Sedlnitzky (1778–1855) verliert sein Amt.

Ende April wird in Wien ein neuer Verfassungsentwurf veröffentlicht, der zwar Glaubens- und Gewissensfreiheit zuläßt und eine innere Neuordnung der Gemeinde vorsieht, da er aber ohne Volksbeschluß zustande gekommen ist, wird er als die »oktroyierte Verfassung« abgelehnt, und es kommt dagegen im Mai zu heftigen Straßenkämpfen in Wien und zu einer »Sturmpetition«, welche die Rücknahme der Verfassung, allgemeine freie Wahlen und die Einberufung des Reichstags fordert. Der Kaiser fühlt sich nun unsicher in Wien und verlegt seine Residenz nach Innsbruck. Ende Mai gehen die Wiener nochmals auf die Barrikaden, um den Auflösungsbeschluß für die studentischen Verbände, die »Akademische Legion«, zu verhindern. Am 27. Mai anerkennt die Regierung die Behördenfunktion des »Sicherheitsausschusses« in Wien und der Nationalgarde, die Revolutionäre haben damit die Stadt Wien in der Hand.

Die Revolution von 1848

62: Carl Lanzedelli, Erstürmung der Barrikade am Praterstern durch kaiserliche Truppen am 28. Oktober 1848

Im August 1848, Karl Marx (1818–1883) erklärt den Wienern gerade in einer Reihe von Vorträgen sein »Kommunistisches Manifest«, kommt es durch Lohnkürzungen zu Protesten der Arbeiter, die aber in der blutigen »Praterschlacht« von der Nationalgarde niedergeschlagen werden.

Damit beginnt eine Spaltung der Revolution, die gemeinsame Front von Arbeitern, Studenten und Nationalgarde zerbricht, das Bürgertum rückt von der Revolution ab, da es seine wesentlichen Forderungen erfüllt sieht.

Anfang September erscheint die erste Nummer der »Österreichischen Arbeiterzeitung«, und im März 1848 wurde bereits die »Presse« gegründet, die für fast 150 Jahre zu einer der wesentlichsten Zeitungen in Österreich werden sollte.

Außerhalb Wiens sammeln sich starke militärische Kräfte, um gegen Wien vorzugehen. In Wien weigern sich am 6. Oktober die Soldaten eines Grenadierbataillons, sich zum Kampf gegen die revoltierenden Ungarn schicken zu lassen, bei den darauffolgenden Unruhen stürmt die Wiener Bevölkerung das kaiserliche Zeughaus in der

63: Richard Weixelgärtner, Erschießung von Caesar Wenzel Messenhauser, Kommandant der Wiener Nationalgarden, am 16. Nov. 1848 im Graben vor der Neutorbastei

Renngasse und hängt Kriegsminister Theodor Graf Latour (1780–1848) an eine Laterne am Platz Am Hof. Der Kaiser, der im August wieder nach Wien zurückgekehrt war, flieht nun erneut, diesmal nach Olmütz und erteilt den Generälen Josef Jellacic (1801–1859) und Alfred Fürst Windisch-Graetz (1787–1862) den Auftrag, Wien zu erobern und der Revolution ein Ende zu bereiten. Vom 12. bis zum 20. Oktober umzingeln kaiserliche Truppen die Stadt, in der in fieberhafter Eile an allen wichtigen Straßen und Plätzen Barrikaden entstehen. Die Wiener Truppen werden vom Schriftsteller Caesar Wenzel Messenhauser (1813–1848) und vom polnischen General Bem kommandiert, die eine Mobilgarde aus allen Bevölkerungsschichten aufstellen. Die kaiserlichen Truppen beginnen am 21. Oktober gegen die Vorstädte vorzugehen und bombardieren tagelang die Stadt, am 28. Oktober gehen sie zum Hauptangriff über, überwinden den Linienwall und dringen in die Vorstädte ein. Als die »Sternbarrikade« in der Jägerzeile fällt, steht den kaiserlichen Truppen der Weg in die Stadt offen. Diese kapituliert am 29. Oktober, schöpft aber nochmals Hoffnung, als gemeldet wird, daß ein Heer ungarischer Revolutionäre zum

Entsatz anrückt. Dieses wird aber am 30. Oktober in einer Schlacht bei Schwechat geschlagen, am 31. Oktober ziehen die kaiserlichen Truppen unter blutigen Ausschreitungen in der Stadt ein. Die Revolution in Wien ist gescheitert.

Ein letztes Nachspiel findet sie am 16. November, als Wenzel Messenhauser und der Abgeordnete des Frankfurter Parlaments, Robert Blum (1807–1848), in Wien füsiliert werden. Am 2. Dezember dankt Kaiser Ferdinand in Olmütz ab, um Platz zu machen für seinen 18jährigen Neffen Franz Joseph (1830–1916), dem es nun obliegt, die Habsburger wieder mit den Wienern, die während der Belagerung rund 2000 Tote zu beklagen hatten, zu versöhnen.

20. Gründerzeit – »Es ist mein Wille ...«
1848–1858

Die Revolution von 1848 war zwar gescheitert, das Bürgertum aber war politisch und wirtschaftlich ihr Nutznießer gewesen und machte sich nun daran, Wien zur Großstadt und dann zur Weltstadt, zum wahren Mittelpunkt eines Reiches von 54 Millionen Einwohnern zu machen. Zahlreiche neue Betriebe und Fabriken siedeln sich in Wien an, sei es die Möbelfabrik Michael Thonets (1796–1871), die Kassen- und Tresorfabrik eines Franz Wertheim (1814–1883) oder die Brauerei eines Adolf Ignaz Mautner (1800–1889); die Wiener Wirtschaft weitet sich aus, das Wachstum der Stadt wird ergänzt von neuen kommunalen Einrichtungen wie Schlachthäusern oder einer neuen Tierärztlichen Hochschule. Dennoch steht Wien weiterhin unter Belagerungszustand, der erst 1853 aufgehoben wird, zur sichtbaren Erinnerung an die Revolution von 1848 und um die Wiener im Zaum zu halten, werden zwei gewaltige Militärbauten in Wien errichtet, das Arsenal – das Museum, Kaserne, Waffenlager und Fabrik ist –, und die Kaiser-Franz-Josephs-Kaserne an der Ostecke der Stadt, an der erstmals das Motto Kaiser Franz Josephs, »In Viribus Unitis«, angebracht ist. Nur wenig später sollte an der Westseite der Stadt auch noch die Roßauer Kaserne folgen und so die Stadt militärisch gleichsam in die Zange nehmen.

Die zunehmende Industrialisierung Wiens läßt es notwendig erscheinen, auch verwaltungsmäßig über die Grenzen der mittelalterlichen Stadt hinauszugreifen: Nach langen Diskussionen wird 1850 die Eingemeindung der 34 Vorstädte innerhalb der Linien und der Leopoldstadt beschlossen, welche nun die Bezirksbezeichnungen II bis VIII erhalten. Wien hat nun 431.000 Einwohner, von denen aber bei den Gemeinderatswahlen von 1850, bedingt durch das Verhältniswahlrecht, nur 6000 ihre Stimme abgeben dürfen.

1851 läßt Kaiser Franz Joseph I. die Verfassung von 1849 durch das

64: Blick über die Stadtbefestigung beim Stubentor kurz vor dem Abriß der Stadtmauern, Photo um 1858

65: Bahnhof der Kaiserin-Elisabeth-Westbahn, Photo um 1858

66 + 67: Kaiser Franz Joseph I. (1830–1916) und Kaiserin Elisabeth (1837–1898)

»Silvesterpatent« ersetzen und stellt damit wieder die absolute Monarchie her, dabei wird auch die revolutionäre Gemeindeverfassung aufgehoben, der Bürgermeister von Wien muß wieder vom Kaiser bestätigt werden. Die neuerliche Unterdrückung aller freiheitlich-liberalen Bestrebungen führt 1853 zu einem Attentat auf Kaiser Franz Joseph bei einem Spaziergang auf der Burgbastei, bei dem der Kaiser verletzt wird. Der Attentäter, der ungarische Schneider János Libényi (1831–1853), wird einige Tage später hingerichtet, die Retter Franz Josephs werden reich belohnt. Sein Bruder Ferdinand Maximilian (1832–1867), der spätere Kaiser von Mexiko, gelobt die Errichtung der Votivkirche zum Dank für die Errettung des Monarchen, der im Jahr darauf die bayrische Prinzessin Elisabeth (Sisi) (1837–1898) heiratet, die bei ihrem Einzug in Wien erstmals wieder die Sympathien der Wiener für die Habsburger erringt.

1853 denkt der Magistrat bereits über die Auflassung des Glacis nach, welches die Vorstädte von der Stadt trennt, und parzelliert die Gründe zwischen der heutigen Berggasse und Türkenstraße, 1856 er-

Gründerzeit

folgt die Grundsteinlegung der Votivkirche auf den Glacisgründen vor dem Schottentor. 1857 gelingt es Kaiser Franz Joseph, sich gegen das Militär durchzusetzen, und er ordnet die Schleifung der Basteien an, um an ihrer Stelle eine neue große Prachtstraße zu errichten.

1849 stirbt der Walzerkönig Johann Strauß Vater in Wien an Scharlach, der Komponist des »Radetzkymarsches« wird heftig betrauert von den Wienern, die sich aber schnell seinem Sohn Johann (1825–1899) zuwenden, der den Wiener Walzer und die Operette zu ihrer Vollendung führen wird. Der Geburtshelfer der Operette ist der Komponist Franz von Suppé (1819–1895), der mit seinem Einakter »Das Pensionat« 1858 in Konkurrenz zu den Stücken von Jaques Offenbach tritt, welche bisher die Wiener Theater dominiert haben.

21. Ringstraßenzeit – Soziales Elend neben dem Bürgerpalais
1858–1890

Der Abriß der Basteien und Mauern beginnt 1858 und ist bis 1864 im wesentlichen abgeschlossen. Am 1. Mai 1865 kann die neue Ringstraße, freilich noch ohne ihre Prachtbauten, vom Kaiser eröffnet werden, erste Bürgerhäuser entstehen auf den freien Gründen bereits seit 1860.

Fast alle namhaften nationalen und internationalen Architekten beteiligen sich an einem Wettbewerb zur Stadterweiterung Wiens; aus den insgesamt 85 Vorschlägen erwählt der Kaiser 1859 den endgültigen Entwurf, der drei ringförmige Straßen rund um die Stadt vorsieht. Anstelle der Stadtmauern soll eine Ringstraße mit zahlreichen öffentlichen Bauten, bürgerlichen Häusern und adeligen Palais entstehen; am äußeren Rand des Glacis soll eine »Lastenstraße« den Verkehr aufnehmen. An Stelle des Linienwalles schließlich soll eine Straße rund um Wien entstehen, die mit den beiden inneren Ringen durch Radialstraßen verbunden wird. Finanziert werden sollen die Bauten durch den Verkauf der Grundstücke an Bürger und Adel, die sich gerne der Konkurrenz stellen und in der Folge eine große Anzahl repräsentativer Bauten entlang des Ringes errichten.

In rascher Folge entstehen nun die Hauptwerke der Ringstraße: 1856 beginnt Heinrich Ferstel (1828–1883) den Bau der Votivkirche, geplant als österreichische Ruhmeshalle im Stil der französischen Kathedralgotik, die in Wien als »Zuckerbäckergotik« verspottet wird. 1872–1883 entsteht am Josephstädter Glacis das neue Rathaus nach dem Plan des Dombaumeisters Friedrich von Schmidt (1825–1891) im neugotischen Stil, umgeben vom Rathausviertel, dessen Kern die 77 »Arkadenhäuser« von Franz Neumann bilden.

Als Sitz für den Reichsrat entsteht nach einem Plan von Theophil Hansen 1873–1883 das Reichsratsgebäude (heute: Parlament) im Stil der griechischen Antike, gleichzeitig entsteht auch die von Heinrich

68: Demolierung der Rotenturmbastei am Donaukanal, Photo April 1858

Ferstel im Stil der italienischen Renaissance geplante Universität. Das Ensemble wird vom Burgtheater, 1874–1888 nach den Plänen von Gottfried Semper (1803–1879) und Carl Hasenauer (1833–1894) erbaut, und dem von Stadtgartendirektor Rudolf Sieböck 1872/73 entworfenen Rathauspark geschlossen, nachdem bereits 1862 der Stadtpark als englischer Garten entstanden ist. 1874 bis 1877 wird am Schottenring von Theophil Hansen die Börse errichtet, ihr repräsentativer großer Saal wird beim Brand des Gebäudes im Jahre 1956 zerstört.

Ein zweites großes Ensemble sollte das von Hasenauer und Semper geplante Kaiserforum bilden. Auf den Bau von Kunsthistorischem und Naturhistorischem Museum 1872–1881 folgt der Bau der Neuen Hofburg, die erst 1913 fertiggestellt wird, ein zweiter entsprechender Teil, geplant auf der dem Volksgarten zugewandten Seite des Heldenplatzes, wird nicht ausgeführt, allerdings wird 1893 der Michaelertrakt der Hofburg fertiggestellt, den bereits Joseph Emanuel Fischer von Erlach geplant hatte. Voraussetzung dafür war der Abriß des alten Burgtheaters im Jahre 1881. Für die Künste erbauen Eduard van der Nüll (1812–1868) und August Siccard von Siccardsburg (1813–1868)

69: Der Franzensring mit den unvollendeten Prachtbauten, um 1888

von 1861 bis 1869 die Oper und Theophil Hansen die Akademie der bildenden Künste am Schillerplatz. Im Stil der italienischen Renaissance entsteht von August Weber 1865–1868 das Künstlerhaus, flankiert vom Gebäude der Handelsakademie und dem 1867–1869 erbauten Musikvereinsgebäude, hier schließt sich das Ensemble des Schwarzenbergplatzes mit seinen dominierenden Eckbauten an. Ebenfalls den Künsten dient das bereits 1864 eröffnete Museum für Kunst und Industrie am Stubenring.

Einer der wichtigsten Kirchenbauten der Zeit ist die Altlerchenfelder Kirche, das bedeutendste Bauwerk der Wiener Romantik, die 1861 fertiggestellt wird und eine Innenausstattung im Stil der nazarenischen Kunstrichtung aufweist.

Noch aber stellt der Linienwall eine Trennlinie dar, die man verwaltungsmäßig von seiten der Wiener Stadtväter zunächst aus Furcht vor dem rebellischen Proletariat in den Vororten nicht zu überschreiten wagt. Außerhalb des Linienwalles entstehen daher in rascher Folge durch die starke Zuwanderung sich immer weiter ausdehnende Siedlungen, die, wie etwa Hernals, das zur größten Gemeinde in Niederösterreich wird, bald bis zu 70.000 Einwohner aufweisen, durch

70: Josef Langl, Ansicht von Wien mit dem Gelände der
Wiener Weltausstellung, 1873

ihre Autonomie aber die weitere Entwicklung Wiens behindern. 1874 wird daher der Vorort Favoriten als X. Bezirk eingemeindet. In diesen Vorstädten siedelt sich ein aus den Ländern der Monarchie zugewandertes Proletariat an, das in den zahlreichen hier entstehenden Fabriken Arbeit und in schnell errichteten Zinskasernen Unterkunft findet. Die Arbeiter leben zumeist in großen Wohnblöcken, wobei Kleinwohnungen die Masse der Bevölkerung beherbergen; die Vermietung von Schlafstätten, das sogenannte Bettgehertum, und die überbelegten Zinskasernen führen zu einer zunehmenden Verelendung der Vororte, in denen die »Wiener Krankheit«, die Lungentuberkulose, eine häufige Erscheinung ist.

Erst 1890 stimmt der Kaiser der Eingemeindung der Vororte zu, die 1892 vollzogen wird, wodurch die Fläche Wiens auf 178 km² wächst und auf 19 Bezirke erweitert wird, die Einwohnerzahl steigt auf 1,3 Millionen an, 1893 wird der Linienwall der Gemeinde Wien übergeben und eingeebnet. 1904 werden auch die Gebiete nördlich der Donau unter dem Namen Floridsdorf als XXI. Bezirk eingemeindet, erst 1938 wird der östliche Teil unter dem Namen Donaustadt zum XXII. Bezirk abgetrennt.

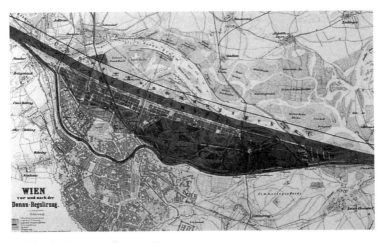

71: Plan der Donauregulierung, 1870

Zwischen 1870 und 1875 hatte man mit der Anlage eines neuen Donaubettes den Hochwasserschutz verbessert und damit auch die aufstrebenden Industriegemeinden am Nordufer der Donau durch einen Damm geschützt; die Verlegung des Donaubettes macht auch die Errichtung neuer Brücken über die Donau notwendig, am neuen Donaukai entstehen zahlreiche Lagerhäuser und Schiffkais. 1873 wird in Wien die Weltausstellung veranstaltet, zur deren Anlaß das damals größte Gebäude der Welt, die Rotunde, im Prater errichtet wird (abgebrannt 1938). Im Vorfeld der Weltausstellung, in deren 200 Hallen und Pavillons 40 Länder rund 35.000 Exponate ausstellen, kommt es zu gewaltigen Spekulationen an der Wiener Börse, das Wirtschaftsklima überhitzt sich, und es kommt zum Börsenkrach. Außerdem wird die Weltausstellung, bedingt durch eine gleichzeitige Choleraepidemie in Wien, zum finanziellen Mißerfolg und kann die angestrebten Besucherzahlen nicht erreichen. Zwar kann Kaiser Franz Joseph Monarchen wie den Schah von Persien, Zar Alexander von Rußland und Kaiser Wilhelm I. von Deutschland in Wien begrüßen; aber als die Weltausstellung beendet wird, bleiben 19 Millionen Gulden an Defizit zurück.

Die Ringstraßenzeit ist auch die Zeit der Entstehung neuer politischer Parteien, welche bald den regierenden Liberalen im Wiener Rathaus Konkurrenz machen. 1887 wird in Wien von Ludwig Psenner der Christlich-Soziale Verein gegründet, dem ein halbes Jahr später Karl Lueger (1844–1910) beitritt; unter seiner Führung wird der Verein 1893 in eine Partei umgewandelt und erringt 1895 bei den Gemeinderatswahlen die Mandatsmehrheit im Wiener Rathaus. Bereits 1882 hatte der Reichsratsabgeordnete Georg Ritter von Schönerer (1842–1921) den Deutschnationalen Verein gegründet, der 1885 einen Arierparagraphen einführte und für immer wiederkehrende Tumulte im Parlament sorgte. 1911 konnten die Deutschnationalen als dritte Massenpartei neben den Sozialdemokraten und Christlich-Sozialen in das Parlament einziehen; ihre Programme haben den jungen Adolf Hitler, der von 1907 bis 1913 in Wien lebte, entscheidend geprägt.

Die dritte große Partei war die Sozialdemokratische Partei, gegründet 1889 von Victor Adler (1852–1918), der als Arzt am Wienerberg das Elend der Ziegelarbeiter kennengelernt hatte. Mit der Gründung der »Arbeiter-Zeitung« und der Organisation der Feiern zum 1. Mai 1890 macht die Partei rasch auf sich aufmerksam, aber erst nach der Wahlrechtsreform von 1907, den ersten allgemeinen und gleichen Wahlen, allerdings noch ohne Beteiligung der Frauen, kann die Sozialdemokratische Partei mit 87 Abgeordneten als zweitstärkste Partei ins Parlament einziehen. Die Sozialdemokratie gibt auch Frauen aus dem Arbeitermilieu wie Adelheid Popp (1869–1959) erstmals die Möglichkeit, sich politisch zu betätigen, während die Frauen des Bürgertums in Rosa Mayreder (1818–1865) eine Streiterin für ihre Emanzipation finden.

In den Wissenschaften, besonders in der Medizin, erwirbt sich Wien in dieser Zeit Weltruf durch die Tätigkeit des Chirurgen Theodor Billroth (1829–1894) und des Frauenarztes Ignaz Semmelweis (1818–1865), der erkennt, daß das tödliche Kindbettfieber von der mangelnden Hygiene der Ärzte herrührt; und der Radiologe Guido Holzknecht studiert als einer der ersten Ärzte die Wirkung der Röntgenstrahlen.

Die herausragende Künstlerpersönlichkeit in Wien um 1870–1880 ist Hans Makart (1840–1884), der einem ganzen Kunststil seinen Namen gibt, als »Künstlerfürst« in einem verschwenderisch eingerichte-

72: Hans Makart (1840–1884), Künstlerfürst der Ringstraßenzeit und Namengeber einer Epoche

ten Atelier Hof hält und seine Gemälde im Sinne des verschwenderischen Historismus malt. Höhepunkt seiner Tätigkeit ist der Festzug der Stadt Wien anläßlich der Silbernen Hochzeit des Kaiserpaares am 27. April 1879, an dem sich die ganze feine Wiener Gesellschaft in historischen Kostümen beteiligt. Makart hat auch starken Einfluß auf den jungen Maler Gustav Klimt (1862–1918), der an der historischen Ausstattung des Burgtheaters beteiligt ist, ehe er sich dem Jugendstil zuwendet und neben Egon Schiele (1890–1918) zu einem der berühmtesten Künstler der Jahrhundertwende wird. In der Architektur ist die Zeit vom Baustil Otto Wagners (1841–1918) geprägt, wenngleich am Beginn des 20. Jahrhunderts bereits Adolf Loos (1870–1953) mit dem Bau seines ornamentlosen Hauses am Michaelerplatz 1909–1911 den Weg in die neue Zeit weist.

In der leichten Musik dominiert weiter die Komponistenfamilie Strauß, die Uraufführung der Operette »Die Fledermaus« von Johann Strauß (Sohn) am 5. April 1874 wird zum grandiosen Erfolg. Weitere Vertreter dieser »Goldenen Operettenära« sind Franz von Suppé (1819–1895), Carl Zeller (1842–1898) und Carl Millöcker (1842–1899), während Carl Michael Ziehrer (1843–1922) und Richard Heuberger (1850–1914) stilistisch bereits in das 20. Jahrhundert weisen.

73: Johann Strauß (1825–1899)
Walzerkönig und Operettenkomponist

Im Theater erfährt das Burgtheater nach dem Umzug in das neue Haus am Ring durch die Intendanz von Max Burckhardt eine wesentliche Aufwertung. In rascher Folge werden im theaterbegeisterten Wien weitere Theater eröffnet, so das Stadttheater (heute Ronacher) 1882, das Kaiser-Jubiläums-Theater (Volksoper) 1898, die Komische Oper am Ring 1874, der Vorläufer des 1881 abgebrannten Ringtheaters, bei dessen Brand 386 Menschen ums Leben kamen, oder das Deutsche Volkstheater 1889. Der Schauspieler wird zum neuen Star der bürgerlichen und adeligen Gesellschaft, Künstler wie Alexander Girardi (1850–1918), Katharina Schratt, heimliche Freundin des Kaisers, oder Charlotte Wolter (1831–1897) und Josef Kainz (1858–1910) werden gefeiert und verehrt.

Die ernste Musik in Wien präsentiert sich als Konkurrenz zwischen Johannes Brahms (1833–1897) und Anton Bruckner (1824–1896), während Gustav Mahler (1860–1911), Hofoperndirektor von 1897–1907, bereits die neue Zeit charakterisiert und mit Hugo Wolf (1860–1903) und Arnold Schönberg (1874–1951) die Musik des Fin des siècle bis zum Beginn des Weltkrieges bestimmt; ihre Höhepunkte: die Uraufführungen von »Elektra« 1909 und des »Rosenkavaliers« 1911 von Richard Strauss (1864–1949).

22. Luegerzeit –
Das kommunale Wien des »schönen Karl«
1895–1910

Die Eingemeindung der Vorstädte von 1890–1892 macht dringend Verbesserungen im kommunalen Bereich zur Versorgung der noch immer rasch wachsenden Stadt nötig. Die liberalen Bürgermeister hatten auf die Kräfte des freien Marktes vertraut und die Versorgung mit öffentlichen Verkehrsmitteln, Wasser, Strom und Gas privaten Gesellschaften überlassen, die ihrem Versorgungsauftrag allerdings nur nach wirtschaftlichen Gesichtspunkten nachkamen. Dagegen stellt sich der 1895 gewählte, aber vom Kaiser auf Grund seines Antisemitismus zu seinem Amt erst 1897 zugelassene Bürgermeister Karl Lueger. In seinem Programm für Wien steht an erster Stelle der Kirchenbau, um auch die Arbeitergemeinden der Vororte kirchlich zu betreuen. Danach folgt eine weitgehende Kommunalisierung öffentlicher Einrichtungen; so werden die Verträge mit privaten Gas- und Stromlieferanten nicht mehr erneuert, statt dessen errichtet die Gemeinde Wien 1910 in Simmering und 1911 in Leopoldau eigene Gaswerke. Die drei privaten Stromgesellschaften Wiens werden aufgelöst, und 1901 und 1902 nehmen städtische Elektrizitätswerke den Betrieb auf, worauf die Elektrifizierung Wiens rasche Fortschritte macht.

Die öffentlichen Verkehrsmittel werden bis dahin durch zwei private Gesellschaften, die »Wiener Tramway-Gesellschaft« und die »Neue Wiener Tramway-Gesellschaft« besorgt, seit 1897 gibt es eine erste elektrifizierte Linie, die Hauptlast des Verkehrs trägt jedoch die Pferde-Tramway, deren schlechte Arbeitsbedingungen die Bediensteten 1889 zum Streik treiben. 1900 übernimmt die Stadt Wien den Betrieb und kann bis 1902 eine fast vollständige Elektrifizierung des Tramwaynetzes durchführen, weitere Kommunalisierungen erfolgen im Bereich der städtischen Bestattung und beim städtischen Brauhaus in Rannersdorf.

74: Bau der Stadtbahnstation Karlsplatz, Photo um 1900

Ein wichtiges Problem für die Stadt ist die Regelung der Wasserversorgung. Nach der Errichtung einer ersten Hochquellwasserleitung 1873 aus dem Gebiet von Rax und Schneeberg reichen die zugeführten Wassermengen bald nicht mehr aus, so daß von 1900 bis 1910 eine zweite Wasserleitung aus dem Hochschwabgebiet nach Wien gelegt werden muß.

Ein wesentliches Bauvorhaben ist die Regulierung des Wienflusses, der in der Vergangenheit immer wieder für Überschwemmungen in der Stadt gesorgt hatte. Sie wird von 1902 bis 1908 nach den Plänen Otto Wagners (1841–1918) durchgeführt, der zur selben Zeit auch den Bau der Stadtbahn, einer Ringbahn in Tief- und Hochlage rund um Wien am Gürtel, durchführt. Von ihm stammen auch die 1906 eröffnete Postsparkasse, ein Hauptwerk der funktionalistischen Architektur am Beginn des 20. Jahrhunderts, und die Kirche am Steinhof, geweiht 1907, Zentrum der neuen Heil- und Pflegeanstalt der Stadt Wien. Weitere Hauptwerke seines Jugendstils sind zwei Wohnhäuser an der Linken Wienzeile sowie seine Entwürfe zum Bau eines Historischen Museums der Stadt Wien am Karlsplatz, ein Plan, der erst von Oswald Haertl 1958 in moderner Form realisiert wird.

Lueger vertrat in seinem politischen Programm für die Stadt Wien

75: Die kommunalen Elektrizitätswerke in Simmering, Photo um 1900

auch erstmals eine soziale Komponente. In der liberalen Ära hat man karitative Belange allein privaten Stiftungen und Gönnern überlassen, da deren Aktivitäten durch die starke Bevölkerungszunahme nicht mehr ausreichen, springt auch hier die Stadt Wien ein. Man errichtet kommunale Kinderheilstätten in Bad Hall, Sulzbach-Ischl und San Pelegrini in Istrien, baut Waisenhäuser, Schulen und das Versorgungshaus in Lainz zur Aufnahme alter Menschen sowie die Urania als Volksbildungshaus. Lueger ist in Wien sehr populär, dies äußert sich in insgesamt sieben Wahlsiegen für die Christlich-Soziale Partei. 1907 wird er nochmals zum Bürgermeister gewählt, als er 1910 überraschend stirbt, ist gerade der Bau einer Untergrundbahn für Wien in Planung. Sein Tod und der Erste Weltkrieg ließen eine Verwirklichung dieses Projektes erst rund 50 Jahre später zu.

Politisch hatte Lueger vor allem mit dem Gegensatz der Nationalitäten in Wien zu kämpfen, welche sich in den Badeni-Krawallen 1897 zuspitzten, in denen es um die Einführung von Tschechisch als Amtssprache in der k. k. Monarchie ging. Lueger, der durch die Unruhen sein tschechisches Wählerpotential in Wien gefährdet sah, brachte Ministerpräsident Badeni dazu, die umstrittene Verordnung wieder zurückzunehmen.

76: Bau einer Wasserleitung, Photo um 1900

In der Literatur ist die Ära Lueger als Zeit der »Dekadenzdichtung« verrufen. Die junge Generation von Dichtern wie Hermann Bahr (1863–1934), Hugo von Hofmannsthal (1874–1929), Richard Beer-Hofmann und Arthur Schnitzler (1862–1931) zollen zwar den Altmeistern wie Marie Ebner-Eschenbach (1830–1916) und Ludwig Anzengruber (1839–1889) noch Verständnis und Respekt, distanziert sich aber doch von deren literarischen Verfahrensweisen. Es ist die Zeit der Kaffeehausliteraten wie Peter Altenberg (1859–1919), Anton Kuh, Felix Salten (1869–1945) und Karl Kraus (1874–1936), die sich in Kaffeehäusern wie dem »Central« oder dem »Griensteidl« heftig bekriegen. Es ist aber auch die Zeit eines Robert Musil (1880–1942), der 1906 mit seinem »Törless« Aufsehen erregt, die Zeit einer Bertha von Suttner (1843–1914), die mit ihrem Buch »Die Waffen nieder« 1905 den Friedensnobelpreis erhält, und es ist die Zeit der ersten Arbeiterdichter wie Alfons Petzold (1882–1932) oder der sozialen Lyrik eines Anton Wildgans (1881–1932).

In der bildenden Kunst ist das wesentlichste und einschneidendste

77: Wilhelm Gause, Ball der Stadt Wien, 1904. Im Mittelpunkt der Szene mit goldener Kette Bürgermeister Dr. Karl Lueger

Ereignis der Zeit die Gründung der Wiener Secession 1897, einer Künstlervereinigung, die den Rahmen des konservativen Künstlerhauses verläßt, um neue Wege in der Kunst zu beschreiten. Ihre Hauptvertreter und Gründer Gustav Klimt (1862–1918), Josef Hoffmann (1870–1956) und Carl Moll (1861–1945) scharen bald eine Reihe namhafter Wiener Künstler, Designer und Architekten um sich wie Otto Wagner, Koloman Moser, Egon Schiele, Wilhelm Bernatzik, Alfred Roller, Joseph Maria Olbrich und Arthur Strasser, man gab die Zeitschrift »Ver Sacrum« heraus und verfügte ab 1898 über ein eigenes, von Olbrich entworfenes Haus am Karlsplatz, in dem bis 1918 zahlreiche Ausstellungen stattfanden. Ähnliche Ziele wie die Secession verfolgte der 1900 gegründete Hagenbund um Heinrich Leffler und Josef Urban. Um die Qualität des Kunsthandwerks zu erhöhen, wurde 1903 von Joseph Hoffmann, Koloman Moser und Fritz Waerndorfer die Wiener Werkstätte gegründet, weil eine rege Nachfrage nach kunsthandwerklichen Gegenständen aus der Wiener Secession bestand, für die auch Oskar Kokoschka arbeitete.

78: Otto Wagner, 1897, Projekt der Verbauung des Franz-Joseph-Kais

79: Friedrich Alois Schön, Der Obstmarkt am Schanzel, 1895

Die Ära Luegers ist durch zwei Publikationen gekennzeichnet, welche in Wien geschrieben wurden und die Welt verändert haben: 1896 erscheint die Schrift »Der Judenstaat« von Theodor Herzl (1860–1904), der »Versuch der Lösung der Judenfrage«, in der er für die Juden einen eigenen Staat in Palästina fordert. 1900 erscheint das Buch »Die Traumdeutung« des Wiener Arztes Sigmund Freud (1856–1939), mit dem er die moderne Seelenforschung begründet. Seine Praxis in der Berggasse 9 wird bis zu seiner von den Nationalsozialisten erzwungenen Emigration 1938 das Zentrum der Psychoanalyse in der Welt. Seine Theorien werden gefeiert und heftig bekämpft, nicht zuletzt von Otto Weininger (1880–1903) in dem Buch »Geschlecht und Charakter«, einem frauenfeindlichen Anti-Freud-Kompendium, das mehr Auflagen erlebte als die Schrift Freuds.

Die Zeit vom Tode Luegers 1910 bis zum Ausbruch des Weltkrie-

80: Wohnung des Architekten Adolf Loos (1870–1933)

Einleitung

ges 1914 ist eine Zeit der sozialen Kämpfe, bereits 1911 kommt es zur »Hungerrevolte«, die sich gegen die steigenden Lebensmittelpreise richtet und vom Militär blutig niedergeschlagen wird. In Wien findet 1911 der Erste Internationale Frauentag statt, auf dem die Frauen das Wahlrecht fordern. Die sozialen Gegensätze münden in einer Radikalisierung der großen Parteien, so erschießt 1913 der Bruder des christlich-sozialen Politikers und Arbeiterführers Leopold Kunschak (1871–1953), Paul Kunschak, den sozialdemokratischen Abgeordneten Franz Schuhmeier (1864–1913) und wird dafür hingerichtet. Im selben Jahr kommt es im Bereich des Militärs zum Skandal, als bekannt wird, daß der wegen seiner Homosexualität erpreßte Generalstabsoffizier Alfred Redl (1864–1913) die österreichischen Aufmarschpläne an Rußland verraten hat, Redl wird zum Selbstmord gezwungen, der Fall soll vertuscht werden, wird aber von dem »rasenden Reporter« Egon Erwin Kisch (1885–1948) aufgedeckt.

Von 1907 bis 1913 lebt der junge Adolf Hitler (1889–1945) als Kunstmaler in Wien, nachdem man ihm die Aufnahme an die Wiener Kunstakademie verweigert hat. 1913 hält sich auch der russische Revolutionär Joseph Stalin in Wien auf, ebenso sein Parteigenosse Trotzki. Knapp vor dem Weltkrieg wird Rapid erster Fußballmeister in Wien, eröffnet das Wiener Konzerthaus und wird das Technische Museum fertiggestellt, auch das Kriegsministerium am Stubenring, der letzte der großen Ringstraßenbauten, wird bezogen.

23. Der Erste Weltkrieg – Von der Kaiserstadt zum »Wasserkopf« 1914–1918

Der Erste Weltkrieg, ausgelöst durch die Ermordung des österreichischen Thronfolgers Franz Ferdinand (1863–1914) durch serbische Nationalisten in Sarajevo bringt das Ende des Fin de siècle. Bereits kurz nach Beginn des Krieges kommt es zu ersten Lebensmittelrationierungen und zu Zensurmaßnahmen, das farbige Wien der Jahrhundertwende wird feldgrau. Schon im ersten Kriegswinter 1914/15 ergießt sich ein Flüchtlingsstrom nach Wien, dessen Bevölkerungszahl nun auf 2,2 Millionen Einwohner anwächst.

1915 werden die Arbeiter rechtlich den Soldaten gleichgestellt, dies bedeutet, daß jeder Sozialschutz und das Streikrecht aufgehoben werden. Viele Arbeiterfamilien können sich die steigenden Mieten nicht mehr leisten und werden delogiert, um diese Vorgangsweise der Hausbesitzer zu verhindern, wird 1917 in Wien der Mieterschutz eingeführt, der ab 1922 zur Daueraeinrichtung wird. Ab 1916 kommt es immer wieder zu Hungerdemonstrationen von Frauen und Kindern in Wien. Aus Protest gegen den andauernden Krieg erschießt am 21. Oktober 1916 Friedrich Adler (1879–1960), Sohn des Gründers der Sozialdemokratischen Partei, Victor Adler (1852–1918), den Ministerpräsidenten Graf Karl Stürkh. Einen Monat später stirbt Kaiser Franz Joseph I. nach 68jähriger Regierungszeit; sein Leichenbegängnis über die Ringstraße und sein Begräbnis in der Kapuzinergruft wird zur letzten großen Demonstration der k. k. Monarchie.

Die Kultur bedeutet in den Kriegsjahren nicht viel in Wien, Karl Kraus schreibt an seinem monumentalen Epos »Die letzten Tage der Menschheit«, Alexander »Sascha« Graf Kolowrat (1886–1927) erkennt die Möglichkeiten des neuen Mediums Film und gründet ein erstes Filmstudio in Wien, das aber zunächst nur Wochenschauen und Kriegsberichte erstellt, 1916 wird in Wien der Beschluß gefaßt, in Salzburg alljährlich Festspiele abzuhalten.

81: Kriegsbegeisterung am Michaelerplatz in Wien, Photo August 1914

82: Zivilisten stellen sich vor einer Kriegsküche zum Essen an, Photo 1917

Im Jänner 1918 kommt es in Wien erneut zu Streiks und Demonstrationen gegen die Fortführung des Krieges, diese werden im Juni im größeren Umfang wiederholt. Am 10. August wirft der italienische Dichter Gabriele d'Annunzio aus einem Flugzeug über Wien Flugblätter ab, die zur Beendigung des Krieges auffordern.

Im Oktober 1918, das Ende des Krieges und die Auflösung der Monarchie ist absehbar, konstituiert sich in Wien die »Provisorische Nationalversammlung für Deutsch-Österreich«, am 11. November dankt Kaiser Karl I. (1887–1922), der Franz Joseph auf den Habsburgerthron nachgefolgt ist, ab, und am 12. November 1918 wird vor dem Parlament die Ausrufung der Republik Deutsch-Österreich verkündet. In Wien gibt es seit dem 3. November auch eine Kommunistische Partei, die erste außerhalb der Sowjetunion, die auch schon über eine eigene Truppe von Roten Garden verfügt. Im Herbst dieses Jahres wütet auch in Wien die schwere, weltweite Grippeepidemie von 1918, der viele durch die Hungerjahre des Krieges geschwächte Menschen zum Opfer fallen; unter den Toten sind auch die Künstler Gustav Klimt, Egon Schiele, Koloman Moser und Otto Wagner.

24. Zwischenkriegszeit – Der Tanz auf dem Vulkan
1918–1938

Der Untergang der Donaumonarchie im November 1918 läßt Wien als riesige Hauptstadt eines Kleinstaates zurück. Zudem kommt es zu ausgedehnten Bevölkerungsbewegungen in Europa, da zahlreiche deutschsprachige Bewohner der ehemaligen Monarchie nach Wien ziehen, ebenso wie verfolgte Juden aus ganz Osteuropa, dagegen übersiedeln viele Wiener Tschechen oder Ungarn in ihre neuentstandenen Nationalstaaten.

Wien hat mit zahlreichen Problemen zu kämpfen, die Stadt hat ihr wirtschaftliches Hinterland in Böhmen, Mähren und Ungarn verloren und ist von ihren traditionellen Nahrungsmittel-, Energie- und Rohstoffquellen abgeschnitten, hat aber den überdimensionierten Verwaltungs- und Dienstleistungsapparat eines 54-Millionen-Reiches behalten.

Die Gemeindekassen sind leer, wegen Kohlenmangels müssen zahlreiche Industriebetriebe stillgelegt werden, die Nahrungsmittelversorgung bricht zeitweise völlig zusammen. Von den 147.192 Arbeitslosen in Österreich leben 111.796 in Wien, die Wiener Bevölkerung wird von der Tuberkulose geplagt, und die Säuglingssterblichkeit beträgt 25%.

Da eine Neuwahl des Wiener Gemeinderates rechtlich erst nach der Wahl zur österreichischen Nationalversammlung möglich ist, bestimmt man am 3. Dezember 1918 einen provisorischen Gemeinderat nach dem alten Wahlrecht, in dem die Christlich-Sozialen unter Bürgermeister Richard Weiskirchner (1861–1926) noch einmal eine deutliche Mehrheit zugestanden bekommen. Die ersten freien Wahlen in Wien mit der Teilnahme der wahlberechtigten Frauen 1919 bringt den völligen politischen Umsturz und der Sozialdemokratischen Partei eine bequeme absolute Mehrheit, gestützt auf dieses Votum kann sie nun darangehen, den Traum von einem sozialistischen »Roten

83: Die Ausrufung der
Ersten Republik vor dem Parlament,
Photo 12. November 1918

Wien« zu verwirklichen. Zunächst wird Wien durch ein Bundesverfassungsgesetz am 1. Oktober 1920 verwaltungsmäßig von Niederösterreich getrennt und mit dem Trennungsgesetz vom 29. Dezember 1922 zu einem eigenständigen Bundesland. 1920 wird eine Gemeindeverfassung geschaffen, wobei als neue Institution Stadträte die Verwaltungsbereiche leiten und Gemeinderatsauschüsse die Funktion des ehemaligen Rates übernehmen.

Um die wirtschaftliche Not und besonders die Wohnungsnot zu lindern, führt man in schneller Folge unter Finanzstadtrat Hugo Breitner (1873–1946) neue Steuern ein, welche besonders die Reichen belasten sollen, wie stark sozial gestaffelte Luxussteuern und Hauspersonalabgaben; wichtig wird die neue Wohnbausteuer, da die Gemeinde beschlossen hat, ein großangelegtes Wohnbauprogramm zu beginnen. Das Wohnbauprogramm, in dem geplant ist, innerhalb von fünf Jahren 25.000 Wohnungen zu bauen, startet 1923 kurz vor der Wahl zum Gemeinderat, welche der Sozialdemokratischen Partei einen weiteren Ausbau ihrer Macht bringt.

Gebaut werden vorwiegend sogenannte Superblocks, ausgedehnte Anlagen, die sich um begrünte Innenhöfe gruppieren und die bereits

Zwischenkriegszeit

mit Komfort wie innenliegende Wasserleitungen und Toiletten ausgestattet sind. Die durchschnittliche Wohnungsgröße beträgt 38 m², die Vergabe der Wohnungen erfolgt allein nach sozialen Bedürfnissen, doch decken sich diese zumeist mit politischen Präferenzen. Man stattet die Wohnbauten mit Badeanstalten, Wäschereien, Kindergärten und Geschäften aus. Neben dem Wohnbauprogramm wird unter Julius Tandler (1869–1936), dem Wiener Stadtrat für Gesundheitswesen, ein ausgedehntes soziales Programm begonnen, zu dem der Bau von Kliniken, Volkshochschulen und zahlreichen »städtischen Bibliotheken« genauso gehörte, wie der Ausbau von Kinderübernahmestätten, Kindergärten, Altersheimen und Spitälern wie eine große Klinik in Lainz. Darüber hinaus startet Otto Glöckel (1874–1935) eine tiefgreifende Schulreform.

Als sich 1926 herausstellt, daß man das erste Wohnbauprogramm viel schneller als erwartet erfüllt hat, wird für die nächsten Jahre dessen Fortsetzung mit der Errichtung von weiteren 30.000 Wohnungen beschlossen; insgesamt werden zwischen 1919 und 1934 in Wien durch die Gemeinde 63.736 Wohnungen fertiggestellt.

Von 1922 bis 1924 leidet die Wirtschaft der Stadt unter der immer weiter zunehmenden Inflation, erst 1924 kann die Währung mit der Einführung des Schillings stabilisiert werden. Im selben Jahr wird in Wien ein Anschlag auf Bundeskanzler Ignaz Seipel (1876–1932) unternommen, wobei dieser schwer verletzt wird. 1924 nimmt in Wien die erste öffentliche Rundfunkanstalt, die RAVAG, den Betrieb auf.

In den Jahren 1923 bis 1925 wird auch die Wiener Stadtbahn von den Verkehrsbetrieben übernommen und durchgehend elektrifiziert, wobei man, wie auch bei der kommunalen Versorgung mit Strom und Gas, die Preise für den öffentlichen Transport aus sozialen Gründen niedrig hält.

Da Wien von einer sozialdemokratischen Mehrheit regiert wird, steht die Stadt im permanenten Gegensatz zum Parlament, in dem die Christlich-Sozialen die Mehrheit haben; dieser Gegensatz eskaliert im Jahre 1927. Bis dahin haben sich sowohl die Sozialdemokraten mit ihrem »Republikanischen Schutzbund« wie auch die Christlich-Sozialen mit ihrer »Heimwehr« paramilitärische Organisationen zugelegt. Im Jänner 1927 kommt es in der burgenländischen Gemeinde

84: Die Glanzleistung des »Roten Wien« – der Karl-Marx-Hof als die größte Wohnhausanlage Europas, Photo 1931

Schattendorf zum Zusammenstoß von Heimwehr und Schutzbund, wobei ein Mann und ein Kind ums Leben kommen. Die der Heimwehr zugehörigen Täter werden im Juli des Jahres in Wien freigesprochen. Darauf kommt es in Wien am 15. Juli zu Demonstrationen der Sozialdemokraten, wobei der Wiener Justizpalast gestürmt wird und in Flammen aufgeht. Die Polizei greift daraufhin zum Einsatz von Schußwaffen, um die Demonstration aufzulösen; die Opferbilanz der Unruhen beträgt 89 Tote und Hunderte von Verwundeten.

Die Juliunruhen von 1927 vertiefen den Gegensatz zwischen dem »Roten Wien« und der christlich-sozialen Regierung Österreichs, die nun darangeht, die sozialdemokratischen Positionen in Wien zu schwächen. Dies geschieht auf mehreren Ebenen, die vielleicht entscheidendste ist die Neuordnung des Finanzausgleiches 1931 zwischen Bund und Ländern, der die Stadt Wien stark benachteiligt und ihr Budget stark beschneidet. Dazu kommt ab 1929 eine weltweite Wirtschaftskrise, die auch Österreich stark trifft und die Finanzierung der sozialen Errungenschaften in Wien weiter erschwert. Dennoch kann die Gemeinde Wien 1931 mit der Eröffnung des Karl-Marx-Hofes in Heiligenstadt noch einmal einen großen Erfolg feiern. Dieser Wohnbau für 5000 Personen ist der größte in Europa, zu seiner Eröffnung kommt sogar der englische König Edward nach Wien.

Schon 1926 wurde in Wien eine Nationalsozialistische Partei nach deutschem Vorbild gegründet, die zunehmende Wirtschaftskrise und die Schwäche der Sozialdemokraten gegenüber der christlich-sozialen Regierung treibt auch viele Arbeiter Wiens in ihre Arme, so daß die Nationalsozialisten in Wien bei den Landtags- und Gemeinderatswahlen von 1932 bereits 15 von 100 Mandaten erobern können; die Sozialdemokraten können ihre absolute Mandatsmehrheit halten, während die bürgerliche Opposition zersplittert. Die Ursache für das starke Aufkommen der Nazis ist in einer Anzahl von Skandalen wie dem Zusammenbruch der Creditanstalt 1931 zu sehen sowie in dem aus der Lueger-Zeit noch immer vorhandenen Antisemitismus breiter Bevölkerungsschichten, der unter anderem in der Ermordung des jüdischen Schriftstellers Hugo Bettauer (1877–1925) und des Philosophen Moritz Schlick (1882–1936) in der Wiener Universität gipfelt.

1933 löst sich das österreichische Parlament durch eine politische Krise selbst auf, Bundeskanzler Engelbert Dollfuß (1892–1934) nützt diese Gelegenheit zur Übernahme diktatorischer Vollmachten und regiert Österreich mit Sondergesetzen. Besonders das »Rote Wien« soll als Feindbild eines christlich-sozialen Ständestaates in die Knie gezwungen werden. Als sich im Februar 1934 die Sozialdemokraten gegen das austrofaschistische Regime in einem bewaffneten Aufstand zur Wehr setzen, kommt es in ganz Österreich, mit Wien als Schwerpunkt der Kämpfe, zum Bürgerkrieg. Der sozialdemokratische Schutzbund verschanzt sich in den großen Wohnblocks des »Roten Wien«, kann sich aber gegen den Einsatz von Bundesheer und Heimwehr nicht halten, und der letzte Versuch der Rettung eines demokratischen Österreich wird in nur zwei Tagen beendet. Offiziell kostet der Bürgerkrieg von 1934 196 Tote und 319 Verletzte, geschätzt werden auf seiten der Arbeiterschaft aber bis zu 1500 Opfer; Tausende Menschen verlassen in der Folge Österreich und fliehen ins Ausland, besonders in die Sowjetunion.

Das austrofaschistische Regime löst die demokratischen Gremien der Wiener Stadtverwaltung auf und setzt mit Richard Schmitz (1885–1954) einen neuen Bürgermeister ein. Zahlreiche Straßen und Wohnbauten werden umbenannt, um die Erinnerung an das sozialdemokratische Wien zu tilgen, alle sozialistischen Partei-, Gewerkschafts- und Kulturorganisationen werden aufgelöst, die Steuergesetze für Wien soweit verändert, daß die Luxussteuern und damit die Steuerlast für die Reichen deutlich gesenkt werden. Das Wohnbauprogramm für Wien wird eingestellt, zahlreiche Reformen im Schul- und Gesundheitsbereich werden rückgängig gemacht.

Da sich die Arbeitslosenzahlen aber in Wien in der Folge stark erhöhen, wird ein neues, staatlich gefördertes Bauprogramm für Wien beschlossen. 1934 beginnt man mit dem Bau der Wiener Höhenstraße auf den Kahlenberg und mit der Errichtung einer neuen Reichsbrücke über die Donau. Wien verliert politisch seinen Status als eigenständiges Bundesland und wird zur »bundesunmittelbaren« Stadt, in der sowohl die Sozialdemokraten wie auch die Nationalsozialisten verboten sind, sich aber im Untergrund weiter politisch betätigen. Die Nazis versuchen im Juli 1934 in Wien durch einen Putsch die Macht in Österreich an sich zu reißen, der zwar scheitert, bei dem aber Bundeskanzler Dollfuß im Bundeskanzleramt erschossen wird. Seinem Nachfolger als Bundeskanzler, Kurt Schuschnigg (1897–1977), gelingt es in den folgenden Jahren nicht, der Wirtschaftskrise in Wien Herr zu werden, obwohl zur Unterstützung der Wirtschaft Großbauten wie das Hochhaus in der Herrengasse oder ein Funkhaus in der Argentinierstraße errichtet werden. Weder gelingt ihm der Ausgleich und die Versöhnung mit den Sozialdemokraten – obwohl es hier auch von seiten seines eigenen Wiener Vizebürgermeisters Ernst Karl Winter erste Ansätze gibt – noch kann er es verhindern, daß die Nationalsozialisten immer mehr Zulauf bekommen. Bis 1938 stagniert die Stadt politisch und wirtschaftlich, die innere Zerrissenheit macht sie zu einer leichten Beute für die Anhänger und Ideen Hitlers.

Kulturell ist die Zwischenkriegszeit in Wien eine der interessantesten Epochen in der Wiener Stadtgeschichte. Zahlreiche Schriftsteller aus allen Teilen der alten k. k. Monarchie haben hier ein Refugium gefunden, bevölkern die Kaffeehäuser und schreiben unsterbliche

Werke wie Joseph Roth (1894–1939), Karl Kraus, Robert Musil oder der Expressionist Anton Wildgans; die bedeutendsten Vertreter der Arbeiterliteratur sind Alfons Petzold und Jura Soyfer (1912–1939), Franz Kafka (1883–1924) lebt ebenso in Wien wie Franz Werfel (1890–1945), Max Brod (1884–1968), Ödön von Horvath (1901–1948) und der spätere Nobelpreisträger Elias Canetti. Dazu kommen Musiker wie die Komponisten der »silbernen Operettenära«, Ralph Benatzky (1883–1957), Franz Lehár (1870–1948) oder der letzte der Klassiker, Richard Strauss, für dessen Opern »Rosenkavalier« und »Arabella« der Dichter Hugo von Hofmannsthal die Libretti schreibt. Max Reinhardt (1873–1943) eröffnet 1929 ein Theaterseminar in Wien. An der Wiener Oper, die trotz der wirtschaftlich schweren Zeiten zu den führenden Häusern der Welt gehört, singen Leo Slezak (1873–1946), Maria Jeritza (1887–1982), Josef Manowarda und Richard Tauber (1892–1948), und Alban Berg bringt seinen »Wozzek« zur Uraufführung. Das Burgtheater zeigt Erstaufführungen von Karl Schönherr (1867–1943) und Georg Kaiser (1878–1945). Sascha Graf Kolowrat baut am Laaerberg eine Filmstadt auf, die mit ihren Produktionen die Ausmaße von Hollywood-Filmen erreicht. Bedeutendes auf dem Gebiet der Malerei leisten Oskar Kokoschka (1886–1980), Albert Paris Gütersloh (1887–1973), Herbert Boeckl und Josef Dobrowsky (1899–1964), während die Architekten Adolf Loos und Oskar Strnad (1879–1935) nicht nur als Baukünstler, sondern auch als Designer wirken und dabei mit der Wiener Werkstätte, die sich der Hebung der Qualität des Designs verschrieben hat, eng zusammenarbeiten. Anton Hanak ist der Schöpfer zahlreicher Statuen im öffentlichen Bereich, darunter auch des Republikdenkmals am Ring, das von den Austrofaschisten 1934 abgebaut wird. Der Zeit angepaßt ist der Bildhauer Fritz Wotruba (1907–1975), der, unter Schuschnigg gefördert, aus Zürich nach Wien zurückkehrt und an der Biennale in Venedig teilnehmen darf. Anders ergeht es zahlreichen Wiener Künstlern, deren Emigration bereits in der Zeit des Austrofaschismus beginnt, darunter sind Hilde Spiel, Stefan Zweig und Max Reinhardt.

In der Zeit des Austrofaschismus kommt es auch zu staatlich geförderten Bestrebungen, eine spezielle österreichische und Wiener Heimatliteratur zu schaffen, deren bedeutendste Vertreter Josef Weinheber (1892–1945), Max Mell, Bruno Brehm und Paula von Preradovic (1887–1951) sind.

Wien wird in den dreißiger Jahren zur Filmstadt, zahlreiche Filme des Regisseurs Willi Forst mit bedeutenden Stars wie Hans Moser (1880–1964), Paula Wessely (*1907) oder Paul Hörbiger (1894–1981) verbreiten Wiener Flair auch im bereits nationalsozialistischen Deutschland.

Wien ist auch eine Stadt der Wissenschaften. Sigmund Freud unterhält in seiner Wohnung in der Berggasse seine inzwischen weltberühmte Praxis und zieht Psychoanalytiker aus der ganzen Welt nach Wien, 1927 erhält der Wiener Arzt und Psychiater Julius Wagner-Jauregg (1857–1940) den Nobelpreis für Medizin für die Entdeckung der Malariatherapie bei Paralyseerkrankungen, Karl Landsteiner (1868–1943) erhält 1930 den Nobelpreis für die Entdeckung der Blutgruppen und Erwin Schrödinger (1887–1961) 1933 für Physik. Weitere Nobelpreise gibt es für die Chemiker Viktor Pregl 1923 und Richard Adolf Szigmondy 1925.

Wien ist auch eine Sportstadt. Im Eiskunstlauf wird Karl Schäfer (1909–1976) 1932 und 1936 Olympiasieger, das Fußball-»Wunderteam« schlägt im 1931 neu errichteten Wiener Stadion die bedeutendsten Fußballnationen wie Schottland und Deutschland, und Fußballer wie Sindelar, Hiden, Schall, Smistek und Rauch werden zu Volksidolen.

25. Wien unter den Nationalsozialisten – Die zerbrochene Perle
1938–1945

Von 1934 bis 1938 wird der Druck der Nazis auf das austrofaschistische Regime in Österreich sowohl innen- als auch außenpolitisch immer stärker. Am 11. März 1938 kapituliert Bundeskanzler Kurt Schuschnigg vor den Drohungen der österreichischen und deutschen Nationalsozialisten, worauf die deutsche Wehrmacht am 12. März in Österreich einmarschiert, die ersten Spitzen erreichen Wien um fünf Uhr morgens. Zahlreiche Wiener jüdischen Glaubens fliehen in diesen Tagen aus Österreich, andere, wie der Schriftsteller und Kulturhistoriker Egon Friedell (1878–1938), gehen selbst in den Tod, als die Gestapo vor der Türe steht.

Am Tag des »Einmarsches« übernehmen die Nazis eigenmächtig die Macht im Wiener Rathaus, der austrofaschistische Bürgermeister Schmitz wird mit dem ersten Transport nach Dachau geschickt. In Wien werden die Straßentafeln wieder ausgetauscht, ebenso die Direktoren und Funktionäre in Politik, Kunst und Kultur. Als Hitler am 14. März nach Wien kommt und am 15. März in einer Kundgebung auf dem Heldenplatz zu einer fanatisierten Menge spricht, ist der Anschluß Österreichs an das Deutsche Reich schon Realität und wird nur noch durch eine fingierte Volksabstimmung am 10. April bestätigt. Hitler schätzt Wien und die Wiener nicht, dennoch spricht er von Wien als »der Perle, der man eine würdige Fassung geben werde«.

Wien verliert mit dem »Anschluß« nicht nur seine geistige Elite durch Emigration und Haft in den Konzentrationslagern des Dritten Reiches, auch die österreichische Kultur wird geplündert, zahlreiche Kunstwerke des Kunsthistorischen Museums und der Schatzkammer werden nach Deutschland gebracht. Aber auch die Wirtschaft und das Gewerbe werden »arisiert«, rund 25.000 Wiener Betriebe müssen von ihren jüdischen Besitzern an kommissarische Leiter übergeben werden, die das Ziel haben, sich möglichst schnell daran zu bereichern.

Juden werden aus dem öffentlichen Leben der Stadt ausgeschlossen, zahlreiche Beschränkungen im Alltag und Berufsverbote sollen sie in die Emigration treiben, wie etwa Sigmund Freud, der nach England emigriert; wer nicht freiwillig geht, wird deportiert.

Die rechtliche Stellung Wiens wird unter den Nazis geändert, der Gemeinderat verliert das Recht zur Gesetzgebung, dieses wird in ein Verordnungsrecht des Bürgermeisters umgewandelt, der aber wiederum die Zustimmung des Reichsstatthalters einholen muß; weiters wird Wien am 24. Mai zum eigenen Reichsgau erklärt. Zum Gauleiter für Wien wird der österreichische Nationalsozialist Odilo Globocnik (1904–1945) aus Kärnten ernannt, der aber in einem steten politischen Gegensatz zum Wiener Bürgermeister Herrmann Neubacher (1893–1960) steht und mit Dezember 1938 auf Grund finanzieller Unregelmäßigkeiten zurücktreten muß.

Wien wird flächenmäßig vergrößert, indem man 80 Gemeinden des Umlandes eingliedert, so daß die Stadt nun 26 Bezirke mit rund 2,5 Millionen Bewohnern umfaßt.

Das Stadtbild verändert sich, als mit 1. September 1938 auf den Straßen der Linksverkehr aufgehoben und in Angleichung zum Deutschen Reich die Rechtsfahrordnung eingeführt wird. Einen wesentlichen Beitrag zur Kontrolle des Kulturlebens erhoffen sich die Nazis von der Gründung eines Kulturamtes der Stadt Wien.

Gegen Ende des Jahres, in der Nacht vom 10. zum 11. November 1938, kommt es wie auch im »Altreich« in Wien zur sogenannten »Reichskristallnacht«, in der zahlreiche jüdische Geschäfte vernichtet und alle Wiener Synagogen, mit Ausnahme des Tempels in der Seitenstettengasse, niedergebrannt werden.

Josef Bürckel (1894–1944), der neue Gauleiter von Wien, der mit Jänner 1939 sein Amt antritt, kommt aus dem Deutschen Reich und ist der ehemalige Gauleiter des Saarlandes. Auch ihm gelingt es nicht, die Mehrzahl der Wiener, die sich zwar zunächst über die niedrige Arbeitslosenzahlen freuen, aber bald anschlußmüde sind, für die Nazis zu begeistern. Dies umso mehr, als am 1. September 1939 der Krieg gegen Polen beginnt und damit zahlreiche Restriktionen bezüglich Lebensmittel und Kleidung verkündet werden. Erste Widerstandsbewegungen wie die des Augustinerchorherrnpaters Karl Roman Scholz

(1912–1944) entstehen, werden aber bald von den Nazis unterwandert und aufgedeckt, die Mitglieder werden hingerichtet.

Im Juli 1940 tauscht man erneut die politische Führung Wiens aus, auf Josef Bürckel folgt der ehemalige Reichsjugendführer Baldur von Schirach (1907–1974). Er versucht zwar, in Wien ein relativ freies Kulturleben zuzulassen, muß sich aber dennoch zumeist den Anweisungen aus Berlin fügen. Dennoch gelingt es ihm, Wien als heimliche Kulturhauptstadt des Deutschen Reiches zu etablieren, er engagiert Wilhelm Furtwängler (1886–1954) als Direktor der Wiener Oper, feiert die 80. Geburtstage von Richard Strauss und Gerhart Hauptmann (1862–1946) mit Pomp, überschüttet den Heimatdichter Josef Weinheber mit Ehren und fördert die Wiener Filmindustrie, die mit ihren Heile-Welt-Filmen zur Durchhaltestrategie der Nazis im Zweiten Weltkrieg beiträgt.

Bedingt durch den Krieg wird in Wien wenig gebaut. Zwar haben die Nazis große Ausbaupläne, die von einer künstlichen Donauinsel im Überschwemmungsgebiet der Donau bis zu einem gigantischen Kriegerdenkmal auf dem Leopoldsberg reichen, gebaut werden in sieben Jahren allerdings nur rund 2000 Wohnungen sowie eine Anzahl von Gebäuden für die NSDAP.

Im Verlauf des Krieges werden die Lebensbedingungen in Wien, obwohl die Stadt vorläufig im sicheren Hinterland liegt, immer schwieriger, dennoch bleiben die Theater und Kinos in Betrieb und verzeichnen hohe Besucherzahlen. Ab 1942 beginnt die Royal Air Force deutsche Städte aus der Luft anzugreifen. Zur Koordination der Luftverteidigung in Wien wird am Gallitzinberg ein Bunkersystem ausgebaut, rings um Wien werden zahlreiche Flakgeschütze in Stellung gebracht. Zum Schutz der Bevölkerung werden große Flaktürme gebaut, die bis heute bestehen, man errichtet sie in großen Parks wie Arenbergpark, Augarten und im Hof der Stiftskaserne.

Im Sommer 1943 kommt es zum ersten Luftalarm in Wien, als die amerikanische Air Force von Italien aus Wiener Neustadt bombardiert, insgesamt sind nun 226 Flakbatterien um Wien in Stellung gebracht. Aber auch sie können nicht verhindern, daß am 17. März 1944 der erste Luftangriff auf Wien erfolgt. Im Laufe des Sommers werden die Angriffe häufiger, und die Zerstörungen an der Bausubstanz der

85: Zerstörungen der Wiener Innenstadt (Albertina) nach einem Bombenangriff, Photo 1945

Stadt nehmen zu. Denkmäler wie die Pestsäule am Graben, die Reiterstandbilder am Heldenplatz oder das Riesentor des Stephansdomes werden eingemauert, Kunstwerke und Kinder werden aus der Stadt gebracht, die kommunalen Dienste der Reihe nach eingestellt, auch Theater und Kinos müssen nun schließen. 1945 kommt das Ende des Krieges für Wien, die schwer bombardierte Stadt, deren wichtigste Bauten wie Oper, Museen, Burgtheater, zahlreiche Kirchen, Bahnhöfe und Wohnhäuser nun bereits zum Großteil vernichtet oder schwer beschädigt sind, wird vom 4. bis 6. April von der von Osten einrückenden russischen Armee eingeschlossen und bis zum 13. April erobert. In den letzten Stunden der Kämpfe wird Wien nochmals schwer verwüstet, Riesenrad und Stephansdom fallen den Flammen zum Opfer, ehe die Schlacht um Wien beendet wird.

Die Bilanz der nationalsozialistischen Herrschaft in Wien ist schrecklich, 51.500 Wiener Juden wurden in Konzentrationslagern getötet, nur 120 bis 140 Juden überlebten im Untergrund. In 52 Luftangriffen starben 8769 Menschen, bei den Kämpfen um Wien in der

86: Blick über die schwer zerstörte Innere Stadt mit dem ausgebrannten Stephansdom, Photo 1945

Zeit vom 1. bis 13. April 1945 waren weitere 2266 Menschenleben zu beklagen. 1184 Widerstandskämpfer gegen die Nazis wurden in Wien zum Tode verurteilt und hingerichtet, 16.493 Wiener in Konzentrationslagern und 9687 in Gestapogefängnissen ermordet, 6420 sind in deutschen Gefängnissen umgekommen.

In Wien sind mit Ende des Krieges 35.000 Menschen obdachlos, 21.317 Häuser sind zerstört, das ist rund ein Fünftel des Bestandes, 86.875 Wohnungen sind unbenützbar, zerstört sind auch 120 Brücken. Die Stadt ist zernarbt von 3000 Bomben- und Granattrichtern, die 3700 Schadstellen an Gas-, Wasser- und Stromleitungen verursachen. Von den Wiener Straßenbahnwaggons sind 587 zerstört und 1539 schwer beschädigt, rund 1600 Fahrzeuge des städtischen Fuhrparks, darunter alle Ambulanz- und Feuerwehrfahrzeuge, sind verschwunden. Acht Millionen Quadratmeter Fensterglas, 1,9 Millionen Quadratmeter Fahrbahnen und Gehsteige sowie 2,8 Millionen Quadratmeter Dachflächen sind zerstört, in den Straßen liegen 5 Millionen Kubikmeter Schutt und 200.000 Kubikmeter Müll. Der Normalverbraucher bekommt 800 Kalorien am Tag, um zu überleben, die Säuglingssterblichkeit beträgt 19 Prozent. Als am 13. April 1945 der ehemalige k. k. General Theodor Körner (1873–1957) zum provisorischen Bürgermeister von Wien bestellt wird, steht er vor dem Problem, die zerstörte Millionenstadt neu zu organisieren, aufzubauen und zu versorgen.

26. Wiederaufbau und Moderne – Auferstanden aus Ruinen
1945 – HEUTE

Wien ist 1945 eine der am stärksten zerstörten Städte Österreichs; die sowjetische Armee kontrolliert die Stadt, die Versorgung mit Gas, Wasser, Strom und Lebensmitteln bricht immer wieder zusammen. In dieser Situation beginnen sich im Wiener Rathaus wieder die ersten demokratischen Parteien zu sammeln, wobei die Sozialdemokraten als traditionell stärkste Partei in Wien den Bürgermeister stellen können. Im Laufe des Jahres 1945 treffen auch die alliierten Amerikaner, Franzosen und Engländer in Wien ein, die Stadt wird in vier Besatzungszonen unterteilt mit der Innenstadt als gemeinsam verwaltete Zone, beaufsichtigt von den »Vier im Jeep«, den Soldaten der Besatzungsmächte.

Der Wiederaufbau geht anfangs nur schleppend voran, die Situation bessert sich 1946 nach den ersten freien Gemeinderatswahlen, in denen die Sozialisten (SPÖ) zwei Drittel der Stimmen und die neu gegründete Österreichische Volkspartei (ÖVP) ein Drittel der Stimmen erhalten, die Kommunisten erleiden eine schwere Wahlniederlage, dürfen aber mit Viktor Matejka auf Druck der sowjetischen Besatzungsmacht einen Stadtrat stellen.

Da die Versorgung mit Lebensmitteln weiterhin nicht zufriedenstellend funktioniert, etabliert sich in Wien, besonders im Resselpark rund um die Karlskirche, ein reger Schwarzmarkt. Die Besatzungskosten, die Umstellung auf den Schilling, die hohe Arbeitslosigkeit sowie die starke politische Einflußnahme der Besatzungsmächte, besonders der Sowjets, lassen es immer wieder zu Unruhen in Wien kommen. Diese arten 1950 zu einem regelrechten kommunistischen Putschversuch aus, der allerdings von den sozialistischen Gewerkschaften niedergehalten werden kann.

Problematisch ist der Wiederaufbau im Bereich der kommunalen Dienste, die starken Zerstörungen, besonders der Donau- und Do-

87: Plakat der vier alliierten Mächte zur Befreiung Wiens, 1945

Die Regierungen Grossbritanniens, der Sowjetunion und der Vereinigten Staaten von Amerika geben ihrem Wunsch Ausdruck, ein freies und unabhängiges Österreich wiederhergestellt zu sehen.
Aus der Deklaration der drei Mächte über Österreich (Oktober 1943)

naukanalbrücken, hatten die wichtigsten Leitungsstränge und Verkehrswege zur Versorgung Wiens unterbrochen, dazu kommt noch eine drückende Wohnungsnot, welcher die Gemeinde Wien mit zahlreichen Neubauten, besonders in den Außenbezirken Floridsdorf, Simmering und Favoriten, zu begegnen sucht.

Das zerbombte Wien dient in dieser Zeit auch als Filmkulisse: Der Film »Der Dritte Mann« mit Orson Welles und Joseph Cotton zeigt ein düsteres, zerstörtes Wien voll von Schiebern und Schleichhändlern.

In der Literatur der Stadt dominiert zunächst noch die Kriegsgeneration mit ihrem Kultur- und Lebenspessimismus, vertreten durch Hermann Broch (1886–1951), Paul Celan (1920–1970) und Christine

Busta (1915–1987), dadaistischen Traditionen folgend veröffentlicht Ernst Jandl (*1925) seine »Lautgedichte«.

Daneben blüht aber auch eine neue Kultur im Wiener Art Club, dessen Präsident Albert Paris Gütersloh besonders jene bildenden Künstler, die durch Nazizeit und Krieg keine Ausstellungsmöglichkeiten hatten, und die jungen Künstler der Nachkriegsgeneration wie Rudolf Hausner (1914–1995), Ernst Fuchs (*1930), Wolfgang Hutter (*1928), Anton Lehmden (*1929), Arik Brauer (*1929) und den Bildhauer Wander Bertoni (*1925) fördert.

Bis 1955 werden unter dem 1951 gewählten Bürgermeister Franz Jonas (1899–1974) die schlimmsten Kriegsschäden beseitigt. Als Österreich am 15. Mai 1955 mit dem Staatsvertrag seine Souveränität wiedererhält, sind Oper, Burgtheater, die großen Museen, der Stephansdom und zahlreiche kommunale Bauwerke wieder aufgebaut. In Wien beginnt ab dieser Zeit eine durchgreifende Erneuerung der Stadt, die in den folgenden Jahren mit einer Donauinsel zum Hochwasserschutz, mit einer U-Bahn, Stadtautobahnen, Schulen und Universitätsinstituten ausgestattet wird. Umweltschutzinitiativen und Bewegungen zur Hebung der Lebensqualität in Wien führen zur Errichtung von Fußgängerzonen und zum Ausbau des Grüngürtels um Wien, ein Altstadterhaltungsgesetz (1977) und ein Stadterneuerungsgesetz (1984) sollen die Erhaltung des schützenswerten architektonischen Altbestandes der Stadt ermöglichen.

Unter der sozialistischen Alleinregierung in Österreich ab 1971 wird auch versucht, internationale Organisationen nach Wien zu bekommen; dies gipfelt 1975 im Bau der sogenannten UNO-City, mit der Wien dritte UNO-Stadt wird, und in der Ansiedlung des OPEC-Hauptquartiers in Wien. Bedeutung bekommt die Stadt als Begegnungsstätte der Großmächte im Kalten Krieg; so treffen 1961 der amerikanische Präsident John F. Kennedy und der sowjetische Ministerpräsident Nikita Chruschtschow und 1975 die Außenminister Andrej Gromyko und Henry Kissinger in Wien zusammen, 1979 wird das Salt-II-Abkommen zur Rüstungsbegrenzung in Wien unterzeichnet.

Neben der Hochkultur, zu deren wichtigstem Festival die Wiener Festwochen werden, bilden sich ab den fünfziger und sechziger Jah-

88: Die Eröffnung des ersten Opernballs in der wiederaufgebauten Staatsoper, 1955

ren auch kleine Gruppen von Avantgardekünstlern, die Literaten organisieren sich in der sogenannten »Wiener Gruppe«, in der u. a. Friedrich Achleitner (*1930), H. C. Artmann (*1921), Konrad Bayer (1932–1984), Gerhard Rühm (*1930) und Oswald Wiener (*1935) tätig sind. Weltbekannt werden die »Wiener Aktionisten« um Otto Mühl, Arnulf Rainer (*1910), Otto Brus, Hermann Nitsch und Adolf Frohner, die das Happening, auch mit drastischen Mitteln durchgeführt, als Kunstform verstehen. In Wien wird 1962 ein Museum des 20. Jahrhunderts gebaut, 1958 gibt die Stadt auch ihren Sammlungen mit dem Historischen Museum der Stadt Wien eine neue Heimat, die letzten Jahre des 20. Jahrhunderts sind von der Diskussion um ein Museumsquartier in den ehemaligen Hofstallungen (Messepalast) geprägt. Im Theater entwickelt sich ab Mitte der achtziger Jahre neben den traditionellen Spielstätten eine Musicalkultur, die mit Erfolgen von »Cats«, »Phantom der Oper« und »Elisabeth« Wien zur führenden Musicalstadt im deutschen Sprachraum werden läßt. Großausstellungen wie »Traum und Wirklichkeit« und »Die Türken vor Wien« locken bis zu 500.000 Besucher in die Wiener Museen, die in den achtziger Jahren einen gewaltigen Aufschwung erleben.

Wesentliche Bauten der modernen Architektur Wiens sind der Bau der Wiener Stadthalle (1958), der Ringturm (1955) sowie die Geschäftsportale und das Haas-Haus von Hans Hollein am Stephansplatz, unter den Kirchenbauten ragt die Wotruba-Kirche in Wien-Mauer hervor.

Zu den schlechten Beispielen von Stadtplanung und Architektur zählen die Schlafstädte in Plattenbauweise an der Peripherie der Stadt, welche zwar die Wohnungsprobleme der Stadt lösen helfen, durch ihren Mangel an Infrastruktur jedoch Gefahr laufen, zu verslummen. Erst in letzter Zeit kann hier durch neue Bauweisen wie durch neue Wohnbauformen (Alt-Erlaa) gegengesteuert werden.

Politisch wird die Stadt bis 1996 von einer SPÖ-Alleinregierung verwaltet, die zwar Großes in der Aufbauzeit und für die Entwicklung der Stadt leistet, allerdings auch immer wieder von Skandalen wie um das AKH, den Bauring oder den Einsturz der Reichsbrücke 1976 erschüttert wird. Seit 1996 wird die Stadt von einer Koalition, gebildet aus ÖVP und SPÖ, regiert. Die politische Entwicklung Wiens bringt einerseits langandauernde Stabilität mit sich, andererseits auch ein politisch konservatives Beharren, an dem vor allem viele Jugendliche verzweifeln; alternative Orte wie die »Arena« im ehemaligen Schlachthof in St. Marx werden von offizieller Seite kaum wahrgenommen oder bald geschlossen. Politische Stabilität bedeutet aber auch, daß es in Wien sozialen Frieden gibt, der seit 1950 kaum von Streiks gestört wird. Gewalttätige politische Auseinandersetzungen wie 1965 die Demonstrationen um den Universitätsprofessor Taras Borodajkewycz, bei denen es einen Toten gibt, sind Ausnahmefälle. Allerdings greift die Weltpolitik mit dem Überfall eines Terrorkommandos auf die OPEC-Zentrale 1975 und der Ermordung des Wiener Stadtrates Heinz Nittel durch radikale Palästinenser 1981 auch auf Wien über.

Am Ende des 20. Jahrhunderts ist Wien eine moderne Großstadt, mit europäischen Rekorden in Beschäftigung, Lebensqualität und Sicherheit, aber geplagt von allen Mißständen, die aus den Bedingungen einer Großstadt entstehen, wie Lärm, Umweltverschmutzung, Drogen und Diskussionen um Zuwanderung und Ausländer-Integration. Wien ist eine bedeutende Kongreß- und Tourismusstadt und hat einen der höchsten Anteile am Städtetourismus in der Welt, die Kultur ist weltweit das Aushängeschild der Stadt und wird auch gemeinsam mit der historischen Vergangenheit, der Wiener Gemütlichkeit, der Kaffeehauskultur zum vermarkteten Klischee.

Zeittafel

um 10.000	Erste Jäger und Sammler im Wiener Raum nachweisbar
im 3. Jt.	Vorindogermanische »donauländische« Kultur im Wiener Becken und auf den Donauterrassen, Anlage des Hornsteinbergwerkes in Wien-Mauer
um 2000	Beginn der indogermanischen Einwanderung
1800–1200	Siedlungen der Aunjetitzer und Wieselburger Kultur in Wien
um 1200	Einwanderung der Illyrer an der Donau
1200–900	Ältere Urnenfelderkultur
900–750	Jüngere Urnenfelderkultur
um 750	Ausbreitung der Hallstattkultur entlang der Donau
um 430	Ausbreitung der keltischen Kultur entlang des Alpenrandes
um 400	Die Kelten erreichen den pannonischen Raum und das Wiener Becken, Gründung der keltischen Höhensiedlung auf dem Leopoldsberg, ev. auf einer Vorgängersiedlung der Hallstattkultur
um 200	Bildung des keltischen Königreiches Noricum
um 100	Der keltische Stamm der Boier siedelt sich im Wiener Becken an
um 70	Regierung des boischen Königs Kritasiros
16	Raubzug norischer und pannonischer Stämme nach Istrien
15	Drusus und Tiberius führen einen Feldzug gegen Noricum und die Alpenvölker, das keltische Königreich Noricum wird annektiert, die Römer erreichen die Donau
9	Kämpfe im südlichen Pannonien zur Unterwerfung der einheimischen Stämme
um 8	Einwanderung der Markomannen nach Böhmen bis an die Donau, Gründung des Königreiches des Marbod

0 Christi Geburt
6 Krieg des Tiberius gegen Marbod von Carnuntum aus, Tiberius wird aber wegen eines Aufstandes der Pannonier zurückgehalten
8 Nach der endgültigen Unterwerfung Pannoniens werden hier drei Legionen stationiert
14 Meuterei der drei pannonischen Legionen. Nach deren Niederschlagung Neuorganisation der Provinz Pannonien, der Wiener Raum kommt zu Pannonien. Ev. Abkommandierung einer Einheit der XV. Legion aus Carnuntum nach Wien, Bau des Kohortenlagers auf der Freyung. Vermutlich Auflösung der keltischen Siedlung auf dem Leopoldsberg und Ansiedlung der Kelten in der Zivilstadt im 3. Bezirk.
19 Zusammenbruch des Königreiches des Marbod
21 Beginn des Königreiches des Vannius
41 Beginn der römischen Zivilverwaltung von Noricum, Einrichtung der Hauptstadt in Virunum, Beginn des Ausbaues des Donaulimes
50 Vannius wird von seinen eigenen Leuten vertrieben, flüchtet mit seiner Gefolgschaft zu den Römern und wird im Wiener Becken angesiedelt
54–68 Ziegel aus Aquileia mit den Namen der Kaiser Nero und Galba in Vindobona deuten auf eine rege Bautätigkeit hin
69 In den Thronwirren nach dem Tode Galbas unterstützen die norischen und pannonischen Legionen zunächst Otho, dann Vespasian gegen Vitellius
81–96 Regierungszeit des Kaisers Domitian. Die Ala I. Britannica wird nach Wien verlegt und bezieht ein Lager ev. im 3. Bezirk, wahrscheinlicher aber im 1. Bezirk
98 Besuch von Kaiser Trajan in Pannonien und vermutlich auch in Vindobona. Weiterer Ausbau des Donaulimes, Beginn des steinernen Lagerbaues von Vindobona durch die XIII. Legion
103–107 Verwaltungsreform in Pannonien. Die Provinz wird in

	zwei Teile geteilt (Pannonia superior und inferior), Vindobona gehört zu Pannonia superior. Die XIII. Legion verläßt Wien und zieht in den Dakerkrieg, an ihrer Stelle vollendet die XIV. Legion den Lagerbau
107	Die XIV. Legion zieht nach Carnuntum, an ihrer Stelle wird die X. Legion in Wien stationiert
124	Besuch von Kaiser Hadrian in Pannonien. Die Provinz erlebt eine erste Blütezeit
138–161	In der Regierungszeit von Kaiser Antoninus Pius erwähnt der Geograph Claudius Ptolomäus von Alexandria den Ort Vindobona
166	Soldaten schleppen die Pest aus dem Orient in Pannonien ein
167	Erster Einfall der Markomannen und Quaden. Zerstörung von Vindobona
170	Wiedereroberung von Vindobona durch die Römer
172–175	Erster Markomannenkrieg von Kaiser Marc Aurel, der selbst die Kämpfe von Pannonien aus leitet
175	Friedensschluß mit den Markomannen und Quaden
177	Zweiter Einfall der Markomannen in Pannonien
177–180	Zweiter Markomannenkrieg. Marc Aurel vermutlich auch in Vindobona
17. 3. 180	Marc Aurel stirbt in Sirmium (Mitrovica an der Save), sein Sohn und Nachfolger Commodus schließt Frieden mit den Markomannen, Wiederaufbau von Vindobona
180–258	Zweite Blütezeit von Vindobona
193	Nach dem Tode Commodus' rufen die pannonischen Legionen am 9. April den General Septimius Severus zum Kaiser aus
195	Teile der X. Legion aus Vindobona kämpfen im Orient gegen die Parther
202	Septimius Severus und sein Sohn und Mitkaiser Caracalla bereisen Pannonien, die X. Legion erneuert die Straße von Vindobona nach Carnuntum
212	Bürgerrechtsverleihung an alle freien Bewohner des römischen Reiches. Vermutlich erhält auch die Zivilstadt

	von Vindobona den Rang eines Municipiums. Die Soldaten dürfen ab nun in der Cannabae wohnen
219	Besuch von Kaiser Elagabal in Pannonien
260–61	Usurpation durch Ingenuus, dann durch Regalianus in Pannonien, der mit seiner Gattin Dryantila in Carnuntum von Soldaten erschlagen wird
259–269	Sarmaten, Quaden und Markomannen fallen in Pannonien ein
276–282	Regierung Kaiser Probus', fördert Land- und besonders Weinbau in Pannonien
270	Einfall der Sarmaten, Vandalen und Sueben in Pannonien, Kaiser Aurelian kommt nach Pannonien und leitet von hier aus die Abwehrkämpfe
284–305	Regierung Kaiser Diocletians, die beiden pannonischen Provinzen werden unterteilt, Vindobona liegt nun in Pannonia prima
304	Christenverfolgungen in Noricum und Pannonien
308	Vierkaiserkonferenz in Carnuntum
um 320	Vermutlich besteht um diese Zeit bereits eine christliche Gemeinde in Vindobona
325	Pannonien durch einen Bischof am Konzil von Nicaea (Iznik) vertreten
341	Kaiser Constantinus II. bereist den Donaulimes
342	Kaiser Constantinus II. reist von Gallien nach Pannonien, passiert vermutlich Vindobona
364–375	Regierungszeit Kaiser Valentinians. Letzte Restaurierungen des Donaulimes unter Ursicinus. 375 kommt der Kaiser selbst nach Pannonien zur Besichtigung der Bauarbeiten und stirbt 375 in Brigetio
375–378	Zerstörung Carnuntums durch die Sarmaten, das Hauptquartier der pannonischen Donauflotte wird nach Vindobona verlegt
380/400	Zerstörung der heidnischen Heiligtümer durch Christen
379/80	Kaiser Theodosius siedelt Goten, Alanen, Hunnen und Quaden in Pannonien, auch in der Umgebung von Vindobona, an

400–405	Zerstörung von Vindobona durch umherstreifende Vandalen oder andere Barbarengrupppen
433	Das Land um Vindobona wird in einem Föderatenvertrag den Hunnen übergeben, Ende der römischen Herrschaft in Vindobona, Beginn des Abzuges der Romanen nach Italien
451	Niederlage des hunnischen Königreiches
453	Tod des hunnischen Königs Attila, die Rugier siedeln sich im Wiener Becken und im Tullnerfeld an
468	Eindringen der Ostgoten nach Pannonien
476	Pannonien kommt zum Königreich des Odoaker
488	Abzug der letzten Romanen aus Ufernoricum auf Befehl Odoakers nach Italien
546	Besetzung von Pannonien durch die Langobarden
568	Abzug der Langobarden nach Italien
ab 600	Awarenherrschaft in Pannonien
ab 700	Beginn der Rechristianisierung der Donauländer von Salzburg aus
791–798	Awarenfeldzug Karls des Großen
um 800	Einrichtung der karolingischen Mark zwischen Enns, Raab und Drau, vermutlich Gründung von St. Ruprecht in Wien im Bereich der NO-Ecke des römischen Lagers, Beginn der baiuwarischen Kolonisation östlich des Wienerwaldes
881	Schlacht gegen die Ungarn »ad Weniam«
907–991	Wien unter der Herrschaft der Ungarn
1030	Niederlage Kaiser Konrads II. bei »Vienni« gegen die Ungarn
1043	Hoftag Kaiser Heinrichs III. in Wien
1137	Tauschvertrag von Mautern, Wien erstmals als Civitas genannt, die Passauer Bischöfe erwerben den Stephansplatz, ev. Baubeginn von St. Stephan
1147	König Konrad III. kommt auf dem 3. Kreuzzug nach Wien, Weihe von St. Stephan
1155	Heinrich II. Jasomirgott gründet das Schottenkloster
1156	Wien wird Residenz der Babenberger

1189	Kaiser Friedrich Barbarossa in Wien, um 1190 Walther von der Vogelweide in Wien, Gründung der Wiener Münzstätte
1192	Der englische König Richard Löwenherz wird in Erdberg bei Wien von Leopold V. gefangengenommen
1194–1230	Bau der Wiener Stadtmauer aus dem Lösegeld für Richard Löwenherz
1196	Erstes Judenpogrom in Wien durch Kreuzfahrer
1198	Ältestes Wiener Stadtrecht
1208	Privileg der Flandrenser, älteste Erwähnung von Handwerkern in Wien
1211	Erste Erwähnung eines Spitals (Heiligengeistspital) in Wien
1221	Leopold VI. verleiht Wien ein Stadt- und Stapelrecht
1225	Gründung des Minoritenklosters
1226	Gründung des Dominikanerklosters
1233	Beginn eines Neubaues von St. Stephan
1237	Kaiser Friedrich II. in Wien, erste Erwähnung einer Schule in Wien
1237–1239	Wien ist reichsunmittelbare Stadt
1244	Stadtrecht von Herzog Friedrich II. dem Streitbaren
1246	Herzog Friedrich II. fällt gegen die Ungarn in der Schlacht an der Leitha, Aussterben der Babenberger
1251–1276	Wien unter der Herrschaft Przemysl Ottokars, König von Böhmen
1258	Bei einem Stadtbrand wird St. Stephan zerstört
263	Fertigstellung von St. Stephan II, erhalten davon Riesentor, Heidentürme und Westempore
1264	Erste Fronleichnamsprozession in Wien, Gründung des Wiener Bürgerspitals
1266	Gründung des Siechenhauses beim Klagbaum auf der Wieden
1278	König Rudolf IV. schlägt Ottokar in der Schlacht bei Dürnkrut und Jedenspeigen, erneuert für Wien die Reichsunmittelbarkeit
1288	Aufstand der Wiener gegen Albrecht I., Wien verliert

die Reichsunmittelbarkeit, erste Erwähnung eines Bades in Wien
1296 Neues Wiener Stadtrecht von Albrecht I.
1304 Baubeginn des Albertinischen Chores von St. Stephan
1309 Aufstand der Handwerker gegen die Erbbürger
1320 Erste Erwähnung einer Apotheke in Wien
1340 Fertigstellung des Albertinischen Chores
1349 Pest und Erdbeben in Wien
1350 Stadtbrand in Wien
1353 Turm von Maria am Gestade fertiggestellt
1354 Einrichtung des Spielgrafenamtes in Wien
1359 Baubeginn des Südturmes von St. Stephan
1365 Gründung der Wiener Universität durch Rudolf IV. den Stifter
1382 Errichtung des Büßerinnenhauses von St. Hieronymus zur Aufnahme reuiger Dirnen
1384 Albrecht III. erläßt Statuten für die Wiener Universität
1398 Die Neidhartfresken entstehen
1404 Erste Sektion einer Leiche im Wiener Heiligengeistspital
1406 Brand im jüdischen Ghetto
1408 Hinrichtung des Wiener Bürgermeisters Konrad Vorlauf
1421 Wiener Geserah, Vertreibung und Vernichtung der Juden in Wien
1433 Südturm von St. Stephan vollendet
1438 Beschreibung Wiens durch Aeneas Silvius Piccolomini
1439 Erste Brücke über die gesamte Donau
1443 Erlaß einer Bettlerordnung für Wien
1452 Ladislaus Posthumus, nachgeborener Sohn Albrechts II., kommt nach Wien
1461 Friedrich III. verbessert das Wiener Wappen
1462 Die Wiener belagern Friedrich III. in der Hofburg
1463 Hinrichtung des Bürgermeisters Holzer
1482 Erster Buchdruck in Wien
1485 Matthias Corvinus erobert Wien

1490	Die Ungarn ziehen nach dem Tode von Matthias Corvinus aus Wien ab
1492	Errichtung einer Universitätsbibliothek in Wien
1498	Gründung der Hofmusikkapelle durch Maximilian I.
1511	Der Bau des Nordturmes von St. Stephan wird eingestellt
1515	Wiener Kongreß, Doppelhochzeit von Wien
1519	Aufstand der Wiener gegen Ferdinand I.
1522	Hinrichtung des Bürgermeisters Martin Siebenbürger, erste Predigt eines Lutheraners in St. Stephan
1524	Der Wiener Kaufmann Caspar Tauber wird als Wiedertäufer verbrannt
1525	Große Verwüstungen durch einen Stadtbrand, Aufheben der Zechen und Einungen in Wien
1526	Neue Stadtverfassung Ferdinands I., Wien verliert seine städtische Selbständigkeit
1529	1. Türkenbelagerung
1532	Erneuter Vorstoß der Türken gegen Wien, Kaiser Karl V. und Ferdinand I. führen eine Armee von 150.000 Soldaten zur Verteidigung nach Wien
1535	Vormarsch der Reformation in Wien, in St. Stephan wird das Abendmahl in beiderlei Form gespendet
1541	Beginn des Neubaues der Stadtmauer im Stil der italienischen Renaissance, Pestepidemie in Wien
1542	Erster vermessener Stadtplan von Wien durch Augustin Hirschvogel
1548	Wolfgang Schmeltzl schreibt seinen »Lobspruch auf Wien«
1549	Der lutherische Bäckergeselle Johann Hayn wird in Wien hingerichtet, Niederschlagung der Wiedertäuferbewegung in Wien
1551	Einzug der Jesuiten in Wien, Kennzeichnungspflicht für Juden wird eingeführt
1552	Bau des Schweizertores der Hofburg, Petrus Canisius wird als Gegenreformator nach Wien berufen
1554	Reformation der Wiener Universität

1556 Den Protestanten werden die Landhauskapelle und die Minoritenkirche übergeben
1558 Baubeginn der Stallburg der Hofburg
1564 Einrichtung einer Stadtguardia in Wien
1565 Bau der ersten öffentlichen Wasserleitung nach Wien
1569 Den Protestanten wird die Michaelerkirche übergeben, Baubeginn von Schloß Neugebäude in Simmering
1571 Der Baumeister Hans Saphoy schließt den Bau des Stephansdomes mit der Welschen Haube am unfertigen Nordturm ab, glanzvolle Hochzeit Erzherzog Karls II. mit Maria von Bayern
1572 Bau des Spanischen Hofstalles, dem Vorläufer der Spanischen Hofreitschule
1573 Erster Anbau von Kartoffeln, Tulpen und Kastanien im Garten des Neugebäudes durch Carolus Clusius
1575 Bau der Amalienburg der Hofburg
1577 Verbot der protestantischen Gottesdienste in Wien
1578 Ausweisung der lutherischen Prädikanten aus Wien, Schließung der protestantischen Schulen und Kirchen
1583 Der julianische wird durch den gregorianischen Kalender ersetzt, Verbrennung von Elisabeth Plainacher als Hexe in Wien
1585 Dekret zur Rekatholisierung von Wien
1590 Schweres Erdbeben in Wien
1597 Aufstand der Weinhauer
1598 Wiederherstellung der Spinnerin am Kreuz, erste Regulierung des Donaukanals
1602 Auswärtige Händler werden auf den Wiener Märkten zugelassen
1603 Baubeginn der Franziskanerkirche (bis 1613)
1614 Bau des Jagdschlosses im Augarten
1616 Bau der Alten Favorita
1619 Sturmpetition der protestantischen Landstände in der Hofburg, Belagerung von Wien durch Böhmen und Siebenbürger

1620	Landhauskapelle und Michaelerkirche werden rekatholisiert, Übergabe der Wiener Universität an die Jesuiten
1623	Baubeginn der Karmeliterkirche (bis 1627)
1624	Erstes Postamt in Wien eröffnet
1627	Baubeginn der Paulanerkirche (bis 1651)
1628	Einzug eines türkischen Botschafters in Wien, Bau des Kamaldulenserklosters am Kahlenberg
1631	Fertigstellung der neuen Universitätskirche, Wiederherstellung der Dominikanerkirche, Pestepidemie in Wien
1632	Bau des Bischöflichen Palais am Stephansplatz
1638	Neubau der Westfassade der Schottenkirche (bis 1648)
1645	Vorstoß der Schweden bis vor Wien
1646	Errichtung einer Mariensäule am Platz Am Hof
1648	Umbauarbeiten an der Kirche Am Hof (bis 1662)
1651	Errichtung eines ersten Theaters in Wien in der Himmelpfortgasse, Errichtung eines Hoftheaters am Josephsplatz
1658	Zerstörung der Donaubrücken durch ein Hochwasser
1660	Neubau der Mariahilfer Kirche und Bau des Leopoldinischen Traktes der Hofburg (bis 1666)
1663	Vorstoß der Türken bis Preßburg, Wien wird in Verteidigungsbereitschaft versetzt
1665	Magnatenverschwörung gegen Leopold I., Stiftung der Ursulinenkirche durch Kaiserin Eleonore
1666	Erstes Waisenhaus in Wien
1670	Ausweisung der Wiener Juden aus der Vorstadt am Unteren Werd, die den Namen Leopoldstadt erhält
1671	Hinrichtung von Franz Graf Nadasdy, Haupt der Magnatenverschwörung, in Wien, Bau eines Arbeits- und Zuchthauses in der Leopoldstadt
1675	Den Juden wird wieder gestattet, sich in Wien anzusiedeln, Aufhebung der Ghettobeschränkungen
1677	Abraham a Sancta Clara kommt als Hofprediger nach Wien
1679	Schwere Pestepidemie in Wien, Leopold I. gelobt den Bau einer Pestsäule am Graben

1683	2. Türkenbelagerung, Entsatzschlacht am 12. September 1683
1686	Neubau der Mariahilfer Kirche, Gründung einer ständigen Feuerwehr
1688	Erste permanente Straßenbeleuchtung
1690	Bau des Palais Lobkowitz und des Stadtpalais des Prinzen Eugen in der Himmelpfortgasse
1692	Verbauung des Spittelberges
1694	Bau des Palais Liechtenstein in der Löwelstraße, Einrichtung eines Armenhauses in Wien
1699	Barockisierung des Rathauses in der Wipplingerstraße
1700	Bau des Palais Schönborn in der Renngasse
1702	Bau des Palais Harrach auf der Freyung
1703	Staatsbankrott durch den Hoffaktor Samuel Oppenheimer
1704	Vorstoß der Kuruzzen bis vor Wien, Bau des Linienwalles unter Beteiligung der Wiener Bevölkerung
1705	Gründung einer ersten Bank in Wien
1707	Gründung einer Pfandleihanstalt
1708	Bau des Städtischen Theaters beim Kärntnertor
1709	Errichtung eines ersten Vermählungsbrunnens am Hohen Markt, Beginn der regelmäßigen Straßenkehrung in Wien
1711	Stiftung einer neuen Glocke – »Pummerin« – für St. Stephan
1713	Letzte Pestepidemie in Wien, zum Dank für ihr Erlöschen wird der Bau der Karlskirche gelobt
1714	Baubeginn am Unteren Belvedere
1716	Baubeginn an der Karlskirche (bis 1737)
1721	Baubeginn am Oberen Belvedere (bis 1723)
1722	Bau der Hofbibliothek, Fertigstellung von Böhmischer Hofkanzlei und Geheimer Hofkanzlei am Ballhausplatz, Einrichtung des Erzbistums Wien
1730	Erste Dampfmaschine in Wien
1732	Wien erwirbt die Grundherrschaft in Wieden, Abriß

	des letzten erhaltenen römischen Torturmes (Peilertor) im Verlauf der Tuchlauben
1736	Hochzeit von Maria Theresia mit Franz Stephan von Lothringen
1740	Ausschreitungen gegen die Herrschaft Maria Theresias, Wien wird gegen die herannahenden Franzosen und Bayern in den Verteidigungszustand versetzt
1741	Gründung des Burgtheaters am Michaelerplatz
1742	Gründung einer ersten Freimaurerloge in Wien (1743 aufgelöst)
1744	Beginn der Bauarbeiten an Schloß Schönbrunn
1746	Übergabe der Neuen Favorita an die Jesuiten, Einrichtung des Theresianums
1748	Bau der Redoutensäle in der Hofburg
1752	Einrichtung einer Menagerie in Schönbrunn, Bau eines neuen Universitätsgebäudes
1753	Einrichtung eines Grundbuches für Wien, Wien erwirbt die Grundherrschaft am Strozzigrund
1761	Gründung der Wiener Börse
1762	Beginn der Wetteraufzeichnungen in Wien, Besuch des sechsjährigen Mozart am Hofe Maria Theresias in Schönbrunn
1770	Bepflanzung des Glacis
1771	Einführung der allgemeinen Schulpflicht
1772	Einführung des regelmäßigen Postdienstes in Wien
1773	Vertreibung des Jesuitenordens aus Wien
1774	Gründung des Naschmarktes
1775	Öffnung des Augartens für das Publikum
1776	Straßen und Wege in Wien werden mit Laternen versehen
1780	Aufhebung von elf Männer- und sieben Frauenklöstern
1781	Anlage der Prater-Hauptallee, Bau des Lusthauses
1782	Papst Pius VI. in Wien, Mozart übersiedelt nach Wien
1783	Bau des Allgemeinen Krankenhauses
1784	Erster Aufstieg eines Luftschiffes in Wien
1786	Ausweitung der Straßenbeleuchtung auf die Vorstädte,

	Verlegung aller Friedhöfe vor die Linien, erste Erwähnung von Floridsdorf
1784	Aufdeckung einer jakobinischen Verschwörung
1791	Mozart stirbt in Wien
1797	Krieg gegen General Napoleon Bonaparte, Mobilisierung der Bevölkerung
1804	Eröffnung des Dianabades
1805	Unruhen wegen Brotverteuerung, Wien wird Hauptstadt des Kaiserreiches Österreich, die Franzosen besetzen Wien
1809	Erneute Besetzung Wiens durch die Franzosen, Schlacht bei Aspern, Sprengung der Burgbastei durch die Franzosen
1813	Uraufführung der 1. Symphonie von Franz Schubert
1814	Wiener Kongreß (bis 1815)
1815	Errichtung eines Polytechnikums zur Ingenieursausbildung
1817	Die Basteien werden mit Bäumen bepflanzt und für Spaziergänger freigegeben
1819	Gründung der Ersten Österreichischen Spar-Casse
1821	Wiederaufbau der Burgbastei, Errichtung des neuen Burgtores, Einrichtung von Volksgarten, Heldenplatz und Burggarten
1822	Neubau des Theaters in der Josephstadt
1824	Einführung des Pferdeomnibus als öffentliches Verkehrsmittel
1825	Bau der ersten Kettenbrücke über den Donaukanal (Sophienbrücke)
1826	Einweihung der jüdischen Synagoge in der Seitenstettengasse
1828	Bau eines Gaswerkes in der Roßau
1829	Einhebung der Verzehrsteuer an den Linienämtern
1831	Schwere Choleraepidemie, in der Folge Beginn der Errichtung eines Kanalnetzes (Cholerakanäle)
1835	Bau der Kaiser-Ferdinand-Wasserleitung

1837 Bau des ersten Wiener Kinderspitals in Schottenfeld, Bau der Kaiser-Ferdinand-Nordbahn
1841 Bau der Südbahn nach Wiener Neustadt
1847 Bau des Carl-Theaters in der Leopoldstadt, Arbeiterunruhen in Wien wegen einer Hungersnot
1848 Revolution in Wien, beginnt am 13. März mit Unruhen in der Herrengasse, endet am 31. Oktober mit der Eroberung Wiens durch kaiserliche Truppen
1850 Eingemeindung von 34 Vorstädten innerhalb der Linien, Schaffung der Bezirke II bis VIII
1853 Aufhebung des Belagerungszustandes über Wien, Attentat auf Kaiser Franz Joseph I.
1856 Grundsteinlegung für die Votivkirche auf den Glacisgründen
1857 Beschluß zur Schleifung der Basteien
1858 Bau der Kaiserin-Elisabeth-Westbahn
1862 Bau des Stadtparks als englischer Garten
1861 Bau der Staatsoper (bis 1869)
1865 Eröffnung der Wiener Ringstraße, Bau des Künstlerhauses (bis 1868)
1867 Bau des Musikvereinsgebäudes (bis 1869)
1870 Donauregulierung (bis 1875)
1872 Bau des Wiener Rathauses (bis 1883), Anlage des Rathausparks, Bau von Kunsthistorischem und Naturhistorischem Museum (bis 1881)
1873 Bau des Reichsratsgebäudes (bis 1883), Bau der Universität, Weltausstellung in Wien, Bau der Rotunde im Prater, Choleraepidemie, Börsenkrach, Eröffnung der 1. Wiener Hochquellwasserleitumg
1874 Bau des Burgtheaters (bis 1888), Bau der Börse (bis 1877), Eingemeindung von Favoriten als X. Bezirk
1879 Makartfestzug zu Ehren von Kaiser Franz Joseph und Kaiserin Elisabeth
1881 Brand des Ringtheaters mit 386 Opfern
1881 Bau der Neuen Hofburg (bis 1913)

1889 Gründung der Sozialdemokratischen Partei, Tramwaystreik in Wien
1890 Eingemeindung der Wiener Vororte, Entstehung der Bezirke XI–XIX
1893 Einebnung des Linienwalles, Bau des Gürtels, Gründung der Christlich-Sozialen Partei
1893 Fertigstellung des Michaelertraktes der Hofburg
1897 Gründung der Wiener Secession
1900 Übernahme der Tramwaygesellschaften durch die Stadt Wien
1901 Kommunalisierung der Elektrizitätswerke
1902 Wienflußregulierung (bis 1908), Bau der Stadtbahn
1904 Eingemeindung der Vororte nördlich der Donau, Entstehung der Bezirke XX–XXI
1909 Bau des Loos-Hauses am Michaelerplatz
1910 Kommunalisierung der Gaswerke, Eröffnung der 2. Wiener Hochquellwasserleitung
1914 Ausbruch des 1. Weltkrieges
1916 Hungerdemonstrationen von Frauen und Kindern
1918 Abdankung Kaiser Karls I., Ausrufung der Republik
1919 Erste freie und allgemeine Gemeinderatswahlen, Wahlsieg der Sozialdemokraten
1920 Trennung Wiens von Niederösterreich, Schaffung einer neuen Gemeindeverfassung
1922 Wien wird eigenes Bundesland
1923 Beginn eines Wohnbauprogrammes für Wien, Schul-, Sozial- und Gesundheitsreformen
1924 Errichtung des ersten Rundfunksenders (RAVAG) in Wien
1927 Brand des Justizpalastes, zahlreiche Tote bei Unruhen
1931 Eröffnung des Karl-Marx-Hofes, Neuregelung des Finanzausgleiches zwischen Wien und dem Bund
1934 Februar: Bürgerkrieg, Errichtung eines austrofaschistischen Regimes, Beendigung aller sozialistischen Reformen und Tätigkeiten in der Stadtverwaltung, Juli: Putsch der Nationalsozialisten, Ermordung von Bun-

deskanzler Engelbert Dollfuß, Baubeginn von Höhenstraße und Reichsbrücke
1938 Machtübernahme durch die Nationalsozialisten, Anschluß an das Deutsche Reich, Änderung der Stadtverfassung, Einführung des Rechtsverkehrs, Deportation und Auswanderung zahlreicher Juden und Intellektueller, Abtrennung der Donaustadt als XXII. Bezirk von Floridsdorf
1939 Vergrößerung Wiens um 80 niederösterreichische Gemeinden, Einrichtung der Bezirke XXII–XXVI
1944 Erster Bombenangriff auf Wien, bis 1945 starke Zerstörungen an Pracht- und Wohnbauten
1945 Eroberung Wiens durch sowjetische Truppen, Teilung der Stadt in vier alliierte Besatzungszonen
1946 Gemeinderatswahlen bringen den Sozialisten eine Zwei-Drittel-Mehrheit, Wiederaufbau beginnt
1950 Kommunistischer Putschversuch
1951 Erste Wiener Festwochen
1954 80 Gemeinden werden an Niederösterreich rückgegliedert
1955 Wiedereröffnung der Wiener Staatsoper
1957 Einrichtung der IAEO
1958 Eröffnung der Stadthalle
1959 Eröffnung des Historischen Museums der Stadt Wien
1961 Bau der Passage unter der Schottenkreuzung (»Jonasreindl«)
1965 Unruhen um den Universitätsprofessor Taras Borodajkewycz
1966 Anschluß Wiens an die Westautobahn
1967 Einführung der Politessen in Wien, Ansiedlung der UNIDO
1968 Studentenunruhen an der Universität, Beschluß zum Bau einer U-Bahn
1970 Baubeschluß zu UNO-City, Anschluß Wiens an die Südautobahn

1971 Errichtung einer Fußgängerzone auf dem Graben und in der Kärntnerstraße
1974 Internationale Gartenschau in Wien, Eröffnung des Neubaues des Dianabades
1975 Terroristischer Überfall auf das OPEC-Gebäude
1976 Einsturz der Wiener Reichsbrücke
1978 Eröffnung der ersten U-Bahn-Strecke
1979 Eröffnung der UNO-City, Bau einer Moschee in Wien
1980 Skandal um den Neubau des Allgemeinen Krankenhauses
1981 Eröffnung der Wiener Donauinsel, Terroranschlag auf Wiener Synagoge in der Seitenstettengasse
1983 Erster Besuch von Papst Johannes Paul II. in Wien
1987 Bau des Haas-Hauses am Stephansplatz
1996 Einrichtung einer Koalitionsregierung in Wien aus SPÖ und ÖVP

Geschichte der Wiener Bezirke

1. INNERE STADT

Die Innere Stadt ist ausgehend von der Römerzeit immer der Mittelpunkt der Stadt Wien gewesen und wird heute noch als »die Stadt« bezeichnet, sie entspricht etwa in Form und Begrenzung dem von Mauern und Glacis umschlossenen Teil der Stadt (ab Ende 12. Jh.) sowohl im Mittelalter wie in der Neuzeit bis 1857, als der Abriß der Basteien begann, sie wurde mit Mauern und Glacis 1850 als 1. Bezirk konstituiert. Nach dem Abriß der Stadtmauern entstand an deren Stelle und auf den Glacisgründen die Wiener Ringstraße, das größte Gesamtkunstwerk des Historismus. Im Zweiten Weltkrieg wurde der Bezirk durch Bombenangriffe stark beschädigt, danach erfolgte der Wiederaufbau nach historischen Vorbildern und hat den Charakter des Bezirkes als gesamtes historisches Denkmal großteils erhalten.

2. LEOPOLDSTADT

Entstand 1850 aus den Vorstädten Leopoldstadt, Jägerzeile mit Prater und Teilen von Zwischenbrücken, Aspern und Kaisermühlen. Ursprünglich »Unterer Werd« genannt und auf einer Donauinsel gelegen, wurde die Vorstadt erst nach der Judenvertreibung von 1670 zu Ehren Kaiser Leopolds I. (1657–1705) in Leopoldstadt umbenannt, der westliche Teil nach einer 1645–1651 errichteten Kapelle als Brittenau bezeichnet, dieser Teil wurde 1900 abgeteilt und als 20. Bezirk konstituiert.

Die Vorstadt am Unteren Werd war die bedeutendste Vorstadt seit 1439, als man die erste Brücke über den Donaukanal schlug; sie lebte vom Handel Wiens nach Böhmen, wurde aber immer wieder von Hochwasser und kriegerischen Ereignissen verwüstet. Dennoch entstanden hier zahlreiche Gärten und Gartenpalais sowie, im ehemaligen kaiserlichen Jagdgelände Prater, ein Vergnügungsviertel von Wien. Die Jägerzeile stellte die Verbindung des Praters mit der Leopoldstadt dar und war im 18. und 19. Jh. eine der vornehmsten Straßen der Stadt. Im 19. Jh. entwickelte sich der Bezirk durch die Anlage der Kopfbahnhöfe von Nordbahn und Nordwestbahn zu einem der Verkehrsknotenpunkte von Wien, in dem sich auch eine zahlenmäßig starke jüdische Gemeinde aus Osteuropa ansiedelte.

3. Landstrasse

Hier befand sich ehemals die Zivilstadt des römischen Vindobona (1.–4. Jh.) entlang dem heutigen Rennweg, eine völkerwanderungszeitliche und frühmittelalterliche Siedlung (Erdburg) stand vermutlich im Bereich des Kardinal-Nagl-Platzes. In Erdberg wurde 1194 der englische König Richard Löwenherz erkannt und gefangengenommen. 1421 erfolgte auf der Gänseweide im Ort Weißgerber die Verbrennung der jüdischen Gemeinde von Wien. Alle diese Siedlungen östlich von Wien lebten vom Verkehr nach Ungarn und von den Schmutz- und geruchsintensiven Gewerben, die man von der Stadt hierher verlegt hatte wie Lederherstellung, Abdeckereien und Leimkochereien. 1810 erwarb die Stadt Wien die Grundherrschaft. 1850 wurde der Bezirk aus den Vorstädten Landstraße, Erdberg und Weißgerber konstituiert. Ab der zweiten Hälfte des 19. Jh.s entstand im Bereich Rennweg – Ungargasse – Reisnerstraße das Wiener Botschaftsviertel.

4. Wieden

Vermutlich war die Wieden die erste Vorstadt von Wien und wird 1211 erstmals urkundlich erwähnt; sie lag an einer der wichtigsten Ausfallstraßen von Wien nach dem Süden, hier befand sich im Mittelalter auch das Heiligengeistspital. Bereits unter Kaiser Matthias (1608–1619) wurde die Favorita, eine kaiserliche Sommerresidenz angelegt, die bis unter Maria Theresia (1740–1780) Verwendung fand. In ihrem Umkreis entstanden zahlreiche Adelspalais. Im 18. Jh. entstand mit dem Freihaus eine der ersten großen Wohnhausanlagen in Wien. 1850 wurde die Wieden gemeinsam mit den Vororten Hungelbrunn und Schaumburgergrund (nach der Familie der Schaumburger) eingemeindet.

5. Margareten

Margareten wurde 1861 vom Bezirk Wieden abgetrennt und besteht aus den ehemaligen Vorstädten Margareten, Nikolsdorf, Matzleinsdorf, Laurenzergrund, Reinprechtsdorf und Hundsturm.

Margareten ist als Gutshof 1303 erstmals erwähnt, Nikolsdorf wurde zwischen 1555 und 1568 planmäßig angelegt. Matzleinsdorf, 1130 erstmals erwähnt, war freies Eigentum der Babenberger Markgrafen, der Laurenzergrund leitet seinen Namen nach einem unter Joseph II. (1780–1790) aufgelösten Kloster her. Reinprechtsdorf hat seinen Ursprung in einem kleinen mittelalterlichen Dorf, das mit dem Vorort Hundsturm zusammenwuchs, in dem sich ein Jagdschloß Kaiser Karls VI. (1711–1740) befand. 1850 wurde Margareten als Teil des Bezirkes Wieden eingemeindet.

6. Mariahilf

1850 als Zusammenschluß der Vororte Mariahilf, Magdalenengrund, Laimgrube und Windmühle eingemeindet. Ältester Teil ist die 1130 erstmals erwähnte Vorstadt Gumpendorf, hier lief vermutlich eine Römerstraße nach Süden, eventuell stand hier auch ein römischer Wachturm. Für das Mittelalter ist ein ausgedehntes Dorf mit Weingärten an der Kärntner- oder Venedigerstraße, der Hauptverkehrsstraße nach Süden, nachgewiesen.

Mariahilf entstand als Straßensiedlung entlang der Mariahilfer Straße, die sich aber erst nach 1683 entwickelte. Die Mariahilfer Straße war ursprünglich eine Straße des Handwerks und Gewerbes, nach dessen Niedergang nach 1848 wurde sie zu einer der bedeutendsten Wiener Geschäftsstraßen. Der Magdalenengrund war eine enge winkelige Vorstadt mit dem Beinamen »Ratznstadel«, die Laimgrube hat ihren Namen nach den hier seit dem Mittelalter genutzten Lehmgruben, für die Vorstadt Windmühle war eine Windmühle namengebend, die 1562 hier errichtet wurde.

7. Neubau

Älteste Siedlung im Bezirk ist die Vorstadt St. Ulrich, 1212 erstmals erwähnt, im Mittelalter ein Angerdorf um die Kirche St. Ulrich, hier soll sich auch die Geschichte vom »Lieben Augustin« zugetragen haben. 1693 erfolgte die Umwandlung des westlichen Teiles zu einer eigenständigen Gemeinde unter dem Namen Neubau.

Anschließend daran der Ortsteil Schottenfeld, am Beginn des 19. Jh.s wegen seines Reichtums an Seidenwebereien auch als Brillantengrund bezeichnet. Die Vorstadt Spittelberg entstand als Gründung des Bürgerspitals zu dessen Finanzierung, hier befand sich im 17.–19. Jh. ein verrufenes Vergnügungsviertel von Wien.

Die Eingemeindung erfolgte im Jahre 1850 und umfaßte die Vorstädte Neubau, Neustift, Spittelberg, Schottenfeld sowie Teile der Vorstädte St. Ulrich, Alt-Lerchenfeld, Laimgrube und Mariahilf.

8. Josephstadt

Die Vorstadt Josephstadt wurde 1700 von der Stadt Wien erworben und erhielt ihren Namen zu Ehren Josephs I. (1705–1711). Die Vorstadt wird unter verschiedenen Namen seit 1281 erwähnt, die Bezeichnung für den Bezirksteil Lerchenfeld findet sich seit 1291. Der Ortsteil Breitenfeld entstand im Biedermeier, der Strozzigrund ist nach einem Palais der Marie Katharina Gräfin Strozzi benannt, die Alser Vorstadt wurde dem Bezirk erst 1861 zugeschlagen, nachdem man die Josefstadt 1850 eingemeindet hatte. Heute ist die Josefstadt ein bürgerlicher Wohnbezirk.

9. Alsergrund

Der ursprüngliche Name Alser Vorstadt geht auf den querenden Alserbach zurück, ab 1684 entsteht die Alser Straße als durchgehende Verkehrszeile, in der Folge siedelt sich eine ganze Reihe adeliger Familien mit ihren Palais hier an. Zentrum des Bezirks ist das Allgemeine Krankenhaus, erbaut unter Joseph II. 1783. Der dem Donaukanal zugewandte Teil trägt den Namen Roßau; es handelt sich hier um eine ehemalige Händler- und Schiffsleutesiedlung, zu der sich ab 1684 auch die größte jüdische Siedlung in Wien entwickelte. Bis 1850 befand sich hier der Rabenstein, eine der Hinrichtungsstätten von Wien. Der Bezirk wurde mit den Vororten Michelbeuern, Himmelpfortgrund, Liechtental, Althan, Am Thury und Roßau 1850 eingemeindet.

10. Favoriten

Favoriten entstand aus einem alten Landgut am Laaerberg, besiedelt wurde die Gegend erst im Zeitalter der Industrialisierung, als sich hier Industrie und Ziegelfabriken ansiedelten, wo besonders viele Böhmen und Tschechen Beschäftigung fanden. Am Wienerberg befand sich neben der mittelalterlichen Bildsäule der »Spinnerin am Kreuz« im 18. und 19. Jh. die öffentliche Hinrichtungsstätte (bis 1859). Der Bezirk wurde 1873 als erster Bezirk außerhalb des Linienwalles eingemeindet, Teile von Inzersdorf, Ober- und Unterlaa sowie Rothneusiedel kamen erst 1954 dazu.

11. Simmering

Der Ortsteil Simmering liegt am Rand der untersten Stadtterrasse im Verlauf der alten römischen Limesstraße nach Carnuntum, 1082 wird der Ort erstmals erwähnt, seit 1605 befand sich hier ein Brauhaus. Die angrenzende Simmeringer Heide war Militärschießplatz, ehe unter Bürgermeister Lueger hier kommunale Gas- und E-Werke entstanden. Zwischen Simmering und Ebersdorf mit einem Jagdschloß aus der Zeit Maximilians I. (1493–1519) wird ab 1569 das Neugebäude, das größte Renaissanceschloß Europas, gebaut, das heute noch in Teilen erhalten ist. Im ehemaligen Park des Schlosses befindet sich der Urnenhain mit dem Wiener Krematorium, daran anschließend der 1874 eröffnete Zentralfriedhof. Weitere Ortsteile sind Albern, Kledering und Klein-Schwechat, der Bezirk wurde 1892 im Zuge der zweiten Stadterweiterung eingemeindet.

12. Meidling

1104 erstmals erwähnter Weinbauort entlang dem Wienfluß, im Laufe der Geschichte als Badeort (Theresienquelle) und Vergnügungsort (Tivoli) bekannt. Im 19. Jh. erfolgt die Ansiedlung von Industrien, daraus folgt die Entwicklung zum Arbeiterbezirk der zwanziger Jahre des 20. Jh.s. Der Bezirk mit den Ortsteilen Meidling, Wilhelmsdorf, Gaudenzdorf, Altmannsdorf und Hetzendorf wurde 1892 eingemeindet.

13. Hietzing

Der Ort ist vermutlich eine Gründung des 8. oder 9. Jh.s und war lange Zeit im Besitz des Deutschen Ritterordens und des Stiftes Klosterneuburg. Ein Aufschwung setzte erst ein, als Maria Theresia (1740–1780) das Schloß Schönbrunn ausgestalten ließ, da sich in der Folge viele Adelige und Hofbeamte im Umkreis ansiedelten. Die weiteren Ortsteile wie Ober St. Veit oder Lainz, dessen Name wahrscheinlich auf slawische Wurzeln zurückgeht, waren Dörfer und Holzknechtsiedlungen am Rande des Wienerwaldes. In Hacking befand sich 1683 eine Erdfestung zur Verteidigung des Wienflusses, Speising war in der Reformationszeit eine lutherische Gemeinde, die später an die Jesuiten übergeben wurde. Einen Teil des Bezirkes nimmt der Lainzer Tiergarten ein, ehemaliges kaiserliches Jagdrevier, das unter Karl VI. mit einer Mauer umgeben wurde.

Der Bezirk wurde 1892 eingemeindet, indem man die Orte Hietzing, Teile von Penzing, Lainz, Breitensee, Schönbrunn, Speising, Teile von Mauer, Hütteldorf, Hadersdorf und Auhof zusammenschloß.

14. Penzing

Der Bezirk Penzing wurde erst 1938 vom Bezirk Hietzing abgetrennt und gemeinsam mit Hadersdorf-Weidlingau zu einem eigenen Bezirk zusammengezogen. Der Name weist auf eine bajuwarische Gründung und damit in das 9. Jahrhundert, im Laufe der Jahrhunderte entwickelte sich eine Weinhauer- und Waldarbeitersiedlung am Wienfluß, die ab 1767 zur Wiege der Wiener Seidenindustrie wurde. Im Biedermeier und Vormärz war Penzing eine beliebte Sommerfrische für die Wiener.

Weitere Ortsteile sind Breitensee, dessen Name auf ein Gewässer hindeutet und das lange Zeit Militärstandort war, Hütteldorf, Baumgarten, Hadersdorf mit dem Wallfahrtsort Mariabrunn, an der Einmündung des Mauerbachtales ins Wiental, und Weidlingau.

15. Rudolfsheim-Fünfhaus

Der Vorort Rudolfsheim, benannt zu Ehren des damals fünfjährigen Kronprinzen Rudolf (1858–1889), entstand 1863 durch die Vereinigung der selbständigen Vororte Braunhirschengrund, Reindorf und Rustendorf. 1892 faßte man die beiden Vororte Rudolfsheim und Sechshaus zum 15. Bezirk zusammen, 1938 erfolgte die Vereinigung mit dem Bezirk Fünfhaus. Der älteste Bezirksteil ist Reinhaus, das im 14. Jh. erwähnt wird, die anderen Ortsteile entwickelten sich erst später, der Braunhirschengrund ab 1799. Rustendorf bestand 1771 erst aus fünf Häusern, Fünfhaus, angelegt entlang der äußeren Mariahilfer Straße, entstand um 1710, und Sechshaus ist erst ab dem 18. Jh. bekannt.

16. Ottakring

Der Bezirk besteht aus zwei zusammengewachsenen Siedlungen, Ottakring und Neulerchenfeld, die 1892 eingemeindet wurden. Ottakring ist 1150 erstmals erwähnt und war bis in das 19. Jh. ein Bauerndorf, Neulerchenfeld entwickelte sich im 18. und 19. Jh. zur Weinbauern- und Heurigensiedlung, im 19. Jh. siedelte man hier in Zinskasernen zahlreiche Arbeiter an.

17. Hernals

1892 faßte man drei Siedlungen am Abhang des Wienerwaldes zu einem Bezirk zusammen, der der Stadt Wien eingemeindet wurde. Ursprünglich war jede Siedlung aus einem kleinen Dorf hervorgegangen: Hernals, 1044 erstmals erwähnt, war in der Reformationszeit unter dem Geschlecht der Jörger Hauptsitz der Protestanten in Wien und eine Weinbau- und Gärtnersiedlung, Dornbach, seit 1150 bekannt, entwickelte sich im Biedermeier zur beliebten Wiener Sommerfrische, und Neuwaldegg geht vermutlich auf ein Schloß aus 1309 zurück, das, immer wieder umgebaut, sich bis heute erhalten hat.

18. Währing

Die Vororte Weinhaus, Gersthof und Pötzleinsdorf, die 1892 zum Bezirk Währing zusammengeschlossen und eingemeindet wurden, werden bereits im Mittelalter als Weinhauersiedlungen erwähnt. Durch den Ungarneinfall 1485 und die beiden Türkenkriege immer wieder verwüstet und zerstört, entwickelten sie sich erst im 19. Jh. zu beliebten Sommerfrischen außerhalb des Linienwalls. Ab der zweiten Hälfte des 19. Jh.s siedelten sich hier in Cottagesiedlungen begüterte Wiener Bürger an.

19. Döbling

Der Ursprung Döblings scheint in einer frühmittelalterlichen Slawensiedlung zu liegen, die entlang des Krottenbachtales lag. Auch die anderen Vororte, welche den 1892 eingemeindeten Bezirk bilden, stammen von kleinen Weinhauersiedlungen ab und haben sich teilweise diesen Charakter bis heute erhalten. Dazu gehören Nußdorf, Josefsdorf, Kahlenbergerdorf und besonders Grinzing mit seinen zahlreichen Heurigen, ebenso wie Sievering und Neustift am Walde, die alle im 13. Jh. erstmals Erwähnung finden und zumeist dem Stift Klosterneuburg unterstanden. Erst im Biedermeier und besonders in der zweiten Hälfte des 19. Jh.s erkannte das reiche Bürgertum den Reiz der Wienerwaldabhänge als Wohngegend und besiedelte besonders die Hohe Warte, während Heiligenstadt Wohnbereich der Arbeiter blieb und hier mit dem Karl-Marx-Hof der größte Wohnblock Wiens entstand.

20. Brigittenau

Die Ortsteile Brigittenau und Zwischenbrücken, gelegen auf der Donauinsel am Unteren Werd, wurden als Teile der Leopoldstadt bereits 1850 eingemeindet. Im Jahre 1900 trennte man die beiden Orte ab und schuf daraus den 20. Bezirk. Ihren Ursprung hat die Brigittenau in einer Brigittakapelle des Jahres 1646, die an den schwedischen Vorstoß während des Dreißigjährigen Krieges erinnern sollte, erst 1846 begann man mit der Rodung der Auen und der Anlage von Siedlungen und Fabriken. Zwischenbrücken lag am Ende der hölzernen Jochbrücke, die seit 1439 die Donau überquerte, der alte Ortskern verschwand bei der Donauregulierung von 1870–1875.

21. Floridsdorf

1904 wurden Ortschaften nördlich der Donau zu einem Großbezirk zusammengefaßt und der Stadt Wien eingemeindet. Diese Siedlungen, die wie Leopoldau, Jedlersee, Jedlersdorf, Strebersdorf und Stammersdorf bereits im 10. und 11. Jh. Erwähnung finden, wurden mit den neuen Industriesiedlungen und Arbeiterbezirken wie Floridsdorf, benannt nach Abt Floridus Leeb von Klosterneuburg, und Donaufeld zusammengefaßt. Nach der Donauregulierung von 1870–1875 mit dem Bau zahlreicher Brücken erlebte der von dörflichen Strukturen geprägte Bezirk erst nach dem Zweiten Weltkrieg den eigentlichen Aufschwung, als hier auf der grünen Wiese zahlreiche große Wohnsiedlungen entstanden und die Donau mit der Donauinsel zum Freizeitgelände Wiens aufgewertet wurde. Die östlich gelegenen Bezirksteile wurden 1938 abgetrennt und zu einem eigenen Bezirk zusammengeschlossen.

22. Donaustadt

Als 1938 Groß-Wien geschaffen wurde, trennte man den östlichen Teil des 21. Bezirkes ab, damit wurden die östlichen Gemeinden des Bezirkes zum neuen Bezirk Groß-Enzersdorf zusammengefaßt, erst 1954 bekam der Bezirk den Namen Donaustadt. Der Bezirk besteht aus vielen kleinen ehemaligen Agrargemeinden wie Stadlau und Kagran, die bereits in der Babenbergerzeit als eigene Pfarren erwähnt werden, Eßling und Aspern wurden durch die Schlacht gegen die Franzosen im Jahre 1809 berühmt. Kaisermühlen erhielt seinen Namen nach den hier im 17. und 18. Jh. befindlichen Donaumühlen. Breitenlee war ursprünglich eine planmäßig angelegte Barocksiedlung. Den Kern von Süßenbrunn bildet ein gutshofartiges Wasserschloß aus dem Jahre 1713, ebenso wie Hirschstetten, von dessen Schloß aber so gut wie nichts erhalten ist. Nach dem Ersten und besonders nach dem Zweiten Weltkrieg nahm die Siedlungstätigkeit durch die Anlage von Industrieansiedlungen und zahlreichen Wohnbauten starken Aufschwung, wenngleich der Bezirk in weiten Teilen noch immer von Feldern und Gärtnereibetrieben dominiert ist.

23. Liesing

Erst mit der Schaffung von Groß-Wien wurden Teile des Bezirkes als XXV. Bezirk nach Wien eingemeindet, 1954 blieben die Gemeinden Liesing, Atzgersdorf, Rodaun, Mauer, Erlaa, Kalksburg, Siebenhirten und Inzersdorf, alles Gründungen des 10. und 11. Jh.s, bei Wien. Liesing ist vermutlich eine slawische Gründung mit der Bedeutung »Waldbach« und wurde 1904 zur Stadt erhoben, ist also die einzige eingemeindete Stadt in Wien. Während Bezirksteile wie Liesing, Rodaun, Mauer und Kalksburg Wohnbezirke am Rande des Wienerwaldes blieben, entwickelten sich Atzgersdorf, Erlaa und Inzersdorf durch die Anlage der Südbahn seit 1841 zu Industriegebieten, in denen besonders die Ziegelindustrie im 19. Jahrhundert starken Aufschwung nahm.

Historische Bauwerke in Wien
(AUSWAHL)

RÖMERZEIT (1.–4. JH.)

Archäologisches Grabungsfeld Michaelerplatz (Wien 1, Michaelerplatz) 1.–4. Jh.
Römische Baureste Am Hof (Wien 1, Am Hof 9), 1.–4. Jh.
Römische Ruinen unter dem Hohen Markt (Wien 1, Hoher Markt 3), 1.–4. Jh.

MITTELALTER (800–1529)

Achatiuskapelle, Erzbischöfliches Palais (Wien 1, Rotenturmstraße), 1271
Annakirche (Wien 1, Annagasse 3), nach 1418
Archäologisches Grabungsfeld am Michaelerplatz (Wien 1, Michaelerplatz),
Augustinerkirche (Wien 1, Augustinerstraße 7), 1349 geweiht
Basiliskenhaus (Wien 1, Schönlaterngasse 7), nach 1212
Deutschordenskirche (Wien 1, Singerstraße), 1395–1410
Haus mit Marienstatue (Wien 1, Schulhof), 15. Jh.
Haus zum großen Jordan (Wien 1, Judenplatz 2)
Heiligenkreuzerhof (Wien 1, Schönlaterngasse 5), 13. Jh.
Hofburgkapelle (Wien 1, Hofburg, Schweizerhof), 1447–1449
Jüdische Synagoge (Wien 1, Judenplatz 8), 13. Jh.–1421
Ludwigskapelle (Wien 1, Minoritenplatz), 1316–1321
Malteserkirche (Wien 1, Kärntnerstraße 37), 1. Hälfte des 14. Jh.s
Maria am Gestade (Wien 1, Salvatorgasse 12), 1357–1414
Minoritenkirche (Wien 1, Minoritenplatz), 1221–1350
Neidhartfresken (Wien 1, Tuchlauben 19), um 1400
Salvatorkapelle (Wien 1, Salvatorgasse 5), Ende 13. Jh.
Schottenkirche (Wien 1, Freyung 6), Krypta um 1170

Schwarzer Turm (Wollzeile), um 1200
Spinnerin am Kreuz (Wien 10, Triester Straße), erbaut 1451/52
St. Jakob (Wien 19, Pfarrplatz 3), 12. Jh.
St. Michael (Wien 1, Michaelerplatz 1), 1220–1250
St. Ruprecht (Wien 1, Ruprechtsplatz), um 800–1434
Stephanskirche (Wien 1, Stephansplatz), 1137–1587
Stock im Eisen (Wien 1, Ecke-Stock-im Eisenplatz/Stephansplatz),
Virgilkapelle (Wien 1, U-Bahn-Station Stephansplatz), um 1250
Widmer Torturm (Durchgang vom Inneren Burghof zum
  Heldenplatz), um 1200

Renaissance (1530–1618)

Amalienburg (Wien 1, Hofburg), 1575–1577
Franziskanerkirche (Wien 1, Franziskanerplatz), 1603–1611
Haus »Wo die Kuh am Brett spielt« (Wien 1, Sonnenfelsgasse 13)
  um 1530
Landhauskapelle (Wien 1, Herrengasse 13), um 1516
Jesuitenkirche Am Hof (Wien 1, Am Hof), 1607–1610
Königinkloster-Kirche (Wien 1, Dorotheergasse 18), 1582
Neugebäude (Wien 11, Neugebäudestraße), 1567–1576
Palais Porcia (Wien 1, Herrengasse 23), 1546
Renaissanceportal (Wien 1, Sonnenfelsgasse 15), 16. Jh.
Salvatorkapelle Eingangsportal (Wien 1, Salvatorgasse 5), 1520
Schottenkirche-Fassade (Wien 1, Freyung), 1638–1648
Schwanfeldsches Haus (Wien 1, Bäckerstraße 7), vor 1587
Schweizerhofbrunnen (Wien 1, Schweizerhof), 1552
Schweizertor der Hofburg (Wien 1, Innerer Burghof), 1552
Stallburg (Wien 1, Reitschulgasse), 1558
Stubentor (Wien 1, U-Bahn-Station Stubentor), 1555–1566
Universitätskirche (Wien 1, Dr.-Ignaz-Seipel-Platz), 1627–1631

Barock (1620–1740)

Altes Rathaus, Fassade (Wien 1, Wipplingerstraße 8), 1706
Böhmische Hofkanzlei (Wien 1, Judenplatz 11), 1708–1723
Bürgerliches Zeughaus (Wien 1, Am Hof 10), 1731–1732
Erzbischöfliches Palais (Wien 1, Rotenturmstraße 2), 1632–1641
Geheime Hofkanzlei (Wien 1, Ballhausplatz 2), 1717–1722
Haus zur Hl. Dreifaltigkeit (Wien 8, Lange Gasse 34), 1696
Hochholzerhof (Wien 1, Tuchlauben 3), um 1680
Hofbibliothek (Wien 1, Josephsplatz 2), 1723–1726
Hofstallungen (Museumsquartier, Wien 7, Messeplatz 1), 1715–1719
Kapuzinergruft (Wien 1, Neuer Markt), 1622/23
Karlskirche (Wien 4, Karlsplatz), 1716–1739
Leopoldskirche (Wien 19, Leopoldsberg), 1718–1730
Leopoldinischer Trakt der Hofburg (Wien 1, Heldenplatz), 1680
Mariensäule am Hof (Wien 1, Platz Am Hof), 1664–1667
Neue Favorita (Theresianum, Wien 4, Favoritenstraße 15), 1687–1690
Oberes Belvedere (Wien 3, Prinz-Eugen-Straße 27), 1721–1724
Palais Auersperg (Wien 8, Auerspergstr. 1), 1710–1716
Palais Harrach (Wien 1, Freyung 3), um 1690
Palais Kinsky (ehem. Palais Daun, Wien 1, Freyung 4), 1713
Palais Liechtenstein (Wien 9, Fürstengasse), 1690–1711
Palais Lobkowitz (Wien 1, Lobkowitzplatz 2), 1685–1687
Palais Schwarzenberg (Wien 3, Rennweg 2), 1716–1723
Palais Schönborn (Wien 9, Laudongasse 15–19), 1705–1711
Palais Starhemberg (Wien 1, Minoritenplatz 5), 1661
Palais Trautson (Ung. Garde, Wien 7, Museumstraße 7), 1710–1712
Pestsäule (Wien 1, Graben), 1682–1692
Peterskirche (Wien 1, Petersplatz), 1703–1708
Piaristenkirche (Wien 8, Jodok-Fink-Platz), 1716–1753
Reitschultrakt der Hofburg (Wien 1, Michaelerplatz), 1729–1735
Schottenkirche (Wien 1, Freyung 6), 1635–1646
Unteres Belvedere (Wien 3, Rennweg 6), 1710–1714
Vermählungsbrunnen (Wien 1, Hoher Markt), 1725–1732

Winterpalais des Prinzen Eugen (Wien 1, Himmelpfortgasse 4–8), 1697–1724
Winterreitschule (Wien 1, Josephsplatz), 1729–1735

ROKOKO (1740–1790)

Alte Universität, Aula (Wien 1, Dr.-Ignaz-Seipel-Platz 2), 1753–1755
Donnerbrunnen (Wien 1, Neuer Markt), 1739
Lusthaus im Prater (Wien 2, Prater Hauptallee), 1781–1783
Michaelerhaus (Wien 1, Michaelerplatz 6), 1750
Palais Pallavicini (Wien 1, Josephsplatz 5), 1783/84
Palais Taroucca (Albertina, Wien 1, Augustinerstraße 1), 1781
Redoutensäle (Wien 1, Josephsplatz), 1744–1748
Schloß Hetzendorf (Wien 12, Hetzendorfer Straße 79), 1742–1745
Schloß Schönbrunn (Wien 13, Schönbrunner Schloßstraße), 1744–1749
Stiftskaserne (Wien 7, Stiftsgasse 2), 1749
Stiftskirche (Wien 7, Stiftsgasse 1), 1739

KLASSIZISMUS (1790–1850)

Allgemeines Krankenhaus (Wien 9, Alser Straße 4), 1784
Burgtor (Wien 1, Heldenplatz), 1818–1823
Dreimäderlhaus (Wien 1, Schreyvogelgasse 10), 1803
Grabmal für Erzherzogin Marie Christine (Wien 1, Augustinerkirche), 1805
Josephinum (Wien 9, Währinger Straße 25), 1783–1785
Kaiser-Joseph-Stöckel (Wien 2, Augarten), 1782/83
Landesgericht (Graues Haus, Wien 9, Landesgerichtsstraße), 1835–1839
Lusthaus (Wien 2, Prater Hauptallee), 1781–1784
Michaelerkirche, Fassade (Wien 1, Michaelerplatz), 1792
Palais Metternich (Wien 3, Rennweg 27), 1835

Polytechnisches Institut (Techn. Universität, Wien 4, Karlsplatz 13), 1816–1818
Standbild Joseph II. (Wien 1, Josephsplatz), 1795–1807
Theater an der Wien (Wien 6, Linke Wienzeile 6), 1798–1801
Theseustempel (Wien 1, Volksgarten), 1823

BIEDERMEIER (1820–1850)

Altlerchenfelder Kirche (Wien 7, Lerchenfelder Straße 111), 1848–1861
Austria-Brunnen (Wien 1, Freyung), 1846
Burggarten (Wien 1, Opernring), 1819–1823
Denkmal für Franz I. (Wien 1, Innerer Burghof), 1842–1846
Erste Österreichische Spar-Casse (Wien 1, Graben), 1835–1839
Finanzlandesdirektion (Wien 3, Vordere Zollamtsstraße 3), 1844–1847
Hauptmünzamt (Wien 3, Am Heumarkt 1), 1835–1838
Hauptzollamt (Wien 3, Hintere Zollamtsstraße 4), 1840–1844
Heldenplatz (Wien 1, Heldenplatz), 1819–1823
Johann-Nepomuk-Kirche (Wien 2, Praterstraße), 1846
Kornhäuselturm (Wien 1, Fleischmarkt), 1827
Niederösterreichisches Landhaus (Wien 1, Herrengasse 13), 1837–1848
Schottenstift (Wien 1, Schottengasse), 1826–1832
Statthaltereigebäude (Wien 1, Herrengasse 11), 1846–48
Synagoge (Wien 1, Seitenstettengasse), 1826
Volksgarten (Wien 1, Dr.-Karl-Renner-Ring), 1819–1823

HISTORISMUS (1850–1890)

Akademie der bildenden Künste (Wien 1, Schillerplatz 3), 1872–1876
Akademisches Gymnasium (Wien 1, Beethovenplatz 1), 1866
Arsenal (Wien 3, Ghegastraße), 1849–1865
Börse (Wien 1, Schottenring 16), 1874–1877
Burgtheater (Wien 1, Dr.-Karl-Lueger-Ring 2), 1874–1888
Denkmal Erzherzog Karl (Wien 1, Heldenplatz), 1860–1865
Denkmal Prinz Eugen (Wien 1, Heldenplatz), 1853–1859

Handelsakademie (Wien 1, Karlsplatz 4), 1857–1862
Hermesvilla (Wien 13, Lainzer Tiergarten), 1882–1883
Hochstrahlbrunnen (Wien 4, Schwarzenbergplatz), 1873
Hotel Sacher (Wien 1, Philharmonikerstraße), 1876
Justizpalast (Wien 1, Schmerlingplatz 1), 1881
Künstlerhaus (Wien 1, Karlsplatz 6), 1865–1868
Kunsthistorisches Museum (Wien 1, Burgring 7), 1872–1881
Kursalon im Stadtpark (Wien 1, Johannesgasse), 1865–1867
Museum für angewandte Kunst (Wien 1, Stubenring 5), 1871
Musikverein (Wien 1, Bösendorferstraße 12), 1867–1870
Naturhistorisches Museum (Wien 1, Burgring 5), 1872–1881
Neue Hofburg (Wien 1, Heldenplatz), 1881–1913
Oper (Wien 1, Opernring), 1861–1869
Palais Coburg (Wien 1, Coburgbastei), 1843–1847, 1864
Palais Epstein (Stadtschulrat, Wien 1, Dr.-Karl-Renner-Ring 1), 1872
Palais Ferstel (Wien 1, Herrengasse 14/Freyung 2), 1860
Palais Württemberg (Hotel Imperial), Wien 1, Kärntner-Ring 16, 1863–1865
Parlament (ehem. Reichsratsgebäude, Wien 1, Dr.-Karl-Renner-Ring 3), 1874–1883
Rathaus (Wien 1, Rathausplatz), 1873–1883
Rathauspark (Wien 1, Rathausplatz), 1872
Roßauer Kaserne (Wien 9, Schlickplatz 6), 1865–1869
Schwarzenbergdenkmal (Wien 1, Schwarzenbergplatz), 1867
Stadtpark (Wien 1, Parkring), 1862
Volkstheater (Wien 1, Burggasse vor Nr. 2), 1887–1889
Universität (Wien 1, Dr.-Karl-Lueger-Ring 1), 1873–1884
Votivkirche (Wien 9, Rooseveltplatz), 1861–1879

Fin de siècle/Jugendstil (1890–1918)

American Bar (Loos-Bar, Wien 1, Kärntner Durchgang), 1908–1909
Artaria-Haus (Wien 1, Kohlmarkt 9), 1900–1901
Engel-Apotheke (Wien 1, Bognergasse 9), 1907
Fillgrader-Stiege (Wien 6, Fillgradergasse), 1905–1906

Französische Botschaft (Wien 4, Schwarzenbergplatz 12), 1906–1910
Jugendstil-Wohnhaus (Wien 4, Linke Wienzeile 38), 1898/1899
Konzerthaus (Wien 3, Lothringerstraße 20), 1913
Kriegsministerium (Wien 1, Stubenring 1), 1909–1913
Looshaus (Wien 1, Michaelerplatz 5), 1910–1911
Lueger-Kirche (Wien 11, Zentralfriedhof), 1908–1910
Majolikahaus (Wien 4, Linke Wienzeile 40), 1898–1899
Portois & Fix (Wien 3, Ungargasse 59–61), 1898–1900
Postsparkasse (Wien 1, Georg-Coch-Platz 2), 1906
Riesenrad (Wien 2, Prater), 1897
Schützenhaus (Wien 2, Obere Donaustraße 26), 1906/07
Secession (Wien 1, Friedrichstr. 12), 1897
Stadtbahn-Station Karlsplatz (Wien 1, Karlsplatz), 1894–1900
Steinhofkirche (Wien 14, Baumgartnerhöhe 1), 1907
Strudelhofstiege (Wien 9, Strudelhofgasse), 1910
Technisches Museum (Wien 14, Mariahilfer Str. 212), 1913
Villa Wagner (Wien 14, Hüttelbergstraße 26), 1885/86
Villa Wagner (Wien 14, Hüttelbergstraße 28), 1912/13
Zacherlhaus (Wien 1, Brandstätte 6), 1903–1905

ZWISCHENKRIEGSZEIT (1918–1938)

Amalienbad (Wien 10, Reumannplatz), 1926
Christ-Königs-Kirche (Wien 15, Vogelweidplatz 7), 1934
Funkhaus (Wien 4, Argentinierstr. 30a), 1934–1936
Hochhaus Herrengasse (Wien 1, Herrengasse 4–6), 1932–1933
Höhenstraße (Wien 19), 1935–1938
Karl-Marx-Hof (Wien 19, Heiligenstädter Straße 82–92), 1927–1930
Karl-Seitz-Hof (Wien 21, Jedlerseer Straße), 1926
Kinderübernahmestelle der Gemeinde Wien (Wien 9, Lustkandlgasse 50), 1925
Krematorium (Wien 11, Simmeringer Hauptstraße 337), 1922–1923
Lassalle-Hof (Wien 2, Lassallestraße 40–44), 1925
Nationalbankgebäude (Wien 9, Otto-Wagner-Platz 3), 1918–1925
Republikdenkmal (Wien 1, Dr.-Karl-Renner-Ring 1), 1928

Reumann-Hof (Wien 5, Margaretengürtel 100–110), 1919–1923
Werkbundsiedlung (Wien 13, Jagdschloßgasse), 1931/32

Moderne (1945–heute)

Befreiungsdenkmal (Wien 3, Rennweg 2), 1945
Haas-Haus (Wien 1, Stock-im-Eisen-Platz), 1989
Historisches Museum (Wien 4, Karlsplatz), 1954–1959
Hundertwasserhaus (Wien 3, Kegelgasse 36), 1983–1985
Donauturm (Wien 21, Donaupark), 1964
Museum d. 20. Jahrhunderts (Wien 3, Schweizergarten), 1962
Museumsquartier (Wien 7, Messeplatz), ab 2001
Opernpassage (Wien 1, Opernring), 1961
Ringturm (Wien 1, Ecke Schottenring/Franz-Josephs-Kai), 1953–1955
Stadthalle (Wien 15, Vogelweidplatz), 1954–1958
UNO-City (Wien 22, Wagramer Straße), 1975–1979
Wotruba-Kirche (Wien 23, Georgenberg), 1976

Die Landesherren von Wien
(976–1918)

Babenberger

976–994	Leopold I., Markgraf von Österreich
994–1018	Heinrich I., Markgraf von Österreich
1018–1055	Adalbert, Markgraf von Österreich
1030–1043	Ungarische Herrschaft in Wien
1055–1075	Ernst, Markgraf von Österreich
1075–1082	Leopold II., Markgraf von Österreich

Przemysliden

1082–1083	Vratislav II., König von Böhmen, Markgraf von Österreich

Babenberger

1083–1095	Leopold II., Markgraf von Österreich
1095–1136	Leopold III. (der Heilige), Markgraf von Österreich
1136–1141	Leopold IV., Markgraf von Österreich
1141–1177	Heinrich II. (Jasomirgott), Markgraf, seit 1156 Herzog von Österreich
1177–1194	Leopold V., Herzog von Österreich
1194–1198	Friedrich I., Herzog von Österreich
1198–1230	Leopold VI. (der Glorreiche), Herzog von Österreich
1230–1236	Friedrich II. (der Streitbare), Herzog von Österreich
1236	Konrad von Nürnberg, Statthalter für Kaiser Friedrich II.
1237–1239	Wien als reichsunmittelbare Stadt unter Kaiser Friedrich II.
1239–1246	Friedrich II. (der Streitbare), Herzog von Österreich

Interregnum

1246–1247	Wladislaw, Markgraf von Mähren, Herzog von Österreich
1247–1248	Otto von Eberstein, Graf, Reichsverweser von Österreich
1248–1250	Herrmann von Baden, Markgraf, Herzog von Österreich

Przemysliden

1251–1276	Przemysl Ottokar II. , König von Böhmen

Habsburger

1276–1281	Rudolf I., deutscher König, Graf von Habsburg
1278–1296	Wien als reichsunmittelbare Stadt unter Rudolf I. und Albrecht I.
1296–1308	Albrecht I., Herzog v. Österreich, Deutscher König ab 1291
1308–1330	Friedrich I. (der Schöne), Herzog v. Österreich, seit 1314 als Friedrich III. deutscher König
1330–1358	Albrecht II. (der Weise), Herzog von Österreich
1358–1365	Rudolf IV., Herzog von Österreich
1365–1379	Albrecht III. (mit dem Zopf), Herzog v. Österreich, und Leopold III., ab 1379 Herzog v. Steiermark, Kärnten Tirol u. Vorlande
1379–1395	Albrecht III., als Herzog von Österreich ober und unter der Enns
1396–1404	Albrecht IV., Herzog von Österreich
1404–1406	Wilhelm (als Vormund Albrechts V.), Herzog von Österreich
1406–1407	Ernst I. (der Eiserne), Herzog von Innerösterreich
1407–1411	Leopold IV. (als Vormund Albrechts V.), Herzog von Österreich

Die Landesherren von Wien

1411–1439	Albrecht II., ab 1438 deutscher Kaiser Albrecht V. als Herzog von Österreich, König von Ungarn und Böhmen
1439–1450	Friedrich V., Herzog von Innerösterreich, als Vormund für Ladislaus Posthumus, als deutscher König u. Kaiser Friedrich III.
1450–1457	Ladislaus V. Posthumus, Herzog von Österreich ober und unter der Enns, König von Ungarn und Böhmen
1459–1461	Friedrich III., Erzherzog von Österreich, römisch-deutscher Kaiser seit 1452
1462–1463	Albrecht VI., Erzherzog von Österreich
1463–1485	Friedrich III., Erzherzog von Österreich, römisch-deutscher Kaiser seit 1452
1485–1490	Matthias Corvinus, König von Ungarn
1490–1493	Friedrich III., Erzherzog von Österreich, römisch-deutscher Kaiser seit 1452
1493–1519	Maximilian I., Erzherzog von Österreich, römisch-deutscher Kaiser seit 1508
1519–1521	Karl V. , Kaiser seit 1519, König von Spanien (als Karl I.)
1521–1564	Ferdinand I., Erzherzog von Österreich 1521, König von Böhmen und Ungarn 1526, deutscher König 1531, Kaiser 1558
1564–1576	Maximilian II., Erzherzog von Österreich, König von Böhmen (1562) und Ungarn (1564), Kaiser 1564
1576–1603	Rudolf II., deutscher römischer König 1575, 1606 entmachtet
1603–1619	Matthias, ab 1603 Statthalter in Wien, Erzherzog von Österreich, König von Böhmen (1611) und Ungarn (1608), Kaiser seit 1612
1619–1637	Ferdinand II., Erzherzog von Österreich, König von Böhmen (1617) und Ungarn (1618), Kaiser 1619
1637–1657	Ferdinand III., König von Böhmen (1627) und Ungarn (1625), Kaiser
1657–1705	Leopold I., König von Böhmen (1656) und Ungarn (1655), Kaiser

1705–1711	Joseph I., König von Ungarn (1687), deutscher König (1690), Kaiser
1711–1740	Karl VI., Regent in Spanien, deutscher König, Kaiser
1740–1780	Maria Theresia, Erzherzogin von Österreich, Königin v. Böhmen und Ungarn
1780–1790	Joseph II., König von Ungarn und Böhmen, deutscher König (1764), Kaiser ab 1765
1790–1792	Leopold II., Erzherzog von Österreich, Großherzog der Toskana, König von Ungarn und Böhmen, Kaiser
1792–1835	Franz II. als römischer Kaiser bis 1806, seit 1804 als Franz I. Kaiser von Österreich
1835–1848	Ferdinand I., Kaiser von Österreich, König von Ungarn
1848–1916	Franz Joseph I., Kaiser von Österreich, König von Ungarn
1916–1918	Karl I., Kaiser von Österreich, König von Ungarn

Die Landesherren von Wien

Ortsregister

Admonterhof 57
Adrianopel 39
Akademie der bildenden Künste 120, 179
Akademie der Wissenschaften 132
Akkon 51
Albern 238
Albertina 129
Allgemeines Krankenhaus 141, 227, 232, 237
Alser Straße 237
Alser Vorstadt 96, 102, 116, 236–237
Alserbach 237
Alt-Erlaa 214
Alt-Lerchenfeld, 236
Althan 237
Altlerchenfelder Kirche 179
Altmannsdorf 238
Am Hof 48, 51, 56, 100, 123, 143, 171, 125
Am Thury 237
Amalienburg 87, 224
Apollo-Saal 149
Aquileia 25, 37, 217
Arenbergpark, 206
Arkadenhäuser 177
Arsenal 173
Aspern 18, 150, 228, 233, 242
Atzgersdorf 243
Augarten 137, 142, 206, 224, 227
Augustinerbastei 129
Augustinerkirche 146, 150
Augustinerkloster 57
Auhof 239
Austria-Brunnen 157
Bäckerkreuz 90
Ballhaus 128

Ballhausplatz 122, 156
Bamberg 46
Barbarakirche 85
Baumgarten 46, 239
Belvedere 132, 138
  Oberes 122, 226
  Unteres 122, 226
Berggasse 175, 191, 203
Berghof 40, 42–43
Bernsteinstraße 17
Bisamberg 17, 46
Blutgasse 49
Bognergasse 28, 125
Boltzmanngasse 141
Botanischer Garten 34
Böhmische Hofkanzlei 120, 122, 226
Börse 134, 148, 178, 229
Bräunerstraße, 49
Braunhirschengrund 239
Breitenfeld 236
Breitenlee 242
Breitensee 239
Brigetio 26, 219
Brigittakapelle 100, 241
Brigittenau 101, 158, 233, 241
Brillantengrund 236
Bundeskanzleramt 122, 156, 201
Burg Kreuzenstein 99
Burgbastei 151, 155, 228
Bürgerliches Zeughaus am Hof 122, 168
Bürgerspital 54, 57, 116, 148
Burggarten 109, 151, 156, 228
Burghof 122
Burgtheater 109, 128, 138, 178, 183, 202, 207, 212, 227, 229
Burgtor 155, 228

Eine kurze Geschichte der Stadt Wien

Büßerinnenkloster 89
Bußhaus der bekehrten Frauen zu
  St. Hieronymus 58
Cafe Central 188
Cafe Griensteidl 188
Carl-Theater 160, 229
Carnuntum 23–25, 37, 39, 217,
  218–219, 237
Cillihof 64
Clarissenkloster 85
Dachau 204
Deutsches Volkstheater 184
Dianabad 149, 228, 232
Dominikanerkirche 96, 225
Dominikanerkloster 83, 221
Dommayers Casino 158
Donau 17–18, 26–27, 36, 55, 146,
  181
Donaufeld 242
Donauinsel 206, 212, 232, 242
Donaukanal 90, 148, 156, 224, 233
Donaustadt 180, 242
Dornbach 145, 240
Dorotheergasse 49, 64, 89, 116
Dorotheerkloster 142–143
Dorotheum 142
Döbling 42, 46, 163, 241
Döblinger Pfarrkirche 156
Dreifaltigkeitskirche 115
Dreifaltigkeitssäule (Pestsäule) 104,
  115, 207
Ebersdorf 74, 238
Erdberg 134, 221, 234
Erlaa 243
Erste Österreichische Spar-Casse
  156, 228
Ertlgasse 28
Eßling 150, 242
Etablissement Sperl 149
Favorita 115, 234
  Alte 91, 224
  Neue 130
Favoriten 180, 211, 229

Favoritenstraße 163
Fischamend 93
Fleischmarkt 123, 142
Floridsdorf 145, 180, 211, 242
Franz-Josephs-Bahnhof 117
Franziskanerkirche 91, 224
Franziskanerplatz 142
Freihaus 144
Freisingerhof 57
Freyung 23, 48, 57, 116, 138, 157,
  217, 226
Fünfhaus 239
Gallitzinberg 206
Gänseweide 83, 89, 234
Garnisongasse 102
Gaudenzdorf 238
Geheime Hofkanzlei 122, 156, 226
Gersthof 240
Getreidegasse 57
Getreidemarkt 125
Geyertsches Schloß 89
Glacis 122, 140, 175, 177, 227, 233
Glacisgründe 229
Graben 27, 49, 53, 57, 82, 104, 125,
  156, 207, 232
»Graues Haus« 156
Grinzing 46, 132, 145, 241
Groß-Enzersdorf 242
Grünangergasse, 49
Gumpendorf 46, 157, 163, 235
Gürtel 116, 186, 230
Habsburgergasse 49
Hacking 46, 238
Hadersdorf 145, 239
Hadersdorf-Weidlingau 239
Hasenhaus 92
Hauptmünzamt 156
Heiligengeistspital 57, 221–222, 234
Heiligenkreuz 110
Heiligenkreuzerhof 104
Heiligenstadt 200, 241
Heldenplatz 151, 155, 178, 204, 207,
  228

Ortsregister

Hernals 83, 89, 91–92, 94, 96, 179, 240
Herrengasse 23–24, 32, 57, 65, 86, 168, 229
Hetzendorf 238
Hetztheater 134
Heumarkt 156
Hietzing 158, 239
Himmelpfortgasse 102, 116, 151, 226,
Himmelpfortgrund 237
Himmelpfortkloster 142
Hirschstetten 242
Historisches Museum der Stadt Wien 186, 213, 231
Hochholzerhof 123
Hochquellwasserleitung 186
  Erste 186, 229
  Zweite 186, 230
Hochstraße 48–49, 56
Hofbibliothek 122, 226
Hofburg 52, 54, 56, 58, 62, 64, 81, 87, 96, 102, 104, 109, 122, 148, 222–223, 227
  Leopoldinischer Trakt 104, 115, 225
  Michaeler Trakt 178, 230
  Neue Hofburg 178, 229
  Redoutensäle 120, 130, 158, 227
  Reichskanzleitrakt 122
  Schatzkammer 204
  Schweizerhof 81
  Schweizertor 81, 223
  Spanische Hofreitschule 224
  Stallburg 26, 64, 81, 224
  Winterreitschule 122
Hofkriegsratsgebäude 138
Hofspital zu St. Martin 57
Hofstallungen 122, 213
Hohe Brücke 28
Hohe Warte 241
Hoher Markt 26, 29–31, 40–41, 44, 52, 57, 85, 156, 226

Höhenstraße 201, 231
Hohlweggasse 25
Hubhaus 65
Hundsturm 167, 235
Hundsturmer Friedhof 141
Hungelbrunn 235
Hütteldorf 239
Hygieiabrunnen 142
Innere Stadt 25–26, 233
Innsbruck 65
Invalidenhaus auf der Landstraße 141
Inzersdorf 89, 108, 237, 243
Jagdschloß im Augarten 91
Jägerzeile 87, 142, 156, 167, 233–234
Jakobinerinnenkloster 142
Jedlersdorf 242
Jedlersee 242
Johann-Nepomuk-Kirche 156
Johannesgasse 104
Josefsdorf 241
Josephinum 142
Josephsplatz 122, 225
Josephstadt 117, 236
Josephstädter Glacis 177
Jörgersche Kirche 91
Judengasse 40
Judenplatz 29, 49, 52
Justizpalast 199, 230
Kaffeehaus im Volksgarten 157
Kagran 242
Kahlenberg 96, 112, 132, 201, 225
Kahlenbergerdorf 241
Kaiser-Ebersdorf 130
Kaiser-Ferdinand-Nordbahn 164, 229
Kaiser-Ferdinand-Wasserleitung 157
Kaiser-Franz-Josephs-Kaserne 173
Kaiser-Joseph-Stöckl 142
Kaiser-Jubiläums-Theater 184
Kaiserforum 178

Kaiserin-Elisabeth-Westbahn 164, 229
Kaisermühlen 233, 242
Kalksburg 243
Kalvarienberg 96
Kamaldulenserkloster 96, 225
Kapuzinergruft 133, 193
Kapuzinerkirche 96
Kardinal-Nagl-Platz 234
Karl-Marx-Hof 200, 230, 241
Karlskettensteg 156
Karlskirche 121–122, 126, 226
Karlsplatz 186, 189
Karmeliterinnenkloster 96
Karmeliterkirche 96, 225
Karmeliterkloster 83
Kärntnerstraße (siehe auch: Venedigerstraße) 49, 52, 54, 105, 232, 235
Kärntnertor 57, 76, 120, 148, 226
Kärntnertortheater 134
Kienmarkt 43
Kirche am Alsergrund 115
Kirche Am Hof 102, 225
Kirche am Steinhof, 186
Kirche St. Michael, 56
Kirche und Kloster von Sankt Niklas 96
Kledering 238
Klein-Schwechat, 238
Klimschgasse 25
Kloster der beschuhten Augustiner 96
Kloster St. Nikola 142
Klosterneuburg 48, 99, 238, 241–242
Kohlmarkt 49, 123
Kontumazfriedhof 102
Kontumazhof 102
Konzerthaus 192
Korneuburg 100
Kornhäuselturm 156
Kölnerhof 57
Königinkloster 89, 142
Kramergasse 27–28
Krapfenwaldl 132
Krems 51, 62, 99–100
Kriegsministerium am Stubenring 192
Kriminalgerichtsgebäude am Glacis in der Alservorstadt 156
Kroatisches Konvikt 142
Krottenbachtal 241
Krugerstraße 54
Kumpfgasse 49, 57
Kunsthistorisches Museum 156, 178, 204, 229
Künstlerhaus 179, 229
Laaerberg 74, 108, 202, 237
Laimgrube 148, 235–236
Lainz 18, 42, 198, 238–239
Lainzer Tiergarten 238
Landhaus 86, 168
Landhauskapelle 84, 89, 94, 224–225
Landstraße 96, 134
Lastenstraße 177
Laurenzergrund 235
Laurenzerkloster 142
Leitha 45, 47
Leopoldau 185, 242
Leopoldsberg 17–19, 21–22, 33, 55, 112, 122, 206, 216–217
Leopoldskirche 17
Leopoldstadt 87, 103, 122, 125, 129, 160, 167, 225, 233–234, 241
Leopoldstädter Theater 144
Lerchenfeld 236
Lichtensteg 29, 57
Liechtensteinpalais 116, 117
Liechtental 122, 237
Liesing 42, 243
Liesingbach 35
Lilienfeld 110
Limesstraße 48
Linienwall 116, 177, 179–180, 230

Linke Wienzeile 186
Linz 127
Lobkowitzplatz 60
Loos-Haus 230
Löwelbastei 109, 111
Löwelstraße 116, 226
Lugeck 57
Lusthaus 142, 227
Magdalenengrund 235–236
Magdalenenkapelle 58
Mailberg 47
Marc-Aurel Straße 40–41
March 45, 47
Margareten 93, 130, 167, 235
Margaretner Pfarrkirche 135
Maria am Gestade 28, 30, 63, 222
Mariabrunn, 239
Mariahilf 235
Mariahilfer Kirche 104, 115, 225–226
Mariahilfer Straße 235, 239
Mariensäule am Hof 104
Märkleinsches Haus 123
Matzleinsdorf 122, 235
Matzleinsdorfer Friedhof 141
Mauer 214, 216, 239, 243
Mautern 48, 220
Meidling 46, 158, 238
Melk 110
Melkerhof 57
Messepalast 122, 213
Michaelerhaus
  neues 132
  großes 123
Michaelerkirche 85, 96, 148, 224–225
Michaelerplatz 32, 128, 132, 183, 227, 230
Michelbeuern 237
Minoritenkirche 94, 137, 224
Minoritenkloster 84, 142, 221
Minoritenplatz 32
Mitrovica 37

Mollardschlößl 163
Mosesbrunnen 142
Mödling 42
Möhringbach 26–27
Museum des 20. Jahrhunderts 213
Museum für Kunst und Industrie 179
Museumsquartier 122, 213
Musikverein 179, 229
Naglergasse 27–28, 48
Naschmarkt 137, 146, 227
Nationalbibliothek 105
Naturhistorisches Museum 178, 229
Nepomukkapellen 122
Neu- oder Herzogsbad 48
Neubau 236
Neuberg an der Mürz 59
Neuer Markt 52, 57, 116, 126
Neulerchenfeld 122, 240
Neustift am Walde 236, 241
Neuwaldegg 136, 240
Nicaea 219
Nikolsdorf 235
Noreia 20
Noricum 219
Nußberg 112
Nußdorf 18, 46, 74, 241
Ober St. Veit 238
Oberlaa 237
Oberzellergasse 34
Odeon 158
Oper 179, 207, 202, 212, 229, 231
Ottakring 240
Ottakringerbach 26–27, 48
Palais der Grafen Althan 117
Palais der Grafen Mansfeld-Fondi 117
Palais des Prinzen Eugen 226
Palais Harrach 116, 226
Palais Liechtenstein 226
Palais Lobkowitz 116, 226
Palais Schönborn 116, 226

Palais Schwarzenberg 116, 118
Palais Taroucca 129
Pannonien 23, 36–37, 39, 216, 217–220
Parlament 177
Passau 46, 60, 127
Paulanerkirche 96, 225
Ödes Kloster 64
Peilertor 28, 53, 125, 227
Penzing 72, 122, 239
Penzinger Straße 104
Pestsäule (Dreifaltigkeitssäule) 104, 115, 207
Petronell 107
Piaristenkirche, 133
Piccolominikapelle 99
Polytechnikum 228
Postgasse 105
Postsparkasse 186
Pötzleinsdorf 240
Prag 127
Praghaus 64
Prater 136, 143, 146, 157, 234, 229, 233
Prater-Hauptallee 142, 157, 227
Praterstraße 87, 142
Preßburg 110
Prioratshaus 138
Providentiabrunnen 126
Pulkau 47
Pulverturm 109
Purkersdorf 46
Rabensteig 27
Rabenstein 237
Rannersdorf 185
Rathaus 103, 116, 122, 177, 229
Rathauspark 178
»Ratznstadel« 236
Rauhensteingasse 57
Regensburg 46
Regensburgerhof 57
Reichsbrücke 201, 231–232
Reichsbrückenstraße 142

Reichsratsgebäude 177, 229
Reindorf 239
Reinhaus 239
Reinprechtsdorf 235
Reisnerstraße 234
Renngasse 116, 171, 226
Rennweg 34, 118, 122, 130, 156, 234
Republikdenkmal 202
Riesenrad 207
Ringstraße 177, 193, 229, 233
Ringtheater 184
Ringturm 214
Rochuskapelle 104
Rochuskirche 96
Rodaun 42, 243
Ronacher 184
Roßau 99, 117, 228, 237
Roßauer Kaserne 173
Rotenturmstraße 90
Rotenturmtor 80, 138
Rotgasse 27
Rothneusiedel 237
Rotunde 181, 229
Rudolfsheim 239
Rustendorf 239
Salvatorgasse 56
Salzburg 42, 46
Salzgries 27, 48
Sarajevo 193
Schaumburgergrund 163, 235
Schloß Hetzendorf 117
Schloß Neugebäude 86–87, 137, 224, 238
Schloß Neuwaldegg 117
Schloß Schönbrunn 87, 117, 129–130, 132, 137–138, 227, 238–239
Ägyptischer Obelisk 138
Gloriette 87, 137
Römische Ruine 87, 137
Schöner Brunnen 138
Schmelz 109
Schmelzer Friedhof 141

Ortsregister

Schottenbastei 33
Schottenfeld 163, 229, 236
Schottenkirche 51, 99, 225
Schottenkloster 48, 109, 138, 156, 220
Schottenkreuzung (»Jonasreindl«) 231
Schottenring 178
Schottentor 81, 113, 125, 176
Schranne 156
Schubladkastenhaus 138
Schulerstraße 57
Schwarzenbergplatz 179
Schwechat 42, 74, 108, 113, 172
Schweinemarkt 60
Schwenders Etablissement 158
Schwindhof 123
Secession 189, 230
Sechshaus 239
Seelhaus zu St. Theobald 57
Seilergasse 52
Seitenstettengasse 156, 205, 228, 232
Seitzerhof, 158
Servitenkirche 99, 136
Sextiae 20
Siebenbüchnerinnenkloster 142
Siebenhirten 243
Siebensterngasse 109
Siechenhaus von St. Johannes 57
Siechenhaus beim Klagbaum 221
Sievering 241
Simmering 42, 74, 137, 185, 211, 224, 237–238
Simmeringer Hauptstraße 18
Simmeringer Heide 237
Singerstraße 49
Sirmium (Mitrovica an der Save) 37, 218
Sophienbrücke 156, 228
Sophiensäle 158
Spanisches Spital 141
Speising 238–239

Spiegelgasse 49
Spinnerin am Kreuz 90, 144, 224, 237
Spittelberg 116, 143, 226, 236
St. Anna-Kinderspital 163
St. Job beim Klagbaum 57
St. Joseph-Kinderspital 163
St. Lazarus vor dem Stubentor 57
St. Marx 214
St. Marxer Friedhof 141–142, 146
St. Marxer Spital 141
St. Peter 42, 115, 122
St. Ruprecht 64
St. Stephan 48, 54, 58–59, 63–65, 82, 104, 121, 126, 143, 220–221, 223, 226
St. Ulrich 236
Stadlau 146, 242
Stadtbahn 186
Stadthalle 214
Stadtmauer 223
Stadtpark 157, 178, 229
Stadttheater 184
Stammersdorf 242
Starhembergisches Freihaus 134
Stein 99
Stephansdom 72, 207, 212
    Albertinischer Chor 222
    Pfarrhof 58
    Riesentor 207
Stephansfreithof 125
Stephansplatz 49, 57–58, 148, 214, 232
    Bischöfliches Palais 225
    Curhaus 122
    Haas-Haus 214, 232
    Heilthurmsstuhl 58
    Virgilkapelle 58
Stephansschule 88
Stiftsgasse 130
Stiftskaserne 206
Stock-im-Eisenplatz 27
Stockerau 62

Sträußelsäle 158
Strebersdorf 242
Strozzigrund 134, 227, 236
Strudelhof 118, 141
Stubenring 179
Stubentor 74
Stubentorbrücke 62
Stubenviertel 53
Südbahn 164
Süßenbrunn 242
Synagoge am Judenplatz 52
Synagoge in der Seitenstettengasse 156
Tabor 110
Tandelmarkt 121
Technisches Museum 192
Templaisenkapelle 146
Thaya 47
Theater an der Wien 148
Theater auf der Wieden 144
Theater in der Josephstadt 144, 152, 158, 160, 228
Theresianum 130, 227
Theseustempel 156
Thurygrund 122
Tiefer Graben 27–28, 48
Tierärztliche Hochschule 173
Tivoli 158
Tuchlauben 28, 30, 41, 53, 56, 123, 125, 227
Tulln 40, 127
Tullnerfeld 74, 220
Türkenstraße 175
Ungargasse 234
Ungarn 49
Universität 58–60, 63, 72, 96, 83–84, 94, 178, 222, 225, 229
Universitätsbibliothek 138
Universitätskirche 94, 96, 225
Universum 158
UNO-City 212, 231
Unter St. Veit 46
Unterer Werd 233, 241

Unterlaa 237
Ursulinenkirche 104, 225
Venedig 49, 51
Venedigerstraße 49, 235
Vermählungsbrunnen am Hohen Markt 120
Vindobona 18, 22–23, 25–27, 29–30, 32–33, 37–39, 41, 217–220, 234
Virunum 20, 217
Volksgarten 151, 155, 178, 228
Volksoper 184
Volksprater 157
Vorstadt am Unteren Werd 87, 96–97, 103, 225, 233
Votivkirche 78, 175–177, 229
Währing 42
Währinger Friedhof 142
Währinger Straße 142
Wallnerstraße 147
Wasserglacis 157
Weidlingau 239
Weihburggasse 54
Weinhaus 240
Weißgerber 234
Weißgerberlände 148
Werdertor 57
Wieden 74, 96, 125, 134, 163, 221, 226, 234–235
Wiener Becken 21, 41–42, 74, 216, 220
Wiener Neustadt 69, 103, 206
Wiener Neustädter Kanal 148
Wienerberg 150, 182, 237
Wienerwald 35, 45, 110, 145, 238, 240
Wienfluß 186
Wildpretmarkt 31
Wilhelmsdorf 238
Windmühle 235
Wipplingerstraße 29, 31, 41, 116, 122, 226
Witmarkt 56

Wolfsschanze 99, 100
Wollzeile 49, 97
Wotruba-Kirche 214
Ybbs 110, 127
Zentralfriedhof 238
Zwettlerhof 57
Zwischenbrücken 233, 241
Zwölfaxing 42

Personenregister

Abraham a Sancta Clara (Ulrich Megerle) 106, 225
Achleitner, Friedrich 213
Adalbert, Markgraf 47
Adelpoldinger, Joseph 156
Adler, Friedrich 193
Adler, Victor 182, 193
Aetius 41
Albrecht I. 55, 222
Albrecht II. 58, 222
Albrecht III. 49, 59, 222
Albrecht V. 60
Albrecht VI. 62
Albrecht von Nassau 56
Alt, Franz 163
Alt, Jakob 163
Alt, Rudolf 163
Altamonte, Bartholomeo 123
Altamonte, Martino 123
Altenberg, Peter 188
Amerling, Friedrich von 163
Angelus Silesius (Scheffler, Johann) 102
Anguissola, Leander 120
Antoninus Pius, Kaiser 35, 218
Anzengruber, Ludwig 188
Apostolo Zeno 124
Arcimboldo, Giuseppe 87
Artmann, H. C. 213
Attila 41, 42, 220
Augustus (Octavian), Kaiser 21, 24
Aurelian, Kaiser 38, 219
Bahr, Hermann 188
Bailou, Jean de 133
Ballomarus 36–37
Bartuska, Franz Daniel Edler von, 124
Bäuerle, Adolf 149, 160

Bauernfeld, Eduard von 160
Bayer, Konrad 213
Beer-Hofmann, Richard 188
Beethoven, Ludwig van 147, 149, 152, 158
Bellotto, Bernardo, genannt Canaletto 138
Benatzky, Ralph 202
Berg, Alban 202
Bernadotte, Graf Jean Baptiste 147
Bernatzik, Wilhelm 189
Bernbrunn, Carl von 160
Berthold der Schützenmeister 56
Bertoni, Wander 212
Bethlen, Gabor 93
Bettauer, Hugo 200
Bibiena, Fernando Galli 120
Billroth, Theodor 182
Blanchard, Jean Pierre 146
Blotius, Hugo 88
Blum, Robert 172
Bocskay, Stephan 91
Boeckl, Herbert 202
Born, Ignaz von 140
Borodajkewycz, Taras 214, 231
Brahms, Johannes 184
Brauer, Arik 212
Brehm, Bruno 203
Breitner, Hugo 197
Broch, Hermann 211
Brod, Max 202
Bruck, Arnold von 84
Bruckner, Anton 184
Brus, Otto 213
Bürckel, Josef 205–206
Burckhardt, Max 184
Burnacini, Ludovico Ottavio 115
Busta, Christine 211

Caldere, Antonio 124
Canetti, Elias 202
Canevale, Carlo 105
Canevale, Isidore Marcellus Amandus 141–142
Canova, Antonio 150
Carlone, Carlo Antonio 99
Carolus Clusius 87, 224
Catualdo 24
Celan, Paul 211
Celtis, Konrad 65
Cesti, Marc Antonio 105
Chopin, Frédéric 159
Chruschtschow, Nikita 212
Claudius, Kaiser 38
Claudius Pompeianus 37
Claudius Ptolomäus von Alexandria 218
Cocopani, Giovanni 96
Commodus, Kaiser 37
Constantinus II., Kaiser 219
Cornax, Matthias 65
Corradi, Antonio 120
Cotton, Joseph 211
Cuspinian, Johannes 65
Czapka, Ignaz 166, 169
Czepko, Daniel von 98
d'Annunzio, Gabriele 195
d'Aviano, Marco 112
Danhauser, Josef 162
Daum, Josef Georg 158
Daun, Leopold Josef Maria 119
Degen, Jakob 164
Delsenbach, Johann Adam 124
Diocletian, Kaiser 38, 219
Dobrowsky, Josef 202
Dollfuß, Engelbert 200–201, 231
Domitian, Kaiser 26, 217
Donner, Georg Raphael 123, 126
Drummern von Pabenbach, Matthäus 102
Drusus 21, 216
Dryantila 219

Duval, Valentin Jameray 133
Edelpöck, Benedikt 88
Ehernruff, Johann Heinrich Schmelzer von 105
Elagabal, Kaiser 219
Eleonore von Portugal 62
Eleonore von Pfalz-Neuburg 104
Elisabeth, Kaiserin 175, 229
Elßler, Fanny 161
Ernst, Markgraf 47
Ernst, Erzherzog 90
Ernst I., der Eiserne 60
Eugen, Prinz von Savoyen 107, 115, 119–120, 122, 126, 132
Eynzing, Michael von 70
Fendi, Johann Peter 162
Ferdinand Hetzendorf von Hohenberg 137
Ferdinand I. (dt. König und Kaiser) 67, 69–71, 73, 75, 79–80, 82, 84, 223
Ferdinand I. (österr. Kaiser) 157, 172
Ferdinand II. 92–93, 98
Ferdinand III. 99, 102
Ferdinand Maximilian 175
Ferrabosco, Pietro 81, 89
Ferstel, Heinrich 177
Fischer von Erlach, Johann Bernhard 115, 117, 120–121
Fischer von Erlach, Joseph Emanuel 121–122, 178
Fischer, Johann Martin 142
Floridus Leeb 242
Forst, Willi 203
Frangepani, Franz 103
Frank, Ambrosius 108
Franz Ferdinand 193
Franz II. (Franz I.) 146, 149–150, 167
Franz Joseph I. 172–173, 175–176, 181, 193, 229
Franz Pacassi, Nicolaus 129

Franz Stephan von Lothringen (Kaiser Franz I.) 126, 129, 133, 136, 227
Freud, Sigmund 191, 203, 205
Friedell, Egon 204
Friedrich Barbarossa 221
Friedrich I., Herzog 52
Friedrich I. (dt. König) 56, 58
Friedrich II. von Preußen 127, 134, 136
Friedrich II., der Streitbare, Herzog 54, 221
Friedrich II. (dt. Kaiser) 54, 221
Friedrich III. 61, 63–64, 94, 222
Friedrich von Baden 54
Friedrich, Heinrich Johann 102
Frohner, Adolf 213
Fröhlich, Kathi 160
Fuchs, Ernst 212
Fuhrmann, Matthias 124
Furtwängler, Wilhelm 206
Fux, Johann Joseph 124
Gallienus, Kaiser 38
Gallus, Jacobus 88, 92
Gauermann, Friedrich 163
Gelbhaar, Gregor 96
Ghelen, Johann von 113
Girardi, Alexander 184
Giuliani, Giovanni 123
Globocnik, Odilo 205
Glöckel, Otto 198
Gluck, Christoph Willibald 133, 135
Gran, Daniel 123
Grillparzer, Franz 160
Gromyko, Andrej 212
Grün, Anastasius (eigentlich Anton Graf Auersperg) 160
Gütersloh, Albert Paris 202, 212
Hadrian, Kaiser 35, 218
Haertl, Oswald 186
Halm, Friedrich 160
Hanak, Anton 202

Hansen, Theophil 157, 177–179
Hardegg, Ferdinand von 90
Harty, Josef 136
Hasenauer, Carl 178
Hauptmann, Gerhart 206
Hausner, Rudolf 212
Haydn, Joseph 147, 150
Hayn, Johann 82, 223
Hebenstreit, Christoph 83
Hebenstreit, Franz von 146
Hegerlein, Johannes (Fabri) 84
Heinrich I., Markgraf 46
Heinrich II., Jasomirgott, Herzog 48, 51, 58, 220
Heinrich II., Herzog von Bayern 46
Heinrich III. (dt. Kaiser) 45, 47, 220
Heinrich IV. (dt. Kaiser) 47
Heinrich VI. (dt. Kaiser) 52
Heinrich der Zänker, Herzog 45
Heinrich von Luxemburg (dt. Kaiser) 56
Helvius Pertinax 37
Herold, Balthasar 104
Herzl, Theodor 191
Heuberger, Richard 183
Hilarius, Anastasia 102
Hildebrandt, Johann Lukas von 115, 120, 122
Hildesheim, Franz 88
Hirschvogel, Augustin 85, 223
Hitler, Adolf 182, 192, 204
Hofer, Andreas 150
Hoffmann, Joseph 189
Hofmannsthal, Hugo von 188, 202
Hollander, Janson 85
Hollein, Hans 214
Holzer, Wolfgang 62, 222
Holzknecht, Guido 182
Horvath, Ödön von 202
Hoyos, Ferdinand Gomez von 90
Hörbiger, Paul 203
Huber, Joseph Daniel 138

Hubmaier, Balthasar 72
Hufnagel, Jacob 80, 92
Hufnagel, Joris 92
Hügel, Franz 163
Hutter, Wolfgang 212
Ingenuus, Kaiser 219
Innozenz XI. 107
Jacquin, Nicolaus von 133
Jadot de Ville-Issey, Jean Nicolas 130, 132
Jandl, Ernst 212
Janscha, Laurenz 138
Jellacic, Josef 171
Jeritza, Maria 202
Johann Georg von Sachsen 111
Johann Sobieski 107, 111, 113
Johann, Erzherzog 150
Jonas, Franz 212
Joseph I., Kaiser 105, 117–120, 236
Joseph II., Kaiser 136, 138, 140–141, 143, 148, 154, 235, 237
Jörger, Helmhard von 94
Julius, Prinz von Savoyen 107
Julius Caesar 20
Jurichich, Niclas 79
Kafka, Franz 202
Kainz, Josef 184
Kaiser, Georg 202
Kandl, Theresia 150
Kara Mustapha 107–109, 112–114
Karl Albrecht, Kurfürst von Bayern (Kaiser Karl VII.) 127, 129
Karl der Große 40, 42, 220
Karl I. (österr. Kaiser) 195, 230
Karl II., Erzherzog 87, 224
Karl V., Kaiser 68–69, 79, 82–83, 223
Karl VI., Kaiser 121–122, 126–127, 235, 238
Karl von Lothringen 107–108, 110–112
Karl, Erzherzog 150
Kedd, Jodocus 102

Kennedy, John F. 212
Khevenhüller, Ludwig Andreas 127
Khlesl, Melchior 88, 90, 95
Kielmansegg, Joseph 108
Kircher, Athanasius 102
Kirchhofer, Wolfgang 68
Kisch, Egon Erwin 192
Kissinger, Henry 212
Kleiner, Salomon 124
Klimt, Gustav 183, 189, 195
Kokoschka, Oskar 189, 202
Kollonitsch, Leopold 108, 113
Kollonitz, Sigismund 122
Koloman 46
Kolowrat, Alexander »Sascha« 193, 202
Kolschitzky, Georg Franz 111, 113
Konrad II., Kaiser 45, 220
Konrad III., König 220
Konstantin, Kaiser 38
Kornhäusel, Josef Georg 156
Kossuth, Ludwig 167
Kothgasser, Anton 162
Körner, Theodor 209
Krafft, Johann Peter 162
Krapf, Franz Joseph 132
Kraus, Karl 188, 193, 202
Kriehuber, Josef 163
Kritasiros 21, 216
Krones, Therese 161
Kuchelbecker, Johann Basilius 124
Kuh, Anton 188
Kunschak, Leopold 192
Kunschak, Paul 192
Kupetzky, Johann 120
Kurz, Josef Felix von 124
Lacy, Franz Moritz 136
Ladislaus Posthumus 61–62, 222
Landsteiner, Karl 203
Langenstein, Heinrich von 63
Lanner, Josef 158
Laroche, Johann Joseph 124
Latour, Theodor 171

Lautensack, Hans Sebald 85
Lazius, Wolfgang 84
Leeb, Joseph Anton Ritter von 166
Leffler, Heinrich 189
Lehár, Franz 202
Lehmden, Anton 212
Lenau, Nikolaus 160, 163
Leopold I., Kaiser 103–104, 107, 120, 225, 233
Leopold II., Markgraf 46
Leopold II., Kaiser 146
Leopold III., der Heilige 47
Leopold IV., Markgraf 48, 53–54, 59–60, 221
Leopold V., Herzog 49, 51–52, 221
Leopold VI., der Glorreiche 52
Lessing, Gotthold Ephraim 138
Libényi, János 175
Liebenberg, Andreas von 108, 112
»Lieber Augustin« 104, 236
Liechtenstein, Ulrich von 54
Lind, Jenny 161
Loos, Adolf 183, 202
Lucchesi, Filiberto 100
Ludwig II., König von Ungarn und Böhmen 73
Ludwig XIV., König von Frankreich 105–107, 109
Lueger, Karl 182, 185–188, 191, 237
Luitpold (Leopold I.), Markgraf 46
Lumpert, Anton 166
Luther, Martin 71
Madersperger, Josef 164
Mahler, Gustav 184
Makart, Hans 182
Manger, Karl von 92
Manowarda, Josef 202
Mansfeld-Fondi, Graf 117
Manuel I., byz. Kaiser 51
Marbod 216–217
Marc Aurel, Kaiser 36–37, 218
Margaretha Theresia, spanische Infantin 105

Maria Anna, Erzherzogin 105
Maria Theresia, Königin v. Böhmen u. Ungarn, Erzherzogin von Österreich 87, 126–129, 132–134, 136, 227, 234, 238
Maria von Bayern 87, 224
Maria von Burgund 120
Marie Antoinette 135
Marie Louise Christine 150
Marie Louise 151
Marinoni, Johann Jakob von 120
Marlborough, John Churchill 119
Marquart Herrgott, 124
Marx, Karl 170
Matejka, Viktor 210
Matthias, Kaiser 90–92, 234
Matthias Corvinus 63–64, 222
Mattielli, Lorenzo 123
Maulbertsch, Franz Anton 123, 133
Mauthner, Ludwig Wilhelm 163
Mautner, Adolf Ignaz 173
Max Emanuel von Bayern, 111
Maximilian I., Kaiser 64–65, 67–68, 87, 223
Maximilian II., Kaiser 81, 85–86, 88
Mayreder, Rosa 182
Mehmet IV., Sultan 107
Mell, Max 203
Merian der Ältere, Matthäus 102
Mesmer, Franz 135
Messenhauser, Caesar Wenzel 171–172
Metastasio, Pietro 124
Metternich, Clemens Wenzel Lothar 156, 167–168
Mihailowitsch, Georg 111
Millöcker, Carl 183
Mohn, Gottlob Samuel 162
Moll, Balthasar Ferdinand 133
Moll, Carl 189
Monte, Phillip von 92
Moser, Daniel 93, 98
Moser, Hans 203

Moser, Koloman 189, 195
Mozart, Leopold 135
Mozart, Wolfgang Amadeus 135, 140, 144–146, 227–228
Mühl, Otto 213
Musil, Robert 188, 202
Nadasdy, Franz 103, 225
Napoleon Bonaparte 147, 149, 152, 228
Nausea, Friedrich 82
Nero, Kaiser 25, 217
Nestroy, Johann 159–160
Neubacher, Herrmann 205
Neumann, Franz 177
Nicolai, Friedrich 140
Nigelli, Gottlieb van 143
Nitsch, Hermann 213
Nittel, Heinz 214
Nobile, Peter von 155
Nüll, Eduard van der 178
Octavian (siehe Augustus)
Odoaker 41, 220
Offenbach, Jaques 176
Olbrich, Joseph Maria 189
Opitz, Martin 98
Oppenheimer, Samuel 118, 226
Orlando di Lassio 92
Ospel, Anton 122
Otho 25, 217
Otto II., Kaiser 46
Ottokar Przemysl, König v. Böhmen 54, 221
Oyta, Heinrich von 63
Paar, Christoph von 97
Pacassis, Nikolaus 134
Paganini, Niccolo 159
Paradeiser, Georg 90
Parricida, Johannes 49
Paulus Speratus 72
Petrus Canisius 83, 223
Petzold, Alfons 188, 202
Peuerbach, Georg von 63
Pfeiffer, Ida 160

Piccolomini, Aeneas Silvius 63, 222
Piccolomini, Ottavio 99
Pichl, Ludwig Alois 156
Pichler, Caroline 139, 160
Pius II., 63
Pius VI., 143, 227
Plainacher, Elisabeth 89, 224
Pock, Johann Jacob 100
Pock, Tobias 99
Podiebrad, Georg 62
Poll, Konrad 56
Ponte, Lorenzo da 144
Popp, Adelheid 182
Pregl, Viktor 203
Prehauser, Gottfried 124
Preradovic, Paula von 203
Probus, Kaiser 38, 219
Psenner, Ludwig 182
Puchaim, Hans von 70
Raimund, Ferdinand 152, 159–160
Rainer, Arnulf 213
Rakoczy, Georg 93, 99–100
Ranftl, Johann Matthias 163
Rasch, Johann 92
Redl, Alfred 192
Regalianus, Kaiser 219
Regiomontanus (Johannes Müller) 63
Reiffenstuel, Ignatz 118
Reinhardt, Max 202
Reininger, Josef 156
Reiter, Johann Baptist 163
Reuenthal, Neidhart von 53
Richard Löwenherz, König von England 51, 221, 234
Richthausen, Johann Konrad von 105
Roller, Alfred 189
Romer, Stefan 164
Roth, Joseph 202
Rottmayr, Johann Michael 123
Rudolf I. von Habsburg 54, 56
Rudolf II., Kaiser 87–88, 89–90

Rudolf IV., der Stifter 52, 58–59, 221–222
Rudolf, Kronprinz 239
Rühm, Gerhard 213
Sachsen-Lauenburg, Herzog von 111
Saint Hilaire, Gebhard von 93
Salieri, Antonio 144
Salm, Niklas 74, 76, 78
Salten, Felix 188
Sandrart, Joachim 99
Saphir, Moritz Gottlieb 160
Saphoy, Hans 86, 224
Schäfer, Karl 203
Schallautzer, Hermes 80, 84
Scheffer, Wenzel 98
Scheffler, Johann (Angelus Silesius) 102
Schiele, Egon 183, 189, 195
Schikaneder, Emanuel 144–145, 148, 150
Schlick, Moritz 200
Schmeltzl, Wolfgang 84, 223
Schmidt, Friedrich von 177
Schmitz, Richard 201, 204
Schnitzler, Arthur 188
Scholz, Wenzel 161
Schönberg, Arnold 184
Schönerer, Georg Ritter von 182
Schönherr, Karl 202
Schratt, Katharina 184
Schrödinger, Erwin 203
Schubert, Franz 152, 158, 228
Schuhmeier, Franz 192
Schuschnigg, Kurt 201–202, 204
Schütz, Carl 138
Sedlnitzky, Josef 169
Seipel, Ignaz 198
Sellier, Carl Joseph de 128
Semmelweis, Ignaz 182
Semper, Gottfried 178
Septimius Severus, Kaiser 32, 37, 218

Siccardsburg, August Siccard von 178
Siebenbürger, Martin 68, 70, 223
Sieböck, Rudolf 178
Sinelli, Emerich 107
Slezak, Leo 202
Sonnenfels, Joseph von 136
Soyfer, Jura 202
Spannmüller, Jakob 92
Spazio, Marc Antonio 99
Spiel, Hilde 202
Spranger, Bartholomäus 92
Sprenger, Paul Wilhelm 156
Stalin, Joseph 192
Staps, Friedrich 151
Starhemberg, Ernst Rüdiger 108, 111, 113
Steinl, Matthias 123
Stifter, Adalbert 156, 160
Strada, Jacopo da 87
Stranitzky, Josef Anton 120, 124
Strasser, Arthur 189
Strauß, Johann (Vater) 158, 176
Strauß, Johann (Sohn) 183
Strauss, Richard 184, 202, 206
Strnad, Oskar 202
Strozzi, Marie Katharina 236
Strudel, Peter 118, 120, 123
Strudel, Paul 123
Stürkh, Karl 193
Stuwer, Johann 143
Suleiman II., Sultan 73, 76–77, 79
Suppé, Franz von 176, 183
Suttinger, Daniel von 113
Suttner, Bertha von 188
Swieten, Gerhard van 129
Szigmondy, Richard Adolf 203
Tandler, Julius 198
Tattenbach, Hanns Erasmus von 103
Tauber, Caspar 72, 223
Tauber, Richard 202
Theodosius, Kaiser 219

Thonet, Michael 173
Thun, Siegmund 117
Thurn, Matthias 93
Tiberius, Kaiser 21, 23, 216–217
Tilly, Johann 95
Titus Flavius Draccus 35
Torstenson, Lennart 99–100
Tököly, Emerich 107, 110
Trajan, Kaiser 26, 35, 217
Trautson, Johann Joseph 132
Trehet, Jean 117
Treu, Wolfgang 74
Troger, Paul 123
Trotzki, Lev Davidowitsch 192
Ulrich Megerle (Abraham a Sancta Clara) 106
Urban, Josef 189
Ursicinus 219
Vaet, Jakob 88
Valentinian, Kaiser 38–39, 219
Valois, Blanche von 138
Vannius 24, 217
Vespasian, Kaiser 25, 217
Vitellus 217
Vorlauf, Konrad 60, 222
Vratislav II., König v. Böhmen 47
Waerndorfer, Fritz 189
Wagner, Otto 183, 186, 189, 195
Wagner-Jauregg, Julius 203
Waldmüller, Ferdinand Georg 163
Wallenstein, Albrecht Eusebius Wenzel von 95–96
Walther von der Vogelweide 53, 221

Weber, August 179
Weilhöfer, Hermann 164
Weinheber, Josef 206
Weininger, Otto 191
Weiskirchner, Richard 196
Weitenfelder, Hans 88
Welles, Orson 211
Werfel, Franz 202
Wertheimer, Wolf 124
Wertheim, Franz 173
Wessely, Paula 203
Wiener, Oswald 213
Wildgans, Anton 188
Windisch-Graetz, Alfred 171
Winter, Ernst Karl 201
Wolf, Hugo 184
Wolfrath, Anton 96
Wolmuet, Bonifazius 85
Wolter, Charlotte 184
Wotruba, Fritz 202
Wrangel, Carl Gustav 99
Zahlheim, Franz Paula von 144
Zapolya, Jan 73, 79
Zauner, Franz Anton 148
Zeller, Carl 183
Ziegler, Johann 138
Ziehrer, Carl Michael 183
Zrinyi, Peter 103
Zweig, Stefan 202

Abbildungsnachweis:
Kunsthistorisches Museum, Wien: Abb. 2, 43, 66, 67
Bildarchiv der Österreichischen Nationalbibliothek: 13
Alle weiteren Abbildungen mit freundlicher Genehmigung des Historischen Museums der Stadt Wien